Jürgen Höller

JA!

Jürgen Höller

JA!

*Wie Sie Ihre Ängste,
Probleme und Krisen
meistern*

WILEY-VCH Verlag GmbH & Co. KGaA

1. Auflage 2009

**Alle Bücher von Wiley-VCH werden sorgfältig erarbeitet.
Dennoch übernehmen Autoren, Herausgeber und
Verlag in keinem Fall, einschließlich des vorliegenden
Werkes, für die Richtigkeit von Angaben, Hinweisen
und Ratschlägen sowie für eventuelle Druckfehler
irgendeine Haftung**

**Bibliografische Information
der Deutschen Nationalbibliothek**
Die Deutsche Nationalbibliothek verzeichnet diese
Publikation in der Deutschen Nationalbibliografie;
detaillierte bibliografische Daten sind im Internet über
http://dnb.d-nb.de abrufbar.

© 2009 WILEY-VCH Verlag GmbH & Co. KGaA,
Weinheim

Printed in the Federal Republic of Germany

Gedruckt auf säurefreiem Papier.

Satz TypoDesign Hecker GmbH, Leimen
Druck und Bindung CPI – Ebner & Spiegel, Ulm
Umschlag Christian Kalkert, Birken-Honigsessen
Projektmanagement und Lektorat boos for books
Evelyn Boos, Schondorf

ISBN: 978-3-527-50463-3

Inhalt

Vorwort

> Alles ist dem möglich, der glaubt!
>
> *Markus 9,23*

Dieses Zitat mag dem einen oder anderen Leser angesichts seiner eigenen schwierigen Situation absurd vorkommen – dennoch ist es genau das, was ich selbst erfahren habe.

Ich habe in meinem Leben alles erlebt: von großartigen Erfolgen, Reichtum, Luxus, Bewunderung – bis hin zum totalen Absturz, zu Armut, Spott und Hohn, dem Ende von Beziehungen, geschäftlichen und privaten Pleiten und dem Verlust meiner Freiheit. Wenn ich also ein Buch darüber schreibe, wie Sie Ihre Ängste, Sorgen, Probleme und Krisen meistern können, so weiß ich, wovon ich spreche – **denn ich habe all das, was ich in diesem Buch schreibe, selbst erlebt!**

Dieses Buch ist zwar ein Ratgeber, wie Sie **jedem Problem, jeder Sorge, jeder Angst und jeder Krise** begegnen können, jedoch werden Sie darüber hinaus noch mehr entdecken: nämlich wie die **Gesetze des Lebens** unser aller Leben beeinflussen, wie Sie ein glückliches und erfolgreiches Leben führen können.

Diese (geheimen) »Gesetze des Lebens« habe ich weder erfunden noch gefunden. Alle großen Menschen kannten – bewusst oder unbewusst – diese Gesetze, z. B. Plato, Sokrates, Aristoteles, Seneca, Galileo, Michelangelo, Leonardo da Vinci, Beethoven, Johann Wolfgang von Goethe, Thomas A. Edison, Sir Isaac Newton, Henry Ford, Albert Einstein – um nur einige zu nennen.

Seit 1985 beschäftige ich mich mit diesen Themen und habe dabei ca. 1300 Bücher gelesen, ca. 400 Kassetten, CDs, Videos und DVDs durchgearbeitet und ca. 150 Seminare, Kongresse und Symposien besucht. Vor allem interessierten mich Themen wie Persönlichkeitsentwicklung, Motivation, Umgang mit Menschen und die Erfolgssystematiken. Aber auch mit dem Bereich der Metaphysik und mit spirituellen Themen habe mich befasst. Deshalb ist dieses Buch sowohl ein praktischer als auch ein spiritueller Ratgeber auf Ihrem Lebensweg.

Sie können und dürfen mir vertrauen: Ich habe in ca. 3000 Seminartagen etwa eine Million Menschen in meinen Seminaren geschult und Millionen meiner Weiterbildungsmedien (darunter mehrere Bestseller) wurden in etlichen Sprachen verkauft. Dass ich selbst auch große Fehler machte und schwere Lebenskrisen durchleben musste, ist für mich dabei kein Widerspruch. Im Gegenteil: Nur wer die Inhalte, über die er schreibt und lehrt, auch durchlebt hat, kann anderen Menschen helfen, gleiche oder ähnliche Situationen zu bewältigen.

Noch etwas: Ab sofort wechsle ich jetzt in die »Du-Form« über. Die »Du-Form« hilft, dass die Inhalte von deinem Unterbewusstsein besser akzeptiert werden und dir somit helfen, dieses Buch besser zu verarbeiten und umzusetzen. Solltest du damit ein Problem haben, so denke dir einfach bei jedem »Du« ein »Sie«.

Achtung: Hinweis!

Dieses Buch ist eine Wiedergabe meiner persönlichen Erfahrungen, wie ich meine Ängste und Krisen meisterte. Es ist kein Ratgeber in juristischer, steuerlicher oder medizinischer Hinsicht. Ich empfehle jedem, sich in einer Krise frühzeitig kompetenten Rat von Fachleuten einzuholen, z. B. Steuerberatern, Fachanwälten, Unternehmensberatern, Schuldnerberatern, Medizinern, psychologisch ausgebildeten Personen etc.

Teil I
Metaphysische und psychologische Hintergründe

Die größte Kraft ist in dir!

Tief in dir,
deines Wesens reinstem Kern,
vom Verstand so weit fern,
wartet die unbändige Kraft,
dass mit Leidenschaft du sie entfachst.

Das Schicksal mag manchmal so grausam sein,
vielleicht bist du einsam,
pleite, krank oder allein,
fühlst dich wertlos, verlassen und klein,
hast permanent Sorgen und bangst,
um deine Zukunft voller Angst.

Willst sogar aufgeben,
kannst nicht mehr,
deine Ängste und Probleme,
sie belasten dich sehr.

Ach, könntest du doch glauben,
Gott und dem Leben vertrauen.
Deine Seele sehen, sie fühlen, sie hören,
deine grenzenlose Kraft deutlich spüren.

Eine Kraft, ganz rein und klar,
so göttlich, so unfassbar wunderbar,
stärker als alles, was dir bisher bekannt,
viel größer, als du jemals geahnt.

Sei sicher, sie war immer schon hier:
Die größte Kraft des Universums ist

in dir!!!

Kapitel 1
Die Jürgen-Höller-Story

Ein tiefer Fall führt oft zu höherem Glück.

William Shakespeare

Da ich mit diesem Buch keine komplette Autobiografie schreiben möchte, beginne ich meine Geschichte im Alter von 19 Jahren:

Fitness und Co.

Ich arbeitete als Speditionskaufmann im unterfränkischen Schweinfurt und betrieb seit drei Jahren als Hobby »Bodybuilding«. Eines Tages kam mir zu Ohren, dass der Inhaber des Fitnessclubs im 25 Kilometer entfernten Haßfurt sein Studio verkaufen wollte. An einem Montagnachmittag fuhr ich also dorthin, schritt die Treppe zum Kellergeschoss eines Lebensmittelmarktes hinab, öffnete die Tür und befand mich mitten in einem Fitnessclub auf 278 Quadratmetern. Es gab kaum Tageslicht (außer einigen Lichtkästen), die Theke war eigenhändig zusammengezimmert, in den Umkleiden gab es keinerlei Garderobenschränke und einige der Fitnessgeräte waren selbst zusammengeschweißt – doch ich verliebte mich augenblicklich in dieses Fitnessstudio und mir war klar, dass ich es kaufen werde! Wir schreiben Anfang Oktober 1983.

Fünf Tage später war ich stolzer Besitzer dieses Fitnessstudios zusammen mit meinem Partner Harald Freund. Als ich in den Tagen danach meinen Eltern, Freunden und Arbeitskollegen die »frohe Botschaft« meines Fitnessstudiokaufs verkündete, erwartete ich Freude, Zustimmung und Anerkennung – doch genau das Gegenteil war der Fall! Jeder schlug die Hände über dem Kopf zusammen und erklärte

JA! Jürgen Höller
Copyright © 2009 WILEY-VCH Verlag GmbH & Co. KGaA, Weinheim
ISBN 978-3-527-50463-3

mir: »Dieses Fitness-Trainings-Zeugs ist doch nur eine Welle aus Amerika, was machst du, wenn die wieder abebbt?«, usw. Ich wurde immer unsicherer, ob meine Entscheidung richtig war. Immer mehr Ängste und Zweifel machten sich in meinen Gedanken breit, denn was, wenn alle anderen Recht hatten? Was, wenn ich in meinem jugendlichen Eifer eine folgenschwere Fehlentscheidung getroffen hatte?

Aus diesen Ängsten, Zweifeln und Sorgen heraus eröffnete ich in den darauf folgenden zwei Jahren nacheinander drei andere Geschäfte, sodass ich schließlich Inhaber bzw. Mitinhaber von vier Unternehmen in vollkommen unterschiedlichen Branchen war. Mein Gedanke dabei war, dass »es sich auf einem Bein schlecht steht«. Und wenn ich verschiedene Standbeine hatte, konnten ruhig eines oder zwei wegbrechen, ich hätte dann immer noch mindestens zwei Standbeine, die mich tragen würden – so dachte ich jedenfalls...

Doch ich hatte gegen ein Lebensgesetz verstoßen, das ich zu diesem Zeitpunkt noch gar nicht kannte: **Das Gesetz der Konzentration!** Es besagt, dass das Ergebnis umso schlechter wird, je mehr wir uns dekonzentrieren, je mehr wir uns verzetteln. Anstatt also zu diversifizieren, hätte ich mich besser auf ein Geschäft konzentrieren sollen. Aber dieses Wissen war mir damals noch fremd.

Fast pleite

Es kam, was kommen musste: Im Alter von 21 Jahren liefen drei der vier Geschäfte immer schlechter, sodass ich gezwungen war (auch durch »gutes« Zureden der lieben Banken), sie mit großem Verlust abzustoßen. So stand ich 1985 da mit einem kleinen Fitnessstudio und insgesamt fast einer Million Mark Schulden. Die erste Lebenskrise in meinem Leben war schlagartig eingekehrt. Als dann eines Tages der Gerichtsvollzieher zum ersten Mal bei mir zu Hause auftauchte (ich wohnte damals mangels Mittel natürlich noch bei meinen Eltern), war das Schlimmste, was ich befürchtet hatte, eingetreten! Von überall her prasselte es auf mich ein: »Wir haben dir doch gleich gesagt, das geht schief, warum hast du denn nicht auf uns gehört?« Ich fühlte mich elend, alleine und plötzlich ohne jede Perspektive. Zwar hätte ich mich jetzt, da ich nur noch ein Geschäft besaß, voller

Energie auf dieses konzentrieren können – doch finanzielle Sorgen (zum damaligen Zeitpunkt betrug der Darlehenszinssatz fast 9 Prozent, sodass ich jährlich allein etwa 90 000 DM an Zinsen aufbringen musste) lösen Existenzängste aus, die alle Energie vernichten. So hatte ich nicht einmal mehr die Kraft, neuen Interessenten voller Begeisterung eine Fitnessmitgliedschaft zu verkaufen, wenn sie meinen Club betraten. Ich war ausgelaugt und müde. Meine Verzweiflung wurde immer größer und zum ersten Mal schlichen sich in meinem Leben Gedanken ein wie »Am besten wäre es, wenn alles zu Ende wäre ...«. Eines Tages musste ich mir sogar von meiner Mutter 100 DM leihen, weil ich einfach restlos pleite war... Ich begründete es vor meiner Mutter – weil ich mich nicht traute, meine Probleme zuzugeben – damit, dass ich meinen Geldbeutel im Geschäft vergessen hätte und heute unbedingt tanken müsste. Ich lief also, nachdem ich für 50 DM mein Auto aufgetankt hatte, mit den übrigen 50 DM durch Schweinfurt und dabei an einem Buchladen in der Innenstadt vorbei. Es wurde gerade eines der Schaufenster neu dekoriert, und zwar mit diversen Lebenshilfebüchern. Ich blieb stehen und las einzelne Titel:»Sorge Dich nicht – lebe!« (»So ein Schwachsinn!«),»Denke nach und werde reich« (»Na klar, das ist ja so einfach, logisch, also nur das Buch kaufen«),»Lebe begeistert und gewinne« (»Eben, nur ein bisschen Begeisterung zeigen und schon ist meine Million Schulden weg«), schüttelte den Kopf und ging mit dem Gedanken »Da schreiben irgendwelche amerikanischen Multimillionäre in Beverly Hills schlaue Bücher, um armen Idioten wie mir noch die letzten Kröten abzunehmen« weiter. Was es war, wusste ich später gar nicht mehr, aber irgendetwas führte mich zurück und ich kaufte mir für 29,80 DM das erste Sachbuch meines Lebens. Der Titel war »Sorge Dich nicht – lebe!« und stammte vom Altmeister Dale Carnegie. Nun hatte ich noch 20 DM in der Tasche, setzte mich seit Monaten zum ersten Mal wieder zu »Natalino« ins Eiscafé, trank einen Cappuccino und begann das Buch zu lesen. Nach weiteren zwei Cappuccinos wurde das Verlangen in mir, dieses Buch durchzulesen, immer stärker. Am nächsten Tag, ich hatte das Buch mittlerweile an einem Stück noch nachts durchgelesen, wurde mir etwas klar. Etwas, das in diesem Buch so überhaupt nicht stand. Ich hatte beim Kauf des Buches eigentlich erwartet, eine exakte Anleitung zu erhalten, doch im Wesentlichen bekam ich»nur« eine Erkenntnis:

Nichts ändert sich – außer wir ändern uns

Und so begann ich ab diesem Tag alles, Schritt für Schritt, in meinem Leben zu verändern. Ich las ein Buch dieser Art nach dem anderen, besuchte das erste Seminar und hatte schließlich mit 23 Jahren meine erste große Lebenskrise bewältigt. In den darauf folgenden 13 Jahren baute ich nacheinander, teilweise mit Partnern, mehrere erfolgreiche Unternehmen auf: Das wohl erfolgreichste Fitnessstudio seinerzeit, das Fit & Fun in Schweinfurt; eines der ersten Sonnenstudios in Deutschland; die weltweit größte und erfolgreichste Unternehmensberatung für Fitness- und Freizeitanlagen »INLINE« (mein früherer Mitarbeiter und heutiger Freund Paul Underberg hat das Unternehmen nach der Übernahme 1995 noch weiter ausgebaut und daraus Europas erfolgreichste Fitness-Franchise-Kette Injoy ins Leben gerufen) sowie das wahrscheinlich erfolgreichste Seminarunternehmen im Bereich »Soft Skills« mit dem Namen »INLINE Motivations AG« in Europa. Dieses Unternehmen startete ich am 1. Januar 1995 mit einer Halbtagssekretärin – innerhalb von nur fünf Jahren wurde daraus ein Unternehmen mit mehreren Standorten und einem zweistelligen Millionenumsatz. Meine Tätigkeit als Motivationstrainer startete ich zuerst neben meiner Unternehmensberatung für die Fitnessclubs. Begonnen mit einem Verkaufstraining mit 5 Teilnehmern, füllte ich Ende der 90er die größten Hallen Deutschlands, von der Olympiahalle in München bis zur Dortmunder Westfalenhalle, mit 14 000 Teilnehmern, in einem einzigen Jahr 250 000, insgesamt über eine Million Menschen.

Meine »höhere« Aufgabe sah ich in dieser Zeit darin, den vielen Menschen, die zu mir kamen, zu helfen, ein erfolgreicheres, glücklicheres Leben führen zu können. Ich war von dieser Aufgabe so beseelt, dass ich schaffte, an bis zu 200 Tagen im Jahr acht Stunden und länger täglich auf der Bühne zu stehen. Ich hatte ja an meiner eigenen Person erlebt, dass man mittels Wissen alles in seinem Leben ins Positive verändern kann. Das Geld nahm ich zwar gern entgegen – aber es war nie meine Hauptmotivation, sondern kam erst an zweiter Stelle. An allererster Stelle machte ich es für die Menschen!

Im Oktober 1999 wurde ich von Erich Lejeune eingeladen, dem damaligen Mehrheitsaktionär der Firma CE Consumer Electronics. Anlass war das Oktoberfest in München. In einem der Festzelte waren drei VIP-Boxen reserviert und neben Erich und seiner Frau waren vornehmlich Männer aus dem Finanzbereich anwesend: Banker, Manager von Investmentfonds, reiche Söhne, die Familienvermögen verwalteten und investierten, usw. Zu vorgerückter Stunde stand Erich auf und tönte quer über die drei Tische: »Sagt mal, was würdet ihr davon halten, wenn Jürgen Höller, Deutschlands Motivationsguru Nr. 1, mit seiner Firma als Motivations AG an die Börse geht?« Ich wäre am liebsten im Boden versunken, denn zu diesem Zeitpunkt machte mein Unternehmen gerade einmal 10 Millionen Mark Umsatz und hatte nur zehn fest angestellte Mitarbeiter. Doch zu meinem Erstaunen waren die ca. 30 Investoren vollkommen begeistert. Einer erzählte, dass sein Unternehmen mit Engagements in Weiterbildungsfirmen enorme Gewinne gemacht hätte, andere plädierten für eine E-Learning-Firma. Kurze Zeit später vereinbarte ich einen Termin mit einem Frankfurter Venture-Capital-Unternehmen. Zwei Stunden später stellte ich meine Idee eines »Weiterbildungskonzerns« vor – danach hatte ich eine Zusage über eine erste Finanzierungs-Tranche in Höhe von 10 Millionen Mark in der Tasche!

Dollarzeichen in den Augen

Und damit begann auch das ganze Drama meiner darauf folgenden Lebenskrise. Ich wurde meiner Aufgabe untreu und hatte plötzlich nur noch »Dollarzeichen in den Augen«. Es ging nur noch ums Geld und nicht mehr darum, den Menschen zu helfen und »es« für sie zu tun. Ich hetzte von einer Sitzung zur anderen mit Investoren, Bankern, Wirtschaftsprüfern, Notaren, Rechtsanwälten – und immer ging es um Geld, Geld, Geld. Um kein Missverständnis aufkommen zu lassen: Meine Berater waren nicht schuld an dem, was später passierte, dafür übernehme ich ganz allein die Verantwortung.

Doch in der damaligen Zeit ging es nur noch ums Geld und ich vergaß, warum ich einmal meine Tätigkeit begonnen hatte. Wir übernahmen drei Firmen, vergrößerten uns innerhalb von eineinhalb Jahren von zehn auf ca. 140 Mitarbeiter, eröffneten mehrere Geschäftsstellen und Filialen in Österreich und der Schweiz und investierten insgesamt 20 Millionen DM. Geld spielte zu den verrückten Zeiten der »New Economy« keine Rolle und auch Gewinne waren vollkommen egal. Die normalen wirtschaftlichen Gesetze schienen außer Kraft zu sein und es ging nur noch um »höher, schneller, weiter«. Wir planten unseren Börsengang am »Neuen Markt« für Ende Oktober des Jahres 2000. Im Mai 2000 war die INLINE Motivations AG mittlerweile 550 Millionen DM wert – auf dem Papier ... Schon längst sah ich vor meinem geistigen Auge nicht mehr die Menschen, die mit ihren Problemen, Träumen und Wünschen in meinen Seminaren saßen, sondern »mein Auto, mein Haus, meine Yacht, mein Flugzeug, meine Pferde ...«.

Der große Crash

Doch dann begann der größte Crash, den es an den Aktienmärkten bis dato jemals gegeben hatte. Zunächst langsam und schleichend begannen die Kurse weltweit zu bröckeln. Aufgrund der Übernahme der drei Firmen verzögerte sich unser Börsengang und wir verschoben ihn auf das Ende des ersten Quartals 2001. Im Oktober 2000 war mein Unternehmen noch 300 Millionen DM wert, im Dezember 2000 noch 200 Millionen und im März 2001 noch 100 Millionen. Ursprünglich wollten wir etwa 25 Prozent der Aktien an die Börse bringen, was immer noch frisches Kapital in Höhe von 25 Millionen DM bedeutet hätte. Doch zu diesem Zeitpunkt wurde von den Banken kein einziges Unternehmen mehr an die Börse gebracht (die einzige Ausnahme war die Fraport AG, was sicher auch politische Gründe hatte). Und so stand ich Ende April 2001 – als Vorstandsvorsitzender der INLINE AG – mit einem Berg von Problemen da: Wir »verbrannten« monatlich eine Million DM, das heißt, wir hatten eine Million DM höhere Kosten als Einnahmen – und zwar gezielt und geplant! All das mag sich heute verrückt anhören und mein gesunder Menschenverstand sagte mir auch, dass dieses System »eigentlich« so nicht funktionieren könnte, doch damals war es ganz normal. Erich Lejeunes Firma machte damals, soweit ich mich erinnere, etwa 50 Millionen DM Umsatz, zig Millionen DM Minus – und besaß einen Börsenwert von 3 Milliarden DM. Fast **alle** Firmen, die an den neuen Märkten platziert waren, machten mächtig Verluste. Und die Banker, Volkswirte, Investoren und Betriebswirte, die später ja gleich gewusst haben wollten, dass das System kollabieren würde, heizten die ganze Blase noch kräftig an. Auf dem Höhepunkt des Fiebers hätte ich von allen möglichen Banken und Risikokapitalgebern Millionenbeträge ohne Ende haben können, wenn ich gewollt hätte. Als ich schließlich realisierte, dass das Unternehmen in absehbarer Zeit nicht mehr an die Börse gehen konnte, hatte ich zwei Probleme zu lösen:

1. Wir mussten möglichst schnell wieder zurück in die operative Gewinnzone!
2. Für die bis dahin auflaufenden Verluste musste eine Nachfinanzierung erfolgen.

Ende August 2001 hatten wir bereits eine Finanzierung so gut wie in der Tasche, als dann am 11. September 2001 die Al-Quaida-Verbrecher in die Türme des World Trade Centers krachten und nicht nur die Börsen weltweit noch einmal in den Keller rutschten, sondern alle Finanzierungshähne plötzlich zugedreht waren.

Wir holten uns den Sanierer Eberhard Wagemann zu Hilfe (er sanierte auch die »Glashütte – Das Original«-Uhrenfabriken, den Berliner Fernsehturm Alex und rettete den Ostdeutschen Filmstock DEFA, indem er ihn in eine Stiftung überführte), allerdings drückten mittlerweile auch mehrere offene Rechnungen empfindlich aufs Gemüt. Und unsere Gläubiger rannten uns immer stärker die Bude ein, damit endlich ihre offenen Rechnungen bezahlt würden. Nach ihrer Meinung war für alle und alles nicht die »INLINE AG«, sondern ich ganz allein verantwortlich.

Verzweifelt rannte ich von einem Finanzierer zum nächsten. Verhandelte mit den bestehenden Investoren. Zwischendurch musste ich weiterhin fast täglich auf der Bühne stehen und Tausende von Menschen motivieren. Am 29. November 2001 erhielten wir die Zusage: 2,5 Millionen DM frisches Geld sollte in die Firma gepumpt werden, was ausreichte, um die INLINE AG zu retten. Mittlerweile war zwar eine umfangreiche Pressekampagne gestartet worden – »Der Adler im Sturzflug«, »Vom Adler zum Pleitegeier«, »Mr. Motivation bald pleite?« – , aber mit der Finanzierung und Rettung der Firma würde ich dieses kleine Imageproblem bald vom Tisch haben, war ich mir sicher. Und so fuhr ich mit meiner Frau am 10. Dezember 2001 nach Teneriffa, um zehn Tage auszuspannen. Fast ein Jahr lang hatte ich keinen freien Tag mehr gehabt, praktisch rund um die Uhr gearbeitet, um das Unternehmen zu retten. Nun war ich zwar glücklich, aber auch restlos leer und erschöpft. Wir ließen die Kinder zu Hause bei Kerstins Bruder »Onkel Agi«, Axel Weinberger, und fuhren voller Freude los. Die Finanzierer hatten bereits eine Bewertung und eine Stichtagsbilanz zusammen mit einem neuen Beteiligungsvertrag bei der renommierten Wirtschafsprüfungskanzlei Dr. Rödl & Partner in Auftrag gegeben und ihnen gleich 40 000 DM Vorschuss für ihre Arbeit überwiesen (dadurch war ich mir wirklich felsenfest sicher, dass bei meiner Rückkehr am 21. Dezember die Unterschriften unter dem Neubeteiligungsvertrag auch geleistet würden).

Noch mehr Probleme ...

Am 17. Dezember um acht Uhr klingelte dann mein Handy. Am Apparat war mein Schwager »Onkel Agi«, Axel Weinberger. »Es ist etwas passiert, bitte setz dich einmal hin, Jürgen«, sagte er. »Oh Gott, es ist doch hoffentlich den Kindern nichts passiert?«, fragte ich und mir wurde speiübel. »Nein, nein, den Kindern geht es gut, aber setz dich bitte trotzdem, es ist etwas Ernstes.« Ich setzte mich mit wackeligen Knien auf das Bett. »Ich rufe von dir zu Hause aus an. Hier sind gerade die Staatsanwaltschaft und die Polizei und durchsuchen euer Haus, ebenfalls sämtliche Räumlichkeiten in allen Filialen und Geschäftsstellen der INLINE AG.« Ich fiel aus allen Wolken. Staatsanwaltschaft und Polizei? Was sollte das denn? Ich hatte doch absolut nichts verbrochen. Ich sprach dann mit dem Staatsanwalt und dieser teilte mir mit, dass sie wegen Betrug, Veruntreuung von Anlegergeldern und Verschleppung der Insolvenzanmeldung ermitteln. Die umfangreiche Pressekampagne hatte ihre Wirkung getan und die Staatsmacht auf den Plan gerufen ... (Später sagte mir meine Frau Kerstin, als ich lamentierte, dass ohne die Pressekampagne der Staatsanwalt nie ermittelt, es keine Pleite gegeben, unsere Mitarbeiter weiter hätten arbeiten können und die Lieferanten die vereinbarten Zahlungen bekommen hätten: »Wer die Geister rief! Du wolltest doch immer in die Presse – jetzt musst du auch die Suppe auslöffeln!«)

Ich flog mit dem nächsten Flieger zurück und hatte bereits ein Fax von den Investoren zu Hause vorliegen mit etwa folgendem Text:

»Sehr geehrter Herr Höller, wie wir aus den Medien erfahren konnten, haben Sie derzeit größere Probleme. Bis diese restlos geklärt werden, wovon wir natürlich ausgehen, müssen wir mit der geplanten Finanzierung abwarten.« Ich rief sofort meinen Anwalt an und fragte ihn, wie lange denn eine solche Untersuchung der Staatsanwaltschaft dauern würde, und er erklärte mir, es könnten im besten Fall sechs Monate zusammenkommen, aber auch zwei oder mehrere Jahre. Daraufhin blieb mir dann keine andere Wahl, als am 21. Dezember 2001 Insolvenz für das Unternehmen anzumelden.

In den Tagen darauf, über das Weihnachtsfest hinweg, versank ich in einem Meer aus Schmerz, Zorn und Selbstmitleid. Die Firma war doch schon gerettet gewesen! Wir machten doch seit Monaten operativen Gewinn. Wir waren auch nicht zahlungsunfähig, sondern hatten noch Rücklagen – vier Tage später sollte durch die Investoren frisches Geld in die Firma kommen, womit die Verbindlichkeiten beglichen werden sollten. Warum nur, warum wurde meine Firma auf diese Weise zerstört?

Ich hatte für einen Teil der Investorengelder in Höhe von etwa 6 Millionen DM persönlich gehaftet und für die Rückzahlung gebürgt. Aufgrund des ausgefallenen Börsengangs hatte ich darüber hinaus auf einen großen Teil meines Einkommens verzichtet, teilweise noch Zahlungen an das Unternehmen geleistet, sodass mir schlagartig klar wurde, die Firmeninsolvenz würde auch meine private Insolvenz nach sich ziehen. Und in der jetzt einsetzenden Panik beging ich verhängnisvolle Fehler: Ich hatte noch einige Lebensversicherungen, einen Bausparvertrag und ein paar Rücklagen in der Schweiz in einer Gesamthöhe von ca. 300 000 DM, die ich nun mithilfe diverser Scheinverträge zu retten versuchte, was ich später bei einer eidesstattlichen Versicherung verschwieg.

Bei der staatsanwaltschaftlichen Untersuchung fand man noch eine versuchte Steuerhinterziehung in Höhe von 20.000 DM. Außerdem hatte ich in einer Firma namens »Höller Vermögensverwaltungs GmbH« (in der ein Teil des Familienvermögens gebündelt war – Eigentümer der Firma war zu 93 Prozent ich selbst und zu 7 Prozent mein minderjähriger Sohn Alexander) Monate zuvor Gelder privat entnommen und auch als Darlehen buchen lassen. In der Hektik der ganzen Sanierung hatten sowohl ich als auch mein Steuerberater vergessen, einen ordentlichen Darlehensvertrag mit einer Absicherung wie gegenüber fremden Dritten zu erstellen – auch ein Gesellschafterbeschluss mit meinem Sohn lag nicht vor. Damit war – das ist bei einer GmbH leider der Fall – der Straftatbestand einer Veruntreuung erfüllt. Im Urteil schrieb die Richterin gnädig: »Die Veruntreuung ging zulasten des Angeklagten selbst und seines minderjährigen Sohnes.« Wäre das Unternehmen statt einer GmbH eine Personenfirma gewesen, wäre der gleiche Vorgang rechtlich beanstandungsfrei gewesen – so erhielt ich allein für diese Straftat, von der ich nicht wusste, dass ich sie begangen hatte, zwei Jahre Haft. (Wie hatte mal mein erster Steuerberater 1983 zu mir gesagt: »Machen Sie keine GmbH – damit stehen Sie mit einem Bein immer im Gefängnis.« – Damals habe ich gelacht ...)

Doch durch die Presse geisterte später immer folgender Satz: »Motivationsguru Jürgen Höller, der Millionen von Anlegergeldern zu verwalten hatte, wurde wegen Veruntreuung verurteilt.«

Und einige Monate später war es dann so weit: Am 31. Oktober 2002, es war genau an Halloween, geriet mein Leben endgültig aus den Fugen. Ich hatte bereits den ganzen Tag ein ungutes Gefühl, spielte vormittags mit meinen Kindern, wofür ich sonst eigentlich nie Zeit hatte, als es gegen Mittag klingelte. Ich öffnete die Tür und vor mir standen zwei Polizisten: »Herr Höller, dürfen wir bitte herein?« »Natürlich«, sagte ich und ließ die beiden eintreten. »Wir müssen Sie leider mitnehmen«, sagte der Hauptkommissar. »Können wir das nicht morgen oder nächste Woche machen?«, fragte ich. »Ich bin gerade dabei, mit meinen Kindern Halloween-Masken zu basteln.« »Sie verstehen nicht«, erklärte der Polizist, »wir müssen Sie verhaften.« In diesem Moment hatte ich das Gefühl, mit meinem Ferrari mit Tempo 300 gegen eine Betonmauer zu fahren (allerdings war der Ferrari bereits ein Jahr zuvor in der Krise verkauft worden). Ich packte in Trance ein paar Sachen in eine Tasche, verabschiedete mich mit einem zerreißenden Herzen von meinen Kindern, erklärte ihnen, dass ich für eine längere Zeit geschäftlich unterwegs sein würde und wir uns nicht sehen könnten. Doch meine Kinder (damals zwei und sechs Jahre alt) verstanden noch gar nicht richtig und meinten: »Schade, aber na gut, bis bald« und gingen zurück zu ihren Bastelarbeiten. In diesem Moment kam Kerstin von ihrem täglichen Einkauf zurück. Sie schrie: »Was ist denn los?«, und ich sagte ihr: »Kerstin, ich bin gerade eben verhaftet worden.« Wir fielen uns in die Arme und schluchzten. Nach einer Minute mussten wir uns trennen. Es war schon fast filmreif, als ich im Polizeiwagen meine Hand an die Scheibe legte und Kerstin ihre Hand von außen dagegen, wir schließlich getrennt wurden und ich dann durch die Scheibe sah, wie sie immer kleiner wurde und schließlich verschwand.

Im Knast

Nur Stunden später fand ich mich dann in einem Raum mit ca. acht Quadratmetern, einer kleinen Toilette, einem Waschbecken, einem Spiegel, einer kleinen Pinnwand, einem Miniregal, einem Schrank, einem Bett, einem Tischchen und einem Stuhl – dies sollte meine »Villa« der nächsten eineinhalb Jahre sein. Einmal am Tag Hofgang eine Stunde, zweimal die Woche Wäschetausch, zweimal die Woche duschen, zweimal am Tag Essen fassen für drei Minuten. Ansonsten nichts! In den ersten Wochen kein Fernsehen, keine Zeitungen, nicht einmal Bücher! Nur eine Bibel ließ man mir, die ich dann zum ersten Mal ausführlich las.

In den ersten acht Wochen durchlebte ich alle negativen emotionalen Phasen, die man in einer Krise haben kann: Zuerst war ich in Trance. Ich dachte immer, ich würde träumen und bald schweißgebadet aufwachen – doch das war nicht der Fall.

In der zweiten Phase kamen dann Wut und Zorn hoch: Zuerst Wut auf »die anderen«. Warum hatte man mich verhaftet – mir das angetan? Ich hatte doch Tausenden von Menschen so viel Gutes getan, ihnen geholfen, ein besseres Leben zu führen. Ich hatte doch nichts Schlimmes getan. Ich war doch kein Verbrecher! Dann schließlich Zorn auf mich selbst: Warum konnte ich nur so idiotisch sein und um des Geldes willen solche Fehler machen, um schließlich hier zu landen?

In der dritten Phase kam dann Selbstmitleid. Ich klagte nicht nur mich selbst, sondern auch Gott an, der dieses Unrecht (so sah ich es damals noch) zuließ.

Und schließlich folgte die Phase vier: Apathie! Ich nutzte nicht einmal mehr die tägliche Stunde Hofgang, sondern lag 14 Tage lang auf meiner Pritsche, aß kaum noch etwas, wusch mich nicht mehr, versank nur noch in meine nebligen, depressiven Vorstellungen. Kerstin spürte wohl in meinem letzten Brief meinen Zustand und machte sich große Sorgen. Sie schrieb mir den entscheidenden Brief:

»Mein geliebter Schatz,
ich spüre deine Verzweiflung, merke, dass du kurz davor bist, aufzugeben. Aber das darfst du nicht! Mittlerweile haben uns Tausende von Briefen, Faxe, E-Mails und Telefonanrufe erreicht, in denen dir deine Seminarteilnehmer und Kunden mitteilen und ausrichten lassen, dass sie zu dir stehen. Im Gegenteil: Sie wissen zwar nicht, was du gemacht hast, aber es spielt auch keine Rolle! Sie sind nur alle übereinstimmend der Meinung, dass du weitermachen musst. Wenn du diese Krise durchlebst und wieder aufstehst, dann kannst du Vorbild für viele Menschen sein, die ebenfalls Probleme und Krisen haben. Wenn du aber jetzt aufgibst, dann hast du sie belogen. Und ich weiß eines ganz genau: Du hast die Kraft, es zu schaffen, mit mir an deiner Seite, denn:

Einmal schaffen wir es noch!

Nachdem ich den Brief gelesen hatte, schrie es in mir:

›Steh jetzt auf!‹

Und ich sprang mit neuer Energie auf und fasste den Entschluss, nicht aufzugeben, sondern mich jetzt erst recht dieser Situation zu stellen. Ich überlegte mir in den Wochen danach zahlreiche Geschäftsmodelle, die erfolgversprechend waren. Beim Abwägen der Vor- und Nachteile sprach für einige dieser Ideen sehr viel. Eine Möglichkeit jedoch war, wieder zurückzukehren auf die Bühne. Praktisch jeder riet mir ab. Mein guter Kollege Bodo Schäfer, mit dem ich einen regen Briefkontakt hatte, riet mir zwar, wieder als Referent tätig zu sein – jedoch als Experte für Beziehungen, denn er meinte, da Kerstin und ich unsere Krise gemeinsam so toll meistern, könnten wir auch vielen anderen Paaren Hilfestellung leisten. Unter keinen Umständen jedoch sollte ich wieder als Motivationstrainer auftreten, denn das sei unglaubwürdig, das würde mir niemals jemand abnehmen, das könnte nicht mehr funktionieren. Beim Abwägen aller Vor- und Nachteile gab es praktisch nur Nachteile (die Kunden würden mir nicht mehr glauben; die Presse würde über mich herfallen, mein Image war ruiniert usw.) – **jedoch mein Herz sagte mir etwas ganz anderes, nämlich: Geh als Motivationstrainer zurück auf die Bühne!**

Ich wurde schließlich zu drei Jahren Haft verurteilt und ich will dir (und vor allem mir!!!) die Beschreibung all dessen, was ich erlebte und erlitt, ersparen. Um in einer solchen Welt, einer »Hölle auf Erden« (auch wenn einige Medien vorgaukeln, es sei wie Urlaub in einem Hotel ...), psychisch zu überleben, bedarf es einer riesigen Portion positiven Denkens und einiger Überlebensstrategien. Ich erlebte, wie 90 Prozent der Beziehungen der »Kollegen« zerbrachen, wie sie sich aufgaben, und ich weiß aus Gesprächen mit Bediensteten der Justizvollzugsanstalt, dass die meisten nach ihrer Entlassung erneut scheitern – und wieder zurückkehren ...

Und am 1. Mai 2004 begann ich als Motivationstrainer in Kerstins Firma **»Life Learning«,** die sie in meiner Abwesenheit mit anderen Referenten so erfolgreich aufgebaut hatte, von Neuem. Zum Zeitpunkt meines Comebacks war die Firma im Keller unseres Hauses auf wenigen Quadratmetern untergebracht, das Inventar bestand aus fünf Jahre alten, für 350 Euro auf dem Secondhandmarkt gekauften Computern, zehn Jahre alten Büromöbeln (gebraucht gekauft für 250 Euro) sowie einem geliehenen Laptop meines guten Freundes Gerald Mützel, dem ich heute noch dankbar bin, dass er mir in meiner Krise zur Seite stand. Wir hatten keinerlei finanzielle Mittel. Kein Geld für Werbung, kein Geld für Prospekte, kein Briefpapier – nicht einmal für Visitenkarten reichte es. Da wir auch keinen Kopierer hatten, stellten wir einen Kasten auf, in den wir jeden Tag unsere Kopiervorlagen legten. Einer von uns dreien (Kerstin, ihr Bruder Axel Weinberger und ich) fuhren abwechselnd nach Schweinfurt, um dort in einem Copyshop die Kopien herzustellen.

Wir hatten in der Krise praktisch (fast) alles verloren, was man verlieren kann, zumindest geschäftlich: unsere Firma, unser Vermögen, unsere Freunde, unseren Ruf, ich sogar meine Freiheit. Doch ein paar Dinge besaßen wir noch, die uns niemand nehmen konnte. Und die wichtigsten drei möchte ich dir vorstellen, denn darum geht es auch im Rahmen dieses Buches. Es sind drei Dinge, die dir niemand nehmen kann, außer einer einzigen Person – **du selbst!!!**

1. **Deine Hoffnung und dein Glaube!**
2. **Dein Wissen und deine Weisheit!**
3. **Dein Fleiß und deine Ausdauer!**

Am 9. Mai 2004 stand ich wieder vor 150 Menschen auf der Bühne und heute, viereinhalb Jahre später, bin ich wieder sehr erfolgreich, ich bin ausgebucht – und wieder glücklicher denn je.

Und zum Schluss dieses Kapitels möchte ich dir gerne den wichtigsten Satz von Kerstin auf deinen Lebensweg mitgeben:

Einmal schaffst du es noch!

Kapitel 2
Lifing® – die Kunst zu leben

> Glaube ist Vertrauen
> und Vertrauen ist Liebe.
>
> *Kerstin Höller*

Glaube und Vertrauen

Am 23. Juni 1940 wurde ein kleines schwarzes Mädchen in Clarksville/Tennessee geboren. Zum damaligen Zeitpunkt waren die farbigen Menschen Amerikas noch lange nicht anerkannt, schon gar nicht in den Südstaaten. Im Alter von vier Jahren erkrankte das kleine Mädchen an Kinderlähmung. Der Arzt erklärte ihrer Mutter, sie würde nie wieder ohne Krücken laufen können. Doch die Mutter hatte einen Glauben, der tatsächlich Berge versetzen konnte. Sie massierte immer wieder die Beine ihrer kleinen Tochter, rieb diese mit Heilkräutern Ihrer Vorfahren ein, betete mit ihrem Kind zu Gott und glaubte fest daran, dass ihr Mädchen wieder würde laufen können.

Jahrelang setzte sie ihre Tochter in einen Bollerwagen und zog sie alle paar Tage 25 Kilometer in die nächstgrößere Stadt zu einem Arzt. Doch die Diagnose war niederschmetternd: keinerlei Besserung!

*Die Mutter und ihre Tochter gaben nicht auf – gegen jede Vernunft! Irgendwann verspürten sie die erste kleine Besserung. Sie begannen, noch härter an ihr zu arbeiten. Mit acht Jahren konnte die Tochter mithilfe von Krücken laufen; eines Tages konnte sie die Krücken wegwerfen und sich humpelnd fortbewegen. Mit jedem Tag lief sie besser und besser. Und als sie sich schließlich wieder normal bewegen konnte, lief sie voller Freude den ganzen Tag. Mit elf Jahren spielte sie wieder mit ihren Brüdern Basketball. Sie lief so lange und so viel und so schnell – **bis sie schließlich 1960 bei den Olympischen Spielen in Rom alle drei Goldmedaillen in den Sprint-***

JA! Jürgen Höller
Copyright © 2009 WILEY-VCH Verlag GmbH & Co. KGaA, Weinheim
ISBN 978-3-527-50463-3

wettbewerben gewann. Ihr Name: Wilma Rudolph – oder wie sie auch genannt wurde: Die schwarze Gazelle! 1974 wurde sie als erste schwarze Leichtathletin in die »Hall of Fame« aufgenommen.

Glaubst du nicht auch, wenn Menschen wie Wilma Rudolph ihre Lebenskrise so fantastisch meistern, dass das Gleiche dir gelingen kann? Wie sagte schon Johann Wolfgang von Goethe:

> Das Unmögliche behandeln, als ob es möglich wäre.

Lebensgesetze

Meine drei Hauptseminare laufen unter der Bezeichnung **»Lifing®
– die Kunst zu leben!«** In den Lifing®-Seminaren vermittle ich den Teilnehmern die **Gesetze des Lebens.** Lebensgesetze bestimmen das gesamte Universum. Ist es nicht unglaublich, mit welcher Präzision sich unsere Erde und andere Gestirne genau um die Sonne drehen, so genau, dass die Astronomen exakt voraussagen können, wo genau die Erde zu jedem beliebigen Zeitpunkt in der Zukunft stehen wird?

Zur Verdeutlichung ein Lebensgesetz aus der Physik, das du kennst: **das Gesetz der Schwerkraft**. Es besagt, dass ein x-beliebiger Gegenstand, gleich an welchem Ort auf der Erde man ihn loslässt, durch die Erdanziehungskraft zu Boden gezogen wird. Ob wir dies für gut halten oder nicht – das Gesetz wirkt. Ob wir es glauben oder nicht glauben – lassen wir einen Gegenstand fallen, fällt er zur Erde.

Genauso ist es mit zahlreichen anderen physischen und metaphysischen Lebensgesetzen: Ob wir sie gut oder schlecht bewerten, ob wir an sie glauben oder nicht – sie wirken und beeinflussen unser Leben.

Eines der Lebensgesetze, die ich meinen Seminarteilnehmern vermittle, ist **das Gesetz des Glaubens!** Es besagt, dass alles, was wir häufig und intensiv genug glauben, auch Wirklichkeit wird. Dieses Gesetz wirkt immer und überall und unterliegt nur zwei Einschränkungen:

1. **Wir glauben etwas, das nicht unserer Bestimmung entspricht.**
2. **Wir verletzen wesentliche andere Lebensgesetze!**

Doch wenn diese beiden Einschränkungen nicht gegeben sind, werden wir das sein, was wir glauben zu sein.

> Das, was jemand von sich selbst denkt,
> bestimmt sein Schicksal.
>
> *Mark Twain*

Und so wirkt **das Gesetz des Glaubens** auch im Bereich von Ängsten, Sorgen, Problemen und Krisen: Schon Henry Ford erkannte: »Wenn ein Mensch glaubt, ich kann es, hat er Recht. Wenn er jedoch glaubt, ich kann es nicht, hat er ebenfalls Recht.«
Glaubst du, du kannst deine Probleme lösen – dann hast du Recht! Glaubst du, du kannst es nicht – dann hast du ebenfalls Recht! Ich kann mit dir oder anderen Menschen nicht darüber diskutieren, ob dieses Buch funktioniert oder nicht. Wenn du nach dem Lesen glaubst, dass es funktioniert, du dich an die Umsetzung machst und aktiv wirst – dann wirst du all deine Ängste, Sorgen, Probleme und Krisen fabelhaft meistern. Wenn du es nicht glaubst, hast du ebenfalls Recht, denn du wirst das Buch in die Ecke werfen und genauso weitermachen wie bisher.

Doch damit sind wir bereits bei einem zweiten wichtigen Lebensgesetz. **Das Gesetz der Logik.** Es besagt, dass, wenn wir etwas gleich ausführen, auch gleiche Ergebnisse erzielen. **Wer also das tut, was er schon immer gemacht hat, wird auch das gleiche Ergebnis bekommen, das er schon immer bekommen hat.** Wenn also ein Bereich deines Lebens – Beruf, Finanzen, Gesundheit, Beziehungen oder deine Persönlichkeit – derzeit nicht funktioniert oder nicht optimal ist und du veränderst nichts, wird sich deine Situation noch mehr verschlechtern. Wenn du Rot und Gelb im Verhältnis 50:50 mischst, erhältst du Orange. Wenn du Gelb und Rot in Japan mischst, erhältst du Orange. Wenn du Gelb und Rot in Frankreich mischst, erhältst du ebenfalls Orange. Wenn du vor 200 Jahren Rot und Gelb gemischt hättest, hättest du Orange erhalten. Wenn du in 200 Jahren Rot und Gelb mischen würdest, wäre das Ergebnis ebenfalls Orange. Wenn dir nun Orange als Ergebnis nicht gefällt und du änderst nichts an deinen Grundfarben, wirst du auch weiterhin ein negatives Ergebnis erzielen. Bei einer Farbmischung wären wir natürlich niemals so bescheuert, weiter die alten Farben zu mischen. Auch bei einer schlecht schmeckenden Mahlzeit würden wir sicherlich das Rezept beim nächsten Mal abändern. Doch wenn wir uns die Bereiche Beruf/Geschäft, Finanzen, Gesundheit, Beziehungen und unsere Persönlichkeit ansehen, stellen wir erstaunt fest, dass wir Menschen genau das meistens tun: Wir machen weiter wie bisher und hoffen auf bessere Ergebnisse. Mit Verlaub: Aber ein solches Verhalten ist pervers ...

> Das Leben eines Menschen ist das,
> was seine Gedanken daraus machen!
>
> *Marc Aurel*

Wie stark Erwartungen und Glaube das Ergebnis beeinflussen, hat 1968 der in Gießen geborene Prof. Dr. Rosenthal von der Universität von Kalifornien (LA) mit seinem Experiment »Pygmalion in the classroom« bewiesen. An zwei Schulen, der Oak School und der Crest School, teilte man den Lehrern mit, dass man ein Experiment durchführen würde. Man wolle alle besonders intelligenten Kinder eines Jahrgangs in einer Klasse zusammenfassen (20 Prozent der Kinder), da man erwartet, dass diese Klasse dann deutlich bessere Leistungen erzielen und ihren IQ stärker steigern könne als alle anderen Klassen. Die Schüler und ihre Eltern wurden über das Experiment nicht informiert. Ein Jahr später wurde das Ziel nicht nur erreicht, sondern sogar übertroffen. Den Lehrern teilte man daraufhin mit, dass sie ganz »normale« Schüler unterrichtet hätten, die nach dem Zufallsprinzip ausgelost worden waren. Die überraschten Lehrer erklärten sich das außergewöhnliche Ergebnis damit, dass sie vielleicht besonders gute Lehrer seien. Doch auch diesen »Zahn« zog man ihnen, denn auch die Lehrer wurden zufällig ausgelost. Nochmals zusammengefasst: Ganz normale Lehrer unterrichteten ganz normale Schüler. Die Lehrer glaubten jedoch, ihre Schüler seien besonders intelligent, woraufhin sich diese tatsächlich besser entwickelten.

Und genauso verfahre ich seit vielen Jahren bei meinen Seminaren: Ich glaube einfach daran, dass jeder Mensch ein besseres, erfolgreicheres, glücklicheres Leben führen kann als bisher. Und ich glaube daran, dass jeder Mensch seine Probleme, seine Ängste, Sorgen und Krisen lösen kann. Doch es ist nicht wichtig, ob ich es glaube, entscheidend ist, dass **du es glaubst!**

Alles Denkbare ist auch machbar.

Albert Einstein

Ein weiteres wichtiges Lebensgesetz, das ich dir sehr ans Herz legen möchte, ist **das Gesetz der Freude.** Bei diesem Gesetz geht es darum, dass wir bei allem, was wir tun, niemals unsere Freude, den Spaß, unseren Humor verlieren.

Lachen ist ein Vitamin für die Seele!

Der weltberühmte Neurologe und Psychologe Prof. Viktor E. Frankl (von 1938 bis 1945 war er Inhaftierter in verschiedenen Konzentrationslagern, seine gesamte Familie und viele Freunde wurden von den Nazis ermordet, nach dem 2. Weltkrieg wurde er Professor an zahlreichen Universitäten wie Harvard, Stanford, Dallas, Pittsburgh, National University in Kalifornien) veröffentlichte 1945, unmittelbar nach seiner Befreiung, das legendäre Buch »... trotzdem Ja zum Leben sagen«. Er beschreibt in seinem Buch zum einen den Alltag im KZ, darüber hinaus jedoch die Überlebensstrategien, die es ihm ermöglichten, den Holocaust zu überleben. Wir werden zu einem späteren Zeitpunkt noch einmal auf Prof. Frankl zu sprechen kommen, doch vorab geht es mir um einen Absatz in seinem Buch, in dem er über »Lagerhumor« schreibt. Er sagt aus, dass es selbst im Todeslager noch Humor gab. **Dass Humor »eine Waffe der Seele« im Kampf um ihre Selbsterhaltung ist.** Er ist überzeugt davon, dass man »ohne Humor« wohl kaum in der Lage ist, Distanz zu schaffen und sich über die Situation zu stellen, wenn auch nur, wie gesagt, für Sekunden. Er gibt zu, dass Humor lediglich einen Trick des Geistes darstellt, schrecklichen Dingen eine witzige Perspektive zu geben. Doch dieser Trick sei eine richtige Lebenskunst.

Auch während meiner 18-monatigen Phase der Inhaftierung erlebte ich Humor, stellte ich fest, dass man auch in der dunkelsten Stunde seines Lebens noch Spaß haben und lachen kann. Hier nur eine kleine Episode: Während meiner Zeit der U-Haft war auf meinem »Gang« (ca. 50 Inhaftierte) auch ein Schwede. Zusammen mit zwei anderen »Kollegen« erzählten wir ihm wenige Tage vor Weihnachten, dass am Sonntag (dem 22. Dezember) abends Disco in der Kirche sei. Dort würden auch – ausnahmsweise und auch nur einmal im ganzen Jahr – die weiblichen Inhaftierten dabei sein (in der JVA Würzburg gibt es auch eine Frauenabteilung, die normalerweise streng von den Männern getrennt ist). Daraufhin war der Schwede sehr überrascht, weil wir ihm aber voller Ernst und Nachdruck erzählten, dass er schleunigst ein Antragsformular ausfüllen und beim wachhabenden Beamten einreichen müsse (in JVAs muss praktisch für alles immer ein Antragsformular ausgefüllt werden, ohne dieses wird nichts entschieden), füllte er voller Panik in der letzten Minute vor dem Wiedereinschließen nach dem Hofgang seinen Antragszettel aus und überreichte ihn dem wachhabenden Beamten. Wir drei versteckten uns und beobachteten das Ganze. Als der verdutzte Beamte das Antragsformular las, dann ratlos den Schweden anstarrte, ihm den Vogel zeigte und sein Antragsformular wieder zurückgab, machten wir uns vor Lachen fast in die Hose ...

Ich möchte dich deshalb auffordern, das Leben ab sofort auch von der humorvollen Seite zu sehen. Nichts wird besser, wenn du leidest oder depressiv bist. Im Gegenteil: **Lachen, Spaß und Humor setzen neue Kräfte frei, helfen uns, mit den Widrigkeiten des Lebens besser fertig zu werden.**

> Ein Pessimist kann einen großen Raum voller Menschen in Sekunden mit Freude füllen,
> nämlich dann, wenn er ihn verlässt ...

Sicherlich kennst du folgende Metapher schon aus anderen »Lebenshilfe- oder Positiv-Denken-Büchern«:

> Die Hummel hat eine Flügelfläche von 0,7 cm²,
> bei einem Körpergewicht von 1,2 g.
> Nach den heute uns bekannten Gesetzen der Aerodynamik
> kann sie unmöglich fliegen.
> Nur: Die Hummel weiß das nicht, sie fliegt einfach ...

Ich will!

Diese Metapher soll folgende Grundlage haben: Als der junge amerikanische Präsident John F. Kennedy in einer Ansprache an die Nation davon sprach, dass er noch einen großen Traum habe, nämlich Ende der 60er-Jahre den ersten Amerikaner auf dem Mond spazieren gehen zu sehen, gerieten seine NASA-Manager in Panik. Sie wurden bei ihm vorstellig und teilten ihm mit, dass sie zwar durchaus dieses Ziel erreichen könnten, aber unmöglich in dieser kurzen Zeit. Kennedy hörte sich alles geduldig an und antwortete: »Nun, Sie sind die Fachleute, ich habe ja nicht Ihr Wissen. Ich habe nur ein Problem: Ich sehe trotzdem Ende der 60er-Jahre den ersten Amerikaner auf dem Mond spazieren gehen.« Daraufhin mussten die NASA-Fachleute ihre zahlreichen Mitarbeiter davon überzeugen, etwas Unmögliches möglich zu machen. Und dies unterstützten sie, indem sie in allen Büros Plakate mit der oben aufgeführten Metapher aufhängten.

> Frage niemals, *ob* du es schaffst,
> sondern immer, *wie*!

Vielleicht mag es dir momentan noch vollkommen unmöglich erscheinen, deine Ängste, deine Probleme oder auch deine Lebenskrisen zu lösen. Doch auch vor dir haben schon viele Menschen etwas Unmögliches geschafft. **Warum nicht auch du?**

Der Wissenschaftler Simon Newcombe, der Astronom, der den Neptun entdeckte, bewies seinerzeit mathematisch, dass ein Körper, der schwerer ist als Luft, unmöglich fliegen könne. Doch am 17. Dezember 1903 wurden er und alle anderen Wissenschaftler weltweit eines Besseren belehrt: Orville und Wilbur Wright (»die Gebrüder

Wright«) benötigten in Kitty Hawk 59 Sekunden, um 300 Meter weit zu fliegen. Heute steigen wir in Frankfurt in den Flieger ein, um acht Stunden später 7000 km entfernt in New York wieder auszusteigen – entspannt, ohne uns groß Gedanken zu machen, dass dies vor etwa mehr als 100 Jahren vollkommen unmöglich war.

> Das Wort »Ich will« ist mächtig,
> sagt's einer leis und still.
> Die Sterne reißt's vom Himmel,
> das kleine Wort »Ich will!«
>
> *Johann Wolfgang von Goethe*

Du kannst natürlich nun alles, was ich schreibe, ablehnen mit der Begründung, bei dir treffe dies nicht zu, bei dir sei alles ganz anders, so leicht sei dies bei dir nicht, ich hätte ja gut reden, usw. Doch dann würdest du dich genauso verhalten wie die Frau, die nach dem Gottesdienst den Pfarrer lobt: »Sie haben heute eine tolle Predigt gehalten, Herr Pfarrer. Alles was Sie sagten, trifft auf den einen oder anderen meiner Bekannten zu 100 Prozent zu!«

Im ersten Kapitel, in dem ich ganz offen (und mit Schmerzen!) meine eigene Lebenskrise beschrieb, um dich dazu zu motivieren, deine eigenen Ängste, Probleme und Krisen anzupacken, erklärte ich dir, dass ich fast alles in meinem Leben verloren hatte, das ich besaß. Doch drei Dinge kann dir niemand nehmen:

1. **Deinen Glauben und dein Vertrauen!**
2. **Dein Wissen und deine Weisheit!**
3. **Deinen Fleiß und deine Ausdauer!**

> Glaube ist Gewissheit
> ohne Beweis!
>
> *Henri-Frédéric Amiel*

Glauben und Vertrauen hatten wir im Mai 2004. Aufgrund der Tatsache, dass ich meine erste Lebenskrise, die ich mit 21 Jahren hatte, meisterte und anschließend 13 Jahre lang meinen Erfolg in ungeahnte Höhen steigerte, relativierte ich meine zweite Lebenskrise: Wenn ich schon einmal so eine Krise meisterte, kann ich es auch diesmal schaffen. Und genauso dachte auch Kerstin! Denk doch einmal über dein bisheriges Leben nach: **Gab es nicht so manche Probleme und Krisen, die du schon gemeistert hast? Und wurdest du dadurch nicht stärker und ausdauernder? Und warum sollte es diesmal anders sein?** In einiger Zeit, wenn du deine Ängste und Probleme gelöst hast und auf die jetzige Zeit zurückschaust, wirst du sagen können, dass auch diese Lebenssituation dich weiterbrachte, du daran gewachsen bist, du stärker wurdest

Wissen und Weisheit

Das zweite, was mir niemand nehmen konnte, waren mein Wissen und meine Weisheit. Wissen ist immer Theorie. Wir nehmen ständig Wissen auf. Das machen wir, solange wir leben, ganz automatisch. Ich jedoch habe seit 1985 ganz bewusst Wissen aufgenommen, indem ich Bücher las, CDs hörte und Seminare besuchte. All dieses Wissen war jedoch erst einmal Theorie, also intellektuell angelegt. Eine meiner (wenigen) Fähigkeiten besteht darin, gelerntes Wissen schnell in die Tat umzusetzen. Und in dem Moment, in dem ich Wissen in die Praxis umsetze, mache ich Erfahrungen: Ich erkenne, was funktioniert und was nicht. **Und diese Erfahrungen nennt man Weisheit.**

> Weisheit ist gelebtes Wissen!

Und mein Wissen und meine Weisheit wurden durch meine Lebenskrise ja nicht geringer. Im Gegenteil: Ich erhielt neue Erkenntnisse, machte neue, weitreichende Erfahrungen, von denen ich sicher war, dass sie mir bei meinem Neustart helfen würden, noch erfolgreicher zu sein, als ich es vorher war. Doch nun lege ich mal ganz bewusst meinen Finger in deine Wunde: **Wie viel Wissen hast du in den letz-**

ten Jahren neu aufgenommen? Wie viele Bücher hast du gelesen? Wie viele CDs im Auto angehört und wie viele Seminare besucht?

Die meisten Menschen investieren Abertausende von Euro in ihre Autos, Urlaubsreisen oder in ihren Schmuck. Wenn es aber darum geht, in das Wichtigste zu investieren, nämlich sich selbst, sind sie plötzlich geizig. Ich kann diese Einstellung und dieses Verhalten niemals verstehen. Ich habe einmal addiert, wie viel ich in meine Weiterbildung investiert habe (der Arbeitsausfall dabei nicht berücksichtigt) und komme zum jetzigen Zeitpunkt (in 23 Jahren) auf eine Summe von über 300 000 Euro. **Wie viel hast du bisher in die Weiterentwicklung deiner Persönlichkeit, in dein Expertenwissen investiert und wie viel in Autos, Schmuck und Urlaub?**

Interessanterweise haben erfolglose Menschen immer die Einstellung:»Ich kann mir das nicht leisten«, während die Erfolgreichen sagen:»Ich kann es mir nicht leisten, nicht in meine Weiterbildung zu investieren.« Ein wichtiger Aspekt ist also: **Fang an und investiere in deine eigene Persönlichkeit, in dein Fachwissen, in deine Zukunft.**

Schon Benjamin Franklin erkannte, dass »eine Investition in Wissen immer noch die höchste Rendite bringt«.

Fleiß und Ausdauer

Und das dritte, was uns keiner nehmen konnte, waren **Fleiß und Ausdauer**. Wir waren bereit, mit höchstem Einsatz, wie schon oft vorher in unserem Leben, uns für die erfolgreiche Neugestaltung unserer Zukunft zu engagieren. Ich persönlich liebte schon immer die 35-Stunden-Woche – darum machte ich sie in dieser Phase meines Lebens gleich zwei Mal ...

In Indien geht ein Schüler ein letztes Mal zu seinem Guru, ehe er ihn verlässt, um sein Leben selbstbestimmt führen zu können. Er fragt ihn:»Sag mir Meister, wo ist der Weg zu Glück und Erfolg?« Der Guru, der gerade meditiert, öffnet seine Augen, zeigt mit seiner Hand einen bestimmten Weg und nickt dabei lächelnd seinem Schüler zu. Der Schüler bedankt sich und geht voller Hoffnung und Mut diesen Weg entlang. Nach einiger Zeit bekommt er einen »Riesenschlag« vom Leben, der ihn zu Boden wirft. Er hat Schmerzen und wütend läuft er zurück zu seinem Guru. »Meister, ich wollte von dir den Weg zu Glück und Erfolg wissen und du hast mir den falschen Weg gezeigt. Ich habe dir vertraut. Doch warum hast du mir den falschen Weg gewiesen?« Da öffnet der meditierende Guru die Augen, zeigt mit seiner Hand wieder in die gleiche Richtung und nickt dem Schüler noch stärker zu als beim ersten Mal. Der Schüler vertraut seinem langjährigen Guru und läuft den gleichen Weg entlang. Etwas vorsichtiger begeht er die Stelle, an der ihn der Schlag des Lebens ereilte, dann wird er wieder schneller, ehe ihn nach einiger Zeit plötzlich der nächste »Riesenschlag« des Lebens niederstreckt. Er ist bewusstlos, und als er aufwacht, hat er große Schmerzen. Voller Zorn geht er zurück zu seinem Guru und schreit ihn an: »Meister, ich habe dir vertraut, doch du hast mich belogen und betrogen. Warum hast du mir schon wieder den falschen Weg gezeigt?« Diesmal öffnet der Guru nicht nur die Augen, sondern antwortet ihm: »Ich habe dir doch den richtigen Weg gezeigt. Gleich hinter dem zweiten Schlag, den du vom Leben bekommen hast, warten das Glück und der Erfolg auf dich!«

Viele Menschen begreifen nicht, dass so manche Tiefschläge, die wir auf unserem Lebensweg einstecken müssen, letztendlich unumgänglich sind, um unsere Ziele zu erreichen. Damit meine ich nicht, dass man immer weiter seinen eingeschlagenen Weg gehen soll – auch wenn man ständig »Schläge vom Leben bekommt«. Es geht mir ums Grundsätzliche: Dass wir manchmal erst nach Niederlagen das wahre Glück finden.

Und viele Menschen sind nicht bereit, den Preis dafür zu bezahlen, der unter anderem im Fleiß besteht – und das bedeutet Ausdauer und Disziplin.

> Ausdauer ist die Mutter und Disziplin ist der Vater des Erfolgs.

Bei amerikanischen Untersuchungen darüber, was die erfolgreicheren von den erfolgloseren Menschen unterscheidet, stellte man fest, dass 20 Prozent aller Menschen 80 Prozent des gesamten Erfolgs erzielen. Auch 20 Prozent der Unternehmen einer Branche erzielen ca. 80 Prozent des gesamten Umsatzes. Oder 20 Prozent der Verkäufer eines großen Unternehmens erzielen 80 Prozent des gesamten Umsatzes. Und als man untersuchte, worin denn der wesentliche Unterschied zwischen diesen 20 Prozent der Erfolgreichen gegenüber den

80 Prozent der weniger Erfolgreichen besteht, kam man auf ... **den Fleiß!**

Nicht irgendwelche komplizierten Strategien oder Techniken waren es, die den Unterschied ausmachten, sondern einfach nur Fleiß! Erfolgreiche Menschen sind einfach bereit, mehr Einsatz zu bringen, härter zu arbeiten, länger zu arbeiten, intensiver zu arbeiten, sich weniger abzulenken, auf vieles zu verzichten – in dem Bestreben, ihr Ziel zu erreichen.

Und ich frage dich jetzt: Bist du bereit, alles zu geben, alles zu unternehmen, alles zu investieren, um deine Probleme oder Krisen zu bewältigen?

›Geht nicht‹, gibt's nicht!

Du bekommst in diesem Buch eine genaue Anleitung dafür, »wie« es geht. Doch umsetzen musst du es selbst.

Ich hoffe und bin mir sicher, dass ich dich mit diesem Buch dazu bringen kann, wieder an dich, die Lösung deiner Probleme, ja, sogar zum Glauben an deine Träume bewegen kann. Deine Gedanken gestalten deine Realität. Das, woran du denkst, wirst du erleben. Welche Werte, Überzeugungen und inneren Glaubenssätze später dein »inneres Betriebssystem« bilden, entscheidest du. **Das Gesetz funktioniert ganz einfach**: Glaube etwas tief und fest – und es ist! Vorausgesetzt, es ist »stimmig« mit dem, was du in dieses Leben an Aufgaben, Talenten und Begabungen mitgenommen hast. Und du verstößt nicht gleichzeitig gegen wesentliche andere Lebensgesetze.

Egal also, welche Schwierigkeiten und Probleme du momentan auch haben magst: Als Erstes glaube tief, fest und unerschütterlich daran, dass es nur eine momentane Situation ist und du ganz sicher alles lösen und bessern kannst! **Glaube an dich!**

Zum Schluss dieses Kapitels möchte ich dir noch eine Geschichte von Sir Winston Churchill, der britischen Legende, erzählen.

Churchills Mutter war Amerikanerin mit Indianerblut. Schon mit sieben Jahren musste der kleine Winston ins Internat. Er hatte einen leichten Sprachfehler, übte jedoch beständig und ausdauernd das Reden, da er die Bedeutung seines Redetalents frühzeitig erkannte. Außerdem verlor er

1899 seine erste Wahl zum Abgeordneten des Unterhauses. In einer Überlieferung heißt es, dass Winston Churchill schon sehr alt war und noch einmal eine Rede an der Universität halten sollte, es gab so viele Kartenanfragen, dass man die Veranstaltung ins Freie verlegte. Churchill ging nach mehreren Vorrednern langsam auf die Bühne, legte seinen Stock und die obligatorische Zigarre beiseite, blickte in die riesige Menschenmenge und sagte:

**»Never, never, never, never –
never give up!«**

Er schaute noch einige Augenblicke in die Menge, nahm Zigarre und Stock ... und verließ wieder die Bühne. Die Zuhörer waren zuerst sprachlos – das konnte doch wohl noch nicht alles gewesen sein, oder? Doch dann erinnerten sie sich, worum es ihm ging: Als er am 10. Mai 1940 zum neuen Premierminister Englands gewählt wurde, tobte bereits der grausame 2. Weltkrieg. Churchills Militärberater baten ihn, Waffenstillstandsverhandlungen mit den deutschen Nazis zu führen, um einer Niederlage Englands vorzubeugen und die Unabhängigkeit Englands zu retten. Aber Churchill bat sich Bedenkzeit aus. Als es abends wieder Bombenalarm gab, ging er nicht in den Luftschutzkeller seines Hauses, das am Stadtrand von London lag, sondern schenkte sich einen Brandy ein und stellte sich in seinem Bademantel auf die Veranda. Er sah betrübt zu, wie die deutschen Bomber Richtung London flogen und ihre tödliche Fracht auf seine geliebte Stadt warfen. Und schließlich sah er aus der Entfernung London lichterloh brennen. Da, so beschreibt es die Überlieferung, schleuderte er sein Brandyglas auf den Terrassenboden, ballte seine Fäuste zum Himmel und schrie: »Ihr Krauts, mich schafft ihr nie, denn ich, Winston Churchill, gebe nie, nie, nie, nie, ich gebe niemals auf!«

Und so erhoben sich immer mehr Zuhörer und belohnten ihn mit Standing Ovations. Denn mehr, so wurde ihnen klar, bedurfte es nicht, außer diesem einen Satz: Gib nie, nie, nie, nie – gib niemals auf!

Kapitel 3
Wandle Angst in Mut

Das Einzige,
was wir fürchten müssen,
ist die Furcht!

Franklin D. Roosevelt

Die Antriebskräfte des Menschen

Alles, was wir tun, und alles, was wir nicht tun, hat seinen Ur-
sprung, wie mittlerweile wissenschaftlich festgestellt wurde, in zwei
Hauptantriebskräften:

1. Liebe (Freude, Spaß, Lust)
2. Angst (Furcht, Sorgen, Ängste)

Sigmund Freud bezeichnete diese beiden Hauptantriebskräfte als das
»Schmerz-Lust-Prinzip«. Auch im »Neurolinguistischen Programmieren (NLP)« kennt man diese zwei Hauptantriebskräfte und sie
werden bei bestimmten Prozessen eingesetzt.

Wenn wir wählen müssen zwischen der kurzfristigen Vermeidung
von Schmerz/Angst und der langfristigen Erreichung von Liebe/
Freude, wählen wir in der Regel die Vermeidung von Angst/Schmerz.
Beispiel: Obwohl wir wissen, es wäre langfristig besser, Nichtraucher
zu sein, geben wir immer wieder der Sucht nach dem Glimmstängel
nach. Oder: Wir wissen, es wäre langfristig sehr gut für uns, sich regelmäßig zu bewegen – aber wir bleiben lieber im Bett liegen, weil der
kurzfristige Schmerz des Aufstehens existiert.

JA! Jürgen Höller
Copyright © 2009 WILEY-VCH Verlag GmbH & Co. KGaA, Weinheim
ISBN 978-3-527-50463-3

Wenn wir wählen müssen zwischen einem kleineren Angst-/ Schmerzzustand und einem größeren – entscheiden wir uns automatisch für das kleinere Übel. So weit zu den Grundprinzipien der Antriebskräfte und damit generell der Motivation des Menschen.

Mut ist genauso ansteckend wie Angst.

Wenn wir uns die beiden Motivationsprinzipien noch mal genauer ansehen, stellen wir fest, dass das, was dahintersteckt, noch viel trivialer ist:

- **Liebe-/Freudeprinzip: Es fühlt sich einfach gut an!**
- **Schmerzprinzip: Es fühlt sich einfach schlecht an!**

Wenn wir unsere Ziele und Wünsche auf der einen Seite und unsere Ängste und Sorgen auf der anderen Seite genau untersuchen, werden wir feststellen, dass es nur diese beiden Gefühle sind, Freude und Schmerz, die unseren Antrieb bestimmen. Nehmen wir beispielsweise ein Ziel, einen Wunsch:
Stell dir einfach immer wieder die Frage: **Warum will ich das?** Die Antwort, die du erhältst, hinterfragst du dann ein weiteres Mal: **Und warum will ich das?** So lange, bis du keine Antwort mehr findest außer der hier beschriebenen: **Es fühlt sich gut an!**
Beispiel: Du hast das Ziel, dein Einkommen innerhalb von drei Jahren zu verdoppeln. Frage: Warum will ich das? Antwort: Weil ich dann mehr Geld für mich übrig habe! Und warum will ich das? Weil ich mir dann den ersehnten Sportwagen, bessere Kleidung und einen Luxusurlaub leisten kann. Und warum will ich das? Weil das schön ist! Und warum will ich, dass das schön ist? Und dann geht es irgendwann bei weiterem Nachfragen nicht mehr weiter. **Ja, weil ich mich dann einfach gut fühle!** Siehst du, und schon sind wir beim Gefühl angelangt.
Nun ist dies aber – vordergründig betrachtet – kein Buch, in dem es darum geht, Ziele, Wünsche und Träume zu erreichen (in einem späteren Teil des Buches werden wir sehen, dass es genau darum geht ...), sondern ein Buch, in dem ich beschreibe, wie du deine Ängste, Sorgen, Probleme und Krisen lösen und meistern kannst. Nehmen wir also einmal das Beispiel eines Problems/einer Krise. Eine Person ist selbstständig, das Geschäft macht Verlust und sie hat große Exis-

tenzsorgen, die sie loswerden möchte. Nun stellen wir einfach immer wieder die gleiche Frage: **Was ist denn so schlimm daran?** Antwort: **Ich habe bald überhaupt kein Geld mehr.** Und was ist daran so schlimm? Wenn es so weitergeht, bin ich pleite. Und was ist daran so schlimm? Dann bekommen es schließlich alle meine Verwandten, Freunde und Nachbarn mit, dass ich pleite bin. Und was ist daran so schlimm? Möglicherweise schauen sie mich komisch an oder zeigen hinter meinem Rücken als Versager auf mich. Und was ist daran so schlimm? Dann bin ich ganz allein. Und was wäre daran so schlimm? **Das wäre ein schreckliches Gefühl!**

Siehst du, auch dieses Beispiel endet wieder bei einem der beiden beschriebenen Gefühle. (Es gibt jedoch sicherlich noch eine Steigerung dieser Kette, nämlich dann, wenn als letzte Antwort kommt: Dann muss ich sterben!).

Ängste bringen den Menschen ins Chaos.
Das wäre genauso,
wie wenn eine Firma einen Mitarbeiter dafür bezahlt,
dass er alles durcheinanderbringt.

Die Frage ist nun, ob Angst generell etwas Schlechtes ist. Die Antwort lautet: **Nein!!!** Das ist so ähnlich wie mit Gift: Zu viel ist tödlich – doch ein klein wenig wirkt oft wie Medizin! **Angst ist letztendlich nichts anderes als ein Überlebensmechanismus.** Ohne Angst würde es die Menschheit nicht mehr geben. Stell dir vor, unsere Vorfahren wären ohne Angst auf einen Säbelzahntiger gestoßen ... Nur die Angst hat dafür gesorgt, dass wir uns dieser und vielen weiteren Gefahren schnell entzogen haben. Angst ist also nichts anderes als ein Urtrieb des Menschen, der uns geholfen hat, als Spezies seit Tausenden von Jahren zu überleben. Leider jedoch neigt Angst dazu, nicht innerhalb »gesunder Grenzen« zu bleiben, sondern sie verselbstständigt sich häufig und nimmt eine Größe an, die den Realitäten des Lebens in keinster Weise mehr entspricht. Und da das **Gesetz des Glaubens** immer funktioniert, werden unsere Ängste, je größer sie sind, umso stärker genau dieses ungewollte Ergebnis in unser Leben ziehen. Und je mehr wir dagegen ankämpfen, mit positivem Denken, mit Vermeidungsstrategien, wird ein weiteres Lebensgesetz greifen. **Es ist das**

»Gesetz der Resonanz« und es besagt, dass alles, was in uns ist, wie ein unsichtbarer Magnet Gleiches und Ähnliches anzieht. Wenn wir also den festen, unerschütterlichen Glauben an unsere Träume und Ziele in unserem Herzen tragen, werden wir immer stärker diese anziehen (und von diesen angezogen). Und wer große Ängste in sich trägt oder – noch schlimmer – dagegen ankämpft, wird auch diese manifestieren.

> Das, wovor ich mich am meisten fürchtete,
> ist über mich gekommen.
>
> *Hiob*

Ängste

In der dunkelsten Stunde meines Lebens hatte ich große Ängste: Wie wird meine Familie überleben können? Wie werde ich in der »Hölle« überleben? Wir sind allein (verlassen von unseren Freunden und Bekannten). Mein Name ist ruiniert. Die Firma ist aufgelöst ... In dieser Zeit beschäftigte ich mich intensiv mit meinen Ängsten, um sie loszuwerden. Zum einen stellte ich fest: Je stärker ich mich damit beschäftigte, die Ängste loszuwerden – **desto größer wurden sie im Unterbewussten!** Doch dazu später mehr.

Beginnen wir zunächst einmal mit einer Auswahl von Ängsten:

- Zu wenig Geld verdienen
- Geld verlieren
- Geschäftlich/privat pleitegehen
- Existenzsorgen haben
- Den Arbeitsplatz verlieren
- Krank werden
- Verlust von nahestehenden Personen
- Keine Freunde mehr
- Allein und ausgeschlossen sein
- Phobien (Höhenangst, Flugangst, Angst vor Tieren)
- Angst vor Veränderungen

- Alt zu sein
- Nicht mehr attraktiv (genug) zu sein
- Sterben

Nun, letztendlich sind fast alle diese Ängste zurückzuführen auf den »Ur-Menschen«. Versetzen wir uns doch einmal einige Tausend Jahre zurück und stellen uns vor, damals gelebt zu haben. Dann stand einzig und allein ein Faktor im Vordergrund unseres Daseins:

Überleben!!!

Das Leben war damals in ständiger Gefahr. Überall lauerten wilde Tiere, Krankheiten, Nahrungsknappheit, Überfälle, die Gefahr, aus der Gruppengemeinschaft ausgeschlossen zu werden. Deshalb brannte sich beim Menschen tief und fest in seinem Unterbewusstsein ein: **Mein Leben ist in dauernder Gefahr!**

Die Wissenschaft hat mittlerweile festgestellt, dass diese Urinstinkte des Vorzeit-Menschen bis heute weitervererbt wurden. Unsere »sichere« Zivilisation ist vor relativ kurzer Zeit entstanden und soziale Sicherungssysteme gibt es gar erst, seit vor ca. 100 Jahren Bismarck sie in Deutschland einführte. Nun sind in unserem »Reptiliengehirn« (heißt wirklich so ...), dem ersten Teil des Gehirns, das der Urmensch besaß, immer noch diese Urinstinkte vorhanden. Aus dem **»Überlebensinstinkt«** und dem Gedanken **»Mein Leben ist in Gefahr«** hat der Mensch drei Überlebensstrategien entwickelt:

1. Überfluss
2. Gemeinschaftsleben
3. Sicherheit

Überfluss

Schauen wir uns diese drei Überlebensstrategien einmal im Detail an: Unser direkter Überlebensinstinkt sorgt dafür, dass wir »gute Gefühle« besitzen, wenn wir Wasser und Nahrung zur Verfügung haben, und »schlechte Gefühle«, wenn dies nicht der Fall ist. Da nun der Urmensch ja nicht immer gleichmäßig viele Vorräte besaß und bei Mangel diese nicht sofort im nächsten Supermarkt auffüllen konnte, hat sich die Überflussstrategie so ausgewirkt, dass wir:

a) Genuss bei Wasser- und Nahrungsaufnahme verspüren
b) Möglichst viele Vorräte anlegen und zur Verfügung haben

Hast du dich schon einmal gefragt, warum wir ausgerechnet bei süßen und fetten Speisen, also besonders nahrhaften und kalorienhaltigen, den angenehmsten Geschmack empfinden? Es liegt daran, dass Fett die höchste Kalorienzahl besitzt und Süßes aus Kohlenhydraten besteht, die schnell in Energie umgewandelt werden können. Und da früher nicht ein »Zuviel an Nahrungsaufnahme« das Problem war, sondern eher das Gegenteil (wenn wir z. B. mehrere Tage keine Beute fanden), hat der Körper ständig (und signalisiert es noch heute) Hunger auf Süßes und Fettes. Was also früher die Überlebenskrise für Menschen bedeutete, ist in unserem Land heute ein Riesenproblem (verbanne einmal Süßes und Fettes komplett aus deiner Nahrung und schau, wie du dich fühlst ...).

Des Weiteren war der Urmensch ständig darauf aus, Vorräte anzulegen, die er dann in schlechten Zeiten, in denen er keine Beute oder Nahrungsmittel fand, konsumieren konnte. Erinnert dich die »Vorrats-/Lagerhaltung« nicht an uns moderne Menschen? Wollen wir nicht auch möglichst viel Erspartes haben, möglichst fürs Alter vorsorgen? Werden wir nicht panisch, wenn unsere Kühlschränke nicht voll, unsere Bankkonten nicht gut gefüllt sind? (Als ich mich am 31. Oktober 2002 für eineinhalb Jahre alleine, ohne etwas zu haben, auf acht Quadratmetern einfand, entwickelte sich ein nie gekannter »Vorrats-Trieb«. Ich hamsterte alles, was ich kriegen konnte, war immer bestrebt, möglichst viel Kaffee und andere Sachen zu besitzen – denn das war ja alles sehr knapp. Später, in Freiheit, hatte ich dann teilweise zehn Shampoos, Deos, Zahnpasten etc. auf Lager, bis Kerstin meinte, ich hätte doch einen kleinen »Dachschaden ...!)

Gemeinschaft

Der Urmensch entdeckte sehr schnell, dass er bei all den Gefahren, die es in seiner Welt gab (z. B. Raubtiere) am besten überleben konnte, wenn er sich einer Gemeinschaft (= Rudel) anschloss. **Dieser Rudelinstinkt animierte uns früher dazu und sorgt auch heute noch dafür, dass wir uns gleich gesinnte Menschen suchen.** Denn bei Menschen, die ähnlich sind wie wir, ist die Chance am größten, dass sie uns akzeptieren und in die Gemeinschaft des Rudels aufnehmen. Auch heute noch können wir das beobachten. Fußballfan-Gruppen, Motorradanhänger-Gruppen, Politiker sitzen auch in der Freizeit zusammen und diskutieren, Richter treffen sich in ihrer Freizeit bei Stammtischen mit Staatsanwälten ... **Wenn wir einmal bei einem Rudel als Mitglied aufgenommen wurden, ist es unser ganzes Bestreben, dort auch zu bleiben und nicht wieder ausgeschlossen zu werden, denn dies hätte ja in den Urzeiten bedeutet, in der Wildnis allein unterwegs und damit dem sicheren Untergang geweiht zu sein.**

Adler fliegen alleine,
Schafe gehen in Herden.

Aus China

Innerhalb des Rudels bildete sich dann der Rangordnungsinstinkt aus. Dieser diente dem Überleben der Spezies, weil dem Rudelführer das Recht der besten und meisten Nahrung zustand, er sich fortpflanzen durfte etc. Und auch für den rangniederen Artgenossen erfüllte das Rangordnungsprinzip einen guten Zweck, nämlich den des Schutzes durch den stärkeren Rudelführer.

Auch heute noch wird dieser Instinkt unbewusst ausgelebt, indem es Menschen gibt, die führen wollen, und solche, die es gern haben, wenn sie geführt werden und dafür den Schutz der Führungskraft genießen. Wenn in einem Rudel der Überfluss (genügend Beute und Vorratshaltung) abgedeckt war, wurde dann noch der Spieltrieb ausgelebt. Der Spieltrieb schafft ein starkes Gemeinschaftsgefühl im Rudel und dient zur Pflege der Beziehungen, also der Festigung der Mitgliedschaft im Rudel.

Auch der Sexualtrieb ist der Gemeinschaftsstrategie zuzuordnen, denn Menschen üben den Sexualakt nicht ausschließlich zum Zwecke der Fortpflanzung aus, sondern weil »wir ein gutes Gefühl dabei haben«. Und hätten wir kein gutes Gefühl beim Paarungsakt, würden wir vielleicht alle ein oder zwei Jahre den Akt der Fortpflanzung durchführen – aber nicht regelmäßig mit unserem Partner die Zweisamkeit suchen.

> All unser Übel kommt daher,
> dass wir nicht allein sein können.
>
> *Arthur Schopenhauer*

Um es nochmals klipp und klar zu sagen: **Für den Urmenschen bedeutete Einsamkeit, also Ausschluss aus einem Rudel, das Todesurteil.**

Vielleicht wird dir nun klar, warum wir auch heute noch so darauf erpicht sind, anerkannt und in die Gemeinschaft aufgenommen zu werden. Wir verändern lieber unsere Persönlichkeit, unseren Charakter, unser Verhalten, als Gefahr zu laufen, aus einem Rudel, in dem wir Mitglied sind, wieder ausgeschlossen zu werden. Und deshalb haben wir Angst, dass wir den Erwartungen der anderen nicht genügen. Deshalb wollen wir so »norm-al« (normal bedeutet lediglich, dass das, was die Mehrheit eines Rudels denkt oder wie sie handelt, der Norm der Mehrheit entspricht) wie möglich sein. Ich behaupte an dieser Stelle, dass die allermeisten Ängste, die wir heute als moderne Menschen besitzen, auf diesen Gemeinschaftstrieb zurückzuführen sind. In meinen Rhetorikseminaren stelle ich fest, dass diese Angst »Was werden die anderen über mich denken, wenn ich versage?«, also die

Angst, sich zu blamieren, genau das bewirkt, was die Teilnehmer befürchten: Sie können nicht vor einer Gruppe von Menschen reden! Und in den drei Tagen geht es letztendlich nur darum, dass sie erkennen: **Jeder Mensch kann reden.**

Gemeinschaftstrieb

a) Allein bin ich nicht überlebensfähig.

b) Ich brauche das Rudel zum Überleben.

c) Gleich gesinnte Rudel nehmen mich leichter auf.

d) Wenn ich Mitglied eines Rudels bin, muss ich aufpassen, dass ich auch bleiben kann.

e) Innerhalb des Rudels bekomme ich mehr, habe mehr Rechte, wenn ich in der Rangordnung möglichst weit oben stehe.

f) Darum darf ich nicht auffallen, muss »normal« sein, muss die erwartete Leistung bringen.

g) Wenn ich unbrauchbar für das Rudel bin, werde ich ausgeschlossen, z. B. bei:
- unnormalem Verhalten
- Krankheit
- Alter

h) Manches Verhalten stärkt das Gemeinschaftsgefühl:
- Spielen
- Sexualität
- Hobbys

Sicherheit

Aus der Sichtweise unseres Urmenschen heraus war die Sicherheitsstrategie absolut überlebensnotwendig. Er musste sich vor großer Höhe in Acht nehmen, um nicht von Bäumen oder Bergen zu fallen und zu Tode zu kommen (die heutige Höhenangst lässt grüßen ...). Er schuf sich eine sichere Höhle als Schutz vor wilden Tieren – die Angst vor Verlust unseres Hauses, unserer Wohnung oder gar die Angst vor Obdachlosigkeit, als Folge des Arbeitsplatzverlustes oder einer geschäftlichen Pleite, ist eine der größten Ängste, die es gibt. Ein weiterer Unsicherheitsfaktor war die Kälte: Hatten wir nicht genügend

Wärme (Höhle, Feuer), war das Überleben in allergrößter Gefahr. Noch heute gibt es dem modernen Menschen allerhöchsten Genuss, wenn er es gemütlich, behaglich, warm hat.

Oder nehmen wir die Dunkelheit: In der Dunkelheit konnten Gefahren wie wilde Tiere nicht klar erkannt werden. Zum Zeitpunkt, als ich dieses Buch schrieb, haben wir gerade einen drei Monate alten Welpen namens Kadisha bekommen. Immer wenn ich noch abends mit ihr Gassi gehe (wir haben jetzt Januar), hat sie große Angst und vergisst vor lauter Furcht sogar, ihr Geschäft zu machen.

Und da der Urmensch überleben wollte, hatte er auch immer Angst vor allem Neuem, allem Unbekannten. **Denn Neues/Unbekanntes konnte eine negative Veränderung, eine Bedrohung, im schlimmsten Fall sogar den Tod bringen.** Auch heute noch haben viele Menschen geradezu panische Angst vor allem Unbekannten, allem Neuen und lehnen kategorisch jede Form von Veränderung in ihrem Leben ab. (Gib einmal Mitarbeitern eines Unternehmens bekannt: »Es steht eine große Umstrukturierung an.« – Ob dabei Zustimmungs- und Begeisterungsstürme ausbrechen?) Mit dem Sicherheitstrieb wird heute gut verdient, man denke beispielsweise nur an Versicherungen, an die Altersvorsorge, an die Gesundheitsbranche etc. Ganz schlechte Karten hatten unsere Vorfahren dann, wenn sie krank oder alt wurden. Dann konnten sie zum Wohl des Rudels und dessen Fortbestehen nichts mehr beitragen. Im Gegenteil: Sie wurden sogar zu einer Belastung. Deshalb konnten die Kranken und Alten nicht »mitgeschleppt« werden. Grausam war das? Es war vielleicht in dieser Zeit notwendig. Aber wie ist es heute? Heute ist die Angst vor Krankheit und Alter eine der größten Ängste überhaupt.

Reich ist der, der keine Angst kennt

Schauen wir uns doch einmal an, wie heute die »Realität« aussieht: Dazu gibt es sogar ein Schlagwort: **Die Überflussgesellschaft!**

Wasser und Nahrung ist im Überfluss für jeden Menschen vorhanden! **Egal was in deinem Leben passiert, ob du deinen Arbeitsplatz verlierst, ob du dein Geld verlierst, ob du Pleite machst – durch unsere sozialen Sicherungsnetze ist dein Überleben gesichert.** Wir müssen deshalb auch keine Vorräte anlegen, weder in unserer Wohnung noch in unserem Körper (= Fett). Wenn irgendetwas fehlt, können wir uns im nächsten Supermarkt alles Notwendige holen.

Bitte schreibe dir jetzt ganz bewusst auf ein Blatt Papier:

**Was auch immer in meinem Leben passiert:
Ich werde immer genügend zu trinken und zu essen haben!**

Nun zum Thema Gemeinschaft: Natürlich kannst du jederzeit aus deinem Rudel ausgeschlossen werden. Aber im Gegensatz zu den Urzeiten ist das heute kein Problem. Früher war der Erdball nur wenig besiedelt und der Ausschluss aus einem Rudel bedeutete praktisch den Tod. Heute gibt es Menschen im »Überfluss«. Unsere Städte quellen über vor Menschen, alle paar Kilometer kommt ein neues Dorf. Wenn du im Wald spazieren gehst, triffst du fast immer andere Spaziergänger. Unsere aus den Urzeiten übernommene Denkstruktur »Menschen und damit Rudel sind zahlenmäßig äußerst begrenzt« ist heute **falsch!** Der moderne Mensch hat noch nicht begriffen, dass er **jederzeit und an jedem Ort** ein neues Rudel finden kann. Egal was für Vorlieben du hast, egal was für Hobbys, ja, egal was für ein Sonderling du bist – auf dieser Welt gibt es genügend andere Menschen, die so sind wie du und darauf warten, dass du in ihr Rudel eintrittst. Man muss sich nur einmal im Internet umsehen und stellt fest, dass es praktisch keine Vorlieben gibt, die nicht andere Menschen mit dir teilen.

Die einzige Möglichkeit, heute allein und ohne Rudel dazustehen, ist die selbst gewählte Einsamkeit. Wenn du dich natürlich ausschließlich in deine vier Wände verkriechst, nicht aus deiner »Höhle« herauskommst und andere Menschen triffst – und sei es per Internet – dann, aber auch nur dann, besteht die Möglichkeit der Einsamkeit. Egal für wie hässlich oder minderwertig du dich hältst – glaub mir, **es gibt auf dieser Welt irgendwo Menschen, zumindest einen einzigen, der genau dich lieben wird, so wie du bist.**

Bitte notiere ebenfalls:
Egal welche Schwächen ich habe,
welcher Sonderling ich bin – ich finde auf dieser Welt jederzeit
ein Rudel, das mich aufnimmt!
Und noch etwas:
Egal was auch passiert,
egal ob meine Angst Wirklichkeit wird,
ich werde bis zu meinem Tode in Sicherheit leben können!

Und zu guter Letzt:

Ich lebe stets in Überfluss, Sicherheit und Fülle!

Das Wort »Angst« stammt ursprünglich vom Lateinischen »angustiae« ab. Was übersetzt bedeutet: Enge, Knappheit, Schwierigkeit. Den Zustand »Angst« übersetzen wir deshalb in meinen Seminaren mit »Enge im Bewusstsein«. Dass dies absolut den Tatsachen entspricht, sehen wir an folgender repräsentativen Umfrage der R+V-Versicherung, die im Jahr 2004 eine Langzeitstudie über die »Top 15« der Ängste der Deutschen veröffentlichte:

1.	Allgemeine Arbeitslosigkeit	43 %
2.	Anstieg der Lebenshaltungskosten	43 %
3.	Fehlende Bürgernähe der Politiker	42 %
4.	Verschlechterung der Wirtschaftslage	41 %
5.	Ein Pflegefall im Alter zu werden	39 %
6.	Arbeitslosigkeit	36 %
7.	Terroranschläge	35 %
8.	Schwere Erkrankungen	34 %
9.	Drogen, Alkoholsucht der eigenen Kinder	29 %
10.	Geringer Lebensstandard im Alter	27 %
11.	Spannungen durch Zuzug von Ausländern	26 %
12.	Umweltkriminalität	24 %
13.	Krieg mit deutscher Beteiligung	24 %
14.	Opfer einer Straftat zu werden	15 %
15.	Zerbrechen der Partnerschaft	12 %

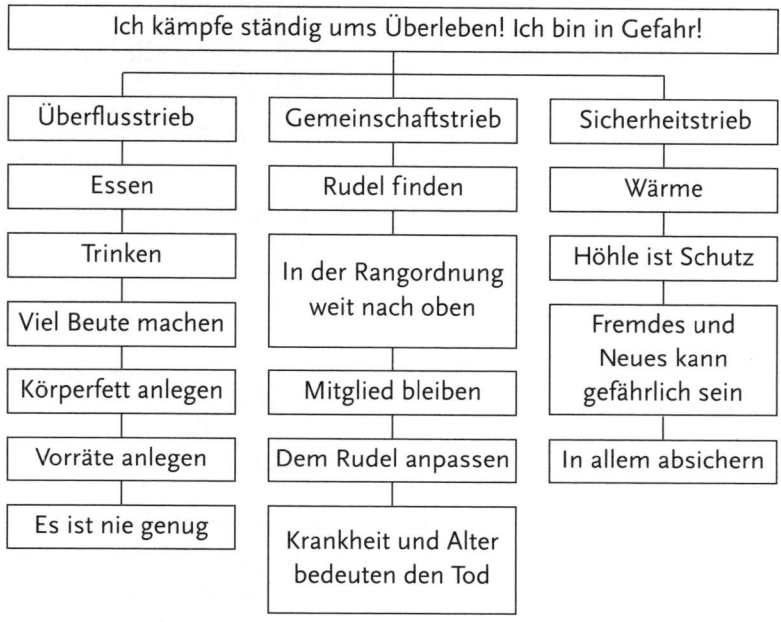

Die Ängste und Triebe des Urmenschen

Ich kämpfe ständig ums Überleben! Ich bin in Gefahr!		
Überflusstrieb	Gemeinschaftstrieb	Sicherheitstrieb
Essen	Rudel finden	Wärme
Trinken	In der Rangordnung weit nach oben	Höhle ist Schutz
Viel Beute machen		Fremdes und Neues kann gefährlich sein
Körperfett anlegen	Mitglied bleiben	
Vorräte anlegen	Dem Rudel anpassen	In allem absichern
Es ist nie genug	Krankheit und Alter bedeuten den Tod	

Es ist faszinierend, dass unter den ersten sechs größten Ängsten sich allein vier befinden, die mit der materiellen Situation zu tun haben. Wir modernen Menschen haben also die allermeisten Ängste im materiellen Bereich – obwohl es uns noch niemals zuvor besser ging als heute! Also, wenn das nicht »Enge im Bewusstsein« ist, was dann? Wenn Menschen Angst haben, gibt es für sie zwei typische Reaktionsmöglichkeiten:

Die Alpha-Menschen: Empfinden Alpha-Menschen Angst, werden sie wütend und aggressiv. Bei diesen Menschen steht die Angst im Vordergrund, dass sie vom Leben nicht genügend bekommen, weil es die anderen gibt und diese es nicht zulassen.

Die Omega-Menschen: Diese Menschen werden bei Angst passiv. Das heißt, sie bauen Hemmungen und Komplexe auf, sie trauen sich nichts mehr zu, passen sich an, wollen Ärger und die daraus entstehende Hilflosigkeit vermeiden.

Der Alpha-Mensch kompensiert seine Ängste entweder durch Aggression oder durch Größenwahn, also durch Flucht in die Angeberei, Übertreibung etc. Der Omega-Mensch dagegen kompensiert seine Angst durch seinen Minderwertigkeitskomplex. Hinter allen Reaktionen steht letztendlich jedoch immer die Angst, dass man nicht so angenommen wird, wie man ist. Und deshalb spielen wir unsere Rollen so munter weiter ...

Wie wandle ich meine Angst in Mut?

Du hast die Wahl

> Wer so leben möchte, dass er niemals hinfallen kann,
> der muss ein Leben lang auf dem Bauch kriechen.

In einem indischen Märchen heißt es, dass Gott die Muschel erschuf. Den ganzen Tag lang lag sie am Meeresboden und ließ Wasser durch ihre geöffneten Klappen fließen. Ein wahrhaft sicheres, ruhiges und bequemes Leben – aber ätzend langweilig. Dann schuf er den Adler. Den Adler machte er frei, grenzenlos frei. Er kann fliegen, wann er will und wohin er will. Allerdings musste der Adler einen Preis für seine Freiheit zahlen: Er muss jeden Tag um seine Beute kämpfen. Manchmal jagt er nichts und muss am nächsten Tag doppelt so viel Beute einbringen. Wenn er Junge hat, muss er den ganzen Tag jagen, um die hungrigen Schnäbel zu stopfen.

Was möchtest du sein: Muschel oder Adler? Wer nichts riskiert, wer keine ungewöhnlichen Weg geht, wer aufgehört hat, seine Träume zu leben, oder wer in einer Krise aufgibt – der hat auch diese Wahl freiwillig getroffen. Wir Menschen sind selbst verantwortlich für alles, was wir tun – und für alles, was wir nicht tun! Du hast die Wahl, deine Angst loszulassen und dein Leben als Adler zu führen, oder du versuchst, »auf Nummer sicher zu gehen«, und lebst das Leben einer Muschel. Doch die Vorstellung, dass du mit 80 Jahren im Schaukelstuhl sitzt und denkst: »Wenn ich noch einmal von vorn beginnen könnte, würde ich alles ganz anders machen«, muss grausam sein.

Wie erkenne ich meine Angst?

> Vom Müssen und Sollen
> zum Dürfen und Wollen.

Was immer du tust, überprüfe dich:

- Machst du es, weil du denkst: »Ich muss«, oder weil du denkst »Ich soll«?
- Oder machst du es, weil du denkst: »Ich will«, »Ich kann«, »Ich darf«?

Ängste haben immer etwas mit »müssen« zu tun. Das Tragische ist jedoch: Sobald wir denken, »wir müssen«, steht dahinter eine bestimmte Form von Angst, und wenn diese Angst immer mehr verstärkt wird, ziehen wir genau das an, was wir vermeiden wollen.

Beispiel: Wir »müssen« mehr Umsatz machen, weil wir als Selbstständiger darauf angewiesen sind. Dahinter steckt die Angst, dass wir weiterhin Verluste machen und schließlich pleitegehen, falls wir den Umsatz nicht erreichen. Nun strengen wir uns also an, sind fleißig, arbeiten, setzen möglicherweise Mentaltechniken ein – es nützt alles nichts, es wird immer schlechter! Ein Verkäufer, der unbedingt mehr Umsatz machen muss, wird immer wieder erleben, dass er immer weniger Umsatz macht. Denke immer an das folgende Prinzip:

> Wir ziehen genau das an, was wir am meisten ablehnen und bekämpfen!

Für denjenigen, der sich mit diesem metaphysischen Gesetz immer noch nicht anfreunden kann, hier ein praktisches Beispiel: Nehmen wir einmal an, ein selbstständiger Verkäufer **muss** mehr Umsatz machen, da er weit hinter seinen Zielvorgaben zurückliegt. Mit dieser Einstellung fährt er zu seinem nächsten Kundentermin. »Ich muss heute diesen Auftrag unbedingt bekommen, ansonsten verfehle ich wiederum mein Monatsziel – und dann schaut es sehr schlecht aus in diesem Jahr.« Genauso sitzt er dann vor dem Kunden und spricht mit ihm: Intensiv, angespannt, eindringlich redet er auf den Kunden ein. Der Kunde fühlt sich immer stärker bedrängt, würde am liebsten flüchten (Urtrieb Sicherheit, Flucht vor dem Angreifer), kann es in unserer heutigen Zivilisation jedoch nicht. Er wird aber am Ende des Gesprächs »flüchten« – er lehnt den Auftrag ab (oder er sagt höflich: »Sehr interessant, das werde ich mir überlegen«).

Bitte nimm dir jetzt ein paar Minuten Zeit und schreibe einmal alles auf, was dir einfällt zu dem Gedanken »Ich muss ...« und »Ich soll ...«.

Ich muss _____

_____

_____

_____

_____

_____

_____

_____

_____

Ich soll _____

_____

_____

_____

_____

_____

_____

_____

_____

Das, was du jetzt aufgeschrieben hast, sind deine Ängste und negativen Überzeugungen.

Die Frage ist nun, ob du die Umsetzung nach dem Denkmuster: »Ich muss das tun, ansonsten bekomme ich mit irgendjemandem

Probleme« oder mit dem inneren Antrieb: »Ich kann das tun, weil es mir Spaß macht, weil ich es will, weil es mir Freude macht« vollziehst.

Beispiel: »Ich muss unbedingt meine Verkaufsumsätze nach oben schrauben!«

Dahinter steckt entweder eine Angst: »Das kommende Ergebnis reicht nicht aus« (Existenzangst), oder es ist eine Vorgabe durch deinen Vorgesetzten/deine Firma, die erreicht werden sollte. Mit einem solchen Gedankenmuster wird es schwierig für dich, das Ziel zu erreichen, und noch viel schwieriger, dabei glücklich zu sein.

Wenn du dir aber sagst: »Ich kann, ich darf und ich will meine Verkaufsumsätze steigern, einfach weil es mir Spaß macht!«, dann ist es spielerisch, leicht, voller Freude und Spaß. Und was glaubst du, mit welcher Einstellung wirst du leichter deine Kunden für dein Produkt, für deine Firma und für dich selbst begeistern können? Und schon siehst du, wie einzelne Gedankenmuster sich sofort in der Wirklichkeit manifestieren.

Wenn unser erster Musterverkäufer mit dem Gedankenmuster »Ich muss verkaufen« schlechtere Ergebnisse erzielt, wird er automatisch den nächsten Gedanken darauf aufbauen: »Jetzt muss ich aber noch mehr Gas geben, noch eine Stunde länger arbeiten. Jetzt kann ich keinen Urlaub machen, keinen freien Tag am Wochenende nehmen, ich muss nämlich meine Umsätze erreichen!«

Der zweite Musterverkäufer wird bei einem schlechteren Ergebnis vielleicht denken: »Na ja, macht ja nichts. Dann wird es im nächsten Monat umso besser. Ich freue mich schon darauf, diese Herausforderung anzunehmen!«

Und wenn dann die Ergebnisse weiterhin schlecht ausfallen, wird unser »Ich muss-Verkäufer« schließlich denken: »Ich schaffe das nicht. Ich kann nicht so gut verkaufen wie andere. Ich bin nicht gut genug. Ich kann das nur gut machen, indem ich mich noch mehr anstrenge.«

Der Zweite dagegen, unser »Ich-kann-darf-und-will-Verkäufer« wird denken: »Na und. Jetzt habe ich schon ein paar Mal negative Ergebnisse erhalten. Da gilt es doch gleich einmal nachzusehen, wo ich von meinem Weg abgekommen bin: Bin ich derzeit zu verkrampft? Bin ich zu verbissen? Habe ich Angst?« Und dann findet er die wahren geistigen/seelischen Ursachen heraus, trifft neue Entscheidungen und handelt entsprechend – und seine Ergebnisse werden sich zum Positiven wandeln!

Akzeptiere die Angst

> Erst muss, bevor die Welt sich ändern kann,
> der Mensch sich ändern.
>
> *Bertolt Brecht*

Vielleicht kennst du den Spruch »Die Angst im Nacken haben«? Es bedeutet nichts anderes, als dass du die Angst hinter dir spürst und dann – aufgrund deiner Urtriebe – davor flüchtest. Doch so lange du vor der Angst flüchtest, wird diese hinter dir herlaufen, dabei immer größer werden und dich wieder einholen. Und wenn du einmal über deine bisherigen Ängste nachdenkst, wirst du feststellen, dass dir die Flucht vor der Angst noch nie geholfen hat. Wenn aber eine Strategie nicht funktioniert (wir mischen Rot und Gelb und die entstandene Farbe Orange gefällt uns nicht ...), dann gilt es, die Strategie zu verändern. Deshalb empfehle ich dir, die Angststrategie komplett auf den Kopf zu stellen:

> Mut ist genauso ansteckend wie Angst.

Du kannst ganz nüchtern vorgehen, indem du ein Blatt Papier zur Hand nimmst und einmal deine Ängste notierst. Dann beginnst du mit der ersten Angst und stellst dir vor: Was wäre das Schlimmste, das passieren könnte? Du führst das Ganze fort, bis du irgendwann bei einem der drei Urtriebe (Überfluss, Gemeinschaft, Sicherheit) angelangt bist. Und dann fragst du dich, ob dieses Schlimmste wirklich eintritt, wenn deine Angst wahr werden sollte, oder ob es nur eine Illusion ist. Nochmals zur Wiederholung:

- **Niemand muss in unserem Land verdursten oder verhungern!**
- **Niemand muss erfrieren!**
- **Niemand wird ohne Dach über dem Kopf leben müssen!**

- **Jeder findet ein Rudel, das ihn aufnimmt!**
- **Wilde Tiere und sonstige Gefahren gibt es (fast) keine mehr!**

Es nützt nichts, falsch verstandenes »positives Denken« zu praktizieren, indem du deine Probleme nicht wahrhaben möchtest und stattdessen einfach positiv denkst: »Es geht schon irgendwie gut, alles ist okay, alles ist gut.« Denn wenn du dich deinen Ängsten, Problemen und Sorgen nicht stellst, werden diese ins Unterbewusstsein verschoben – und dort werden sie so lange größer und größer, bis sie sich schließlich in deiner »äußeren« Welt manifestieren.

Dazu fällt mir gerade ein Witz ein:

Ein Geschäftsmann sitzt in einem Zug neben einem jungen Mann. Dieser sieht etwas »abgerissen« aus und trägt nur einen Schuh. Der Geschäftsmann wendet sich mitfühlend an ihn und fragt: »Du hast wohl einen Schuh verloren, mein Junge?«»Nein«, antwortet ihm der Hippie mit einem seligen Lächeln, »einen gefunden.«

> Das Schlimmstmögliche akzeptieren
> und das Bestmögliche erwarten!

Relativierungstechnik

> Pessimisten finden allein schon deswegen ein Haar in der Suppe,
> weil sie kopfschüttelnd davor sitzen ...

Bei der Relativierungstechnik geht es darum, dass du dir bei einer Angst, einem Problem, einer Krise überlegst, ob du nicht eine gleiche oder schlimmere Situation in deinem Leben schon einmal erfolgreich bewältigt hast. In meinem Falle hat es mir bei meiner letzten großen Lebenskrise enorm geholfen, diese zu bewältigen, indem ich mich daran erinnerte, mit 21 schon einmal eine berufliche und finanzielle Lebenskrise gemeistert zu haben! Mein Gedanke war: **Wenn ich es damals im jungen Alter von 21 Jahren schaffte – dann schaffe ich es heute mit meinem jetzigen Wissen erst recht!**

Relativieren kann man auch mithilfe anderer Menschen, die eine gleiche oder ähnliche Situation bewältigt haben. Wer von der Pleite bedroht ist, kann sich an den Automobilkönig Henry Ford erinnern, der drei Mal pleiteging, ehe er mit dem Automobil sein Glück fand.

> Versagen ist eine Gelegenheit, noch einmal intelligenter anzufangen.
>
> *Henry Ford*

Oder du denkst an Thomas A. Edison, den wohl genialsten Erfinder der Menschheit, dessen Fabrik eines Nachts abbrannte. Als er zusammengekauert mit einer Decke über den Schultern vor den rauchenden Trümmern seiner Fabrikgebäude stand und von seinen Mitarbeitern angesprochen wurde, er solle nicht traurig sein, soll er gesagt haben: »Wie kommt ihr auf diese Idee? Ich weine doch nicht, ich lache. Denn all unsere Fehler, die wir in unserer Fabrik gemacht haben, sind soeben abgebrannt. Lasst uns morgen gemeinsam eine neue, bessere Fabrik aufbauen!«

Während meiner 18-monatigen »Kasernierung« habe ich auf einer uralten Reiseschreibmaschine das Buch »Und immer wieder aufstehen« geschrieben. In der Vorgeschichte im 1. Teil erkläre ich auch meinen Alltag in diesem »Etablissement« und wie ich es mental schaffte, meine Ängste und meine Krise zu besiegen. Wohlgemerkt: Ich begann acht Wochen nach »Antritt« mit dem Schreiben, also zu einem Zeitpunkt, als ich überhaupt nicht wusste, wie es weiterging. Halt: Ich wusste es, denn ich hatte alles bereits als fertiges Drehbuch in meinem Kopf! Ich glaubte fest daran, es noch einmal – durch meine bisherigen Erfahrungen sogar noch schneller, noch besser – schaffen zu können! Ich glaubte unerschütterlich daran: Wenn ich meine Lebenskrise erfolgreich bewältigte, könnte ich für viele andere Menschen ein Vorbild sein – und mein eigener Erfolg würde dadurch noch größer sein als vor meiner Krise! Und das Bemerkenswerte ist: Ich habe es noch schneller geschafft, als in meinem Buch angekündigt, und ich habe auf kein anderes Buch, das ich in meiner Karriere schrieb, so viele Zuschriften erhalten wie auf dieses. Alle hatten den gleichen Tenor: »Herr Höller (oder Jürgen), ich habe dieses Buch gelesen, es hat mich berührt. Ich habe geweint, ich habe gelacht und mir wurde klar: Wenn du deine Lebenskrise zusammen mit deiner fantastischen Frau Kerstin so bewältigst, dann schaffe ich es mit meiner Krise auch!« Das ist nichts anderes als Relativierungstechnik.

Mentales Programm

Wenn du also deine Angst akzeptiert hast, solltest du gleich das von mir entwickelte mentale Angst-Lösungsprogramm einsetzen.

Stell dich mit einem Abstand von 10 bis 15 Zentimetern vor einen Spiegel und schau dir permanent in die Augen.

Nun sagst du laut und deutlich zu deinem Spiegelbild:
»Ich akzeptiere meine Angst (z. B. pleitezugehen, aus unserem Haus in eine kleinere Wohnung zu ziehen und viele Freunde zu verlieren) vollständig! Ich bin bereit, falls das Schlimmste passieren sollte, dies zu akzeptieren und damit positiv weiterzuleben.« Dies wiederholst du 30-, 40- oder 50-mal.

Sprich jetzt 30- bis 50-mal voller Gefühl und Emotion folgenden Satz:
»Ich lasse jetzt meine Angst ›XY‹ endgültig und für immer los!«

Als Nächstes wiederholst du 30- bis 50-mal:
»Ich habe jetzt meine Angst ›XY‹ endgültig und für immer losgelassen.«

Und dann wechselst du sofort und ohne Pause dazu über, 30- bis 50-mal voller Emotion zu wiederholen (= Beispiel):
»Ich lebe stets in Überfluss, Sicherheit und Fülle!«

Wichtig: Beim 4. Schritt kommt es darauf an, eine positive Formulierung in der Gegenwartsform zu verwenden, so wie im Beispiel gezeigt.
Wiederhole dieses mentale Programm mehrere Tage hintereinander. Es geht **im Wesentlichen darum, dass du deine schlimmste Angst und ihre Folgen akzeptierst und bereit bist, weiterzuleben und das Beste daraus zu machen.**

Einzelcoaching

Wenn du wirklich nicht selbst klarkommst, ist es möglicherweise sinnvoll, einen Coach in Anspruch zu nehmen. Ich gebe ein Beispiel aus meinem Leben: Einige Monate nach meinem Neustart bekam ich plötzlich immer mehr Ängste (wieder verfolgt, bestraft und zerstört zu werden). Es begannen Alpträume der schlimmsten Art, in denen ich mehrere Male pro Woche zwischen zwei und fünf Uhr aus dem Tiefschlaf hochschreckte – mit einem klopfenden Herzen, einem fast zerspringenden Kopf. Und es war immer der gleiche Traum: Ich werde (unschuldig ...) verfolgt, eingesperrt, bestraft und komplett zerstört.

Als es nach einiger Zeit nicht besser wurde, besuchte ich einen Heilpraktiker und Hypnosetherapeuten. In einer Hypnose-Rückführung sah ich mich plötzlich im Mittelalter auf einem Marktplatz, angekettet und gefesselt, und eine große Menschenmenge beschimpfte mich, bewarf mich mit verdorbenen Lebensmitteln, Wächter schlugen mich. So lange, bis ich (es war wohl gegen Ende des Mittelalters als das neue Denken, zum Beispiel dass die Erde sich um die Sonne dreht, die Obrigkeit verunsicherte) meinem Wissen öffentlich abschwörte. Ich sah mich dann in Armut mit meiner Familie, zerstört, weil ich meine Ideale, das Wissen, verleugnet hatte. Noch in der Trance ließ ich dieses Gefühl, diesen Schmerz los, denn ich tat es, um meine Familie zu retten und um für sie sorgen zu können – das erkannte ich in der Sitzung.

Ob man nun an diese Dinge glaubt oder nicht – Tatsache ist, dass dadurch meine Alpträume vergingen und ich aufhörte, mich verfolgt, bestraft und zerstört zu fühlen. Ich erkannte in dieser Sitzung einen negativen Glaubenssatz, der zu meinen zwei großen Lebenskrisen geführt hatte:

»Ich verdiene es nicht, ich bin es nicht wert, absolut groß zu sein!«

Und immer wenn ich erfolgreich war, kurz bevor ich »zu« groß wurde, sorgte ich auf unterbewusstem Weg dafür, dass dieser Glaubenssatz zur Wirklichkeit wurde...

Wandle Angst in Mut

1. Du hast die Wahl!
2. Wechsle von Müssen und Sollen zum Dürfen und Wollen!
3. Akzeptiere das Schlimmste, das passieren könnte:
   »Wenn es so sein sollte, gehe ich auch damit positiv um!«
4. Das Schlimmstmögliche akzeptieren und das Bestmögliche erwarten.
5. Relativiere deine Situation:
   - Wer hat schon vor dir eine solche Situation gemeistert?
   - Hast du nicht schon andere schwere Situationen in deinem Leben bewältigt?
6. Arbeite an dir mit mentalen Techniken! Wenn du alleine nicht klarkommst, ziehe einen Coach, einen Experten, zu Rate.

Kapitel 4
Von Sorgen und eingebildeten Sorgen

Ich habe schlimme Sachen durchgemacht,
von denen tatsächlich auch einige eingetreten sind ...

Mark Twain

Dieses Kapitel erscheint auf den ersten Blick als ein Lehrstück aus
dem Bereich »positives Denken« und tatsächlich hat es auch viel damit zu tun. Positives Denken löst zwar keine grundlegenden Ängste,
Probleme und Krisen, aber die meisten unserer Sorgen sind ja auch
gar nicht realistisch, sondern lediglich eingebildet. Hier einmal eine
Erhebung:

Sorgen
- **40 % aller Sorgen treten nie ein.**
- **30 % sind Vergangenheit und können nicht mehr geändert
  werden.**
- **12 % sind überflüssige und unnötige Sorgen um die Gesundheit.**
- **10 % sind nebensächliche, kleine Sorgen.**
- **Nur 8 % sind wirkliche Sorgen!**

Nur 8 Prozent sind also tatsächliche, »echte« Sorgen – 92 Prozent
aller Sorgen sind bereits Vergangenheit, treten nie ein oder sind so
nebensächlich, dass es sich nicht lohnt, überhaupt darüber nachzudenken. Weil wir jedoch Zeit und Energie für diese 92 Prozent ver-
schwenden, fehlt uns dann die Energie, uns auf die 8 Prozent der echten Sorgen zu konzentrieren.

JA! Jürgen Höller
Copyright © 2009 WILEY-VCH Verlag GmbH & Co. KGaA, Weinheim
ISBN 978-3-527-50463-3

> Der Mensch lebt 80 Jahre – aber er macht sich Sorgen
> für 800 Jahre!

So manche Menschen erinnern mich an einen Zeitgenossen, der im Bett liegt und denkt: »Was kann man schon von einem Tag erwarten, der mit Aufstehen beginnt?«

Wenn man im Lexikon unter »Optimist« nachsieht, erhält man als Antwort »ein Mensch, der die Welt von der positiven Seite betrachtet«. Unter »Pessimist« finden wir »ein Mensch, der die Welt von der negativen Seite betrachtet«.

Die Welt ist also nicht einfach eine »Einheitswelt«, sondern je nach unserem Filter (Pessimist oder Optimist) nehmen wir die Welt entsprechend wahr. Unser Filter besteht aus unseren Glaubenssätzen, inneren Überzeugungen, unseren Werten und gemachten Erfahrungen. Der Pessimist sieht mehr die negativen Erscheinungen, während der Optimist sich stärker auf das Positive konzentriert. Die Wahrnehmung des Negativen bzw. Positiven verstärkt dann jeweils den inneren Glaubenssatz, der bereits vorher vorhanden war. Und wieder bekommt jeder »Recht« ...

›Grübeln‹ kommt von ›Grube‹

Wer sich immer wieder Sorgen um die Vergangenheit macht: »Warum ist mir das passiert? Warum trifft es immer mich und nicht die anderen?«, stellt eine falsche Frage, die schließlich zu einem falschen Ziel führt. Der Grübler stellt ständig die »Warum-Frage«. Wer sich bei einem Spaziergang im Wald verirrt hat und sich die »Warum-Frage« stellt, bekommt auch eine Antwort – nämlich warum er sich verlaufen hat. Er hat sich jedoch immer noch verlaufen. **Die weitaus bessere Frage ist die »Wie-Frage«:** Wie finde ich wieder aus dem Wald heraus? Wie schaffe ich es, mein Problem zu lösen? Wie schaffe ich es, meine Krise zu meistern? Wie schaffe ich es, eine neue Arbeit zu finden? Wie schaffe ich es, mehr Geld zu verdienen? Wie schaffe ich es, meine Beziehung zu verbessern? Wie schaffe ich es, mein Unternehmen erfolgreicher zu führen?

Wer dagegen grübelt, sucht immer nach Schuld – also nach Erklärungen – außerhalb seiner selbst. Die Mitarbeiter sind schuld, die Kollegen sind schuld, die Firma ist schuld, die Gesellschaft ist schuld, der Virus ist schuld, der Partner ist schuld etc. Doch je mehr wir grübeln, desto tiefer geraten wir in die »Fallgrube« hinein. Grübeln führt nicht zu Lösungen, aber es erzeugt Angst. Und Angst erzeugt noch mehr Angst – vor der Situation, in der wir uns befinden.

Ein Neurotiker ist ein Mensch, der sich über etwas Sorgen macht, das in der Vergangenheit nicht geschehen ist.

Ganz im Gegensatz zu uns »normalen« Menschen, die sich über etwas Sorgen machen, das in der Zukunft nie geschehen wird ...

Sorgen sind nichts anderes als Ängste, die wir in die Zukunft projizieren. Sie sind etwas »Eingebildetes«. Sie sind eine Täuschung durch unsere Vorstellung. Sie entstehen durch unsere Bewertung einer künftigen Situation. Es »könnte« sein, dass wir weniger Geld haben, verlassen werden, krank sind etc. Und je stärker der Glaube ist, dass diese Situation eintritt, desto wahrscheinlicher ist dies der Fall. Das ist dann natürlich der Beweis für unser Unterbewusstsein, dass es ja »richtig und gut war, sich rechtzeitig Sorgen zu machen« – und beim nächsten Mal geht das Ganze von Neuem los. Angst und Sorgen sind also gleichzeitig Verursacher und Beweis in einem! Jede Sorge gibt aber dem Gehirn wieder eine bildhafte Vorstellung. Und wenn man dem Gehirn bei seiner Arbeit »zusieht«, stellt man überrascht fest, dass es wissenschaftlich gesehen keinen Unterschied ausmacht, ob wir etwas tatsächlich erleben – oder es uns nur vorstellen.

Jeder Gedanke hat die Tendenz, sich zu verwirklichen!

Carpe diem (›Nutze den Tag‹)

Wir machen uns immer Sorgen, anstatt besser zu leben! Zu leben und jede Sekunde zu genießen! Diese unsere Welt ist eine herrliche Welt, eine Welt voller Überfluss und Fülle. Den Augenblick genießen zu können bedeutet, im Hier und Jetzt das Schöne wahrzunehmen, ohne ständig über die Vergangenheit zu grübeln und sich Sorgen um die Zukunft zu machen. Ein Meister in dieser Disziplin ist meine Ehefrau Kerstin.

Natürlich musste sie sich während unserer schweren Lebenskrise auch materiell einschränken, doch sie lebte weiterhin in unserem Haus, sie konnte weiterhin mal ein Glas Wein genießen und schaffte es sogar, einmal eine Woche mit unseren Kindern nach Ägypten zu fliegen und abzuschalten. Wir hatten zwar während unserer Krise nur noch wenige Freunde, aber dafür umso bessere (z. B. Paul Underberg, bei dem ich mich an dieser Stelle herzlich für alle mentale und materielle Unterstützung bedanken möchte).

Stell dir vor: Am Weihnachtsfest 2003 saßen wir mit unserer Familie zusammen (ich hatte eine Woche »Urlaub« bekommen) und wussten, dass vier Wochen später die Zwangsversteigerung mit anschließender Zwangsräumung unseres Hauses anstand. Während ich aus lauter Sorge unvorstellbare Rückenschmerzen während meiner Urlaubswoche hatte, war Kerstin ganz ruhig. Sie akzeptierte das Schlimmste, was uns passieren konnte (»Dann ziehen wir eben aus, weg aus Schweinfurt, vielleicht nach München und mieten dort ein kleineres Häuschen«), und hoffte trotzdem, dass wir das Haus noch auf irgendeinem Wege behalten könnten. Und was soll ich sagen – drei Wochen später hatten wir plötzlich eine Lösung gefunden und wohnen noch heute in diesem Haus! Ja, so ist sie, meine Kerstin: Sie vertraut, sie liebt – und lässt los! Und weil sie dem Leben vertraut, kommt auch alles zu ihr, was sie gerade benötigt. Sie hat tiefes Urvertrauen zum Universum und genau deshalb ist das Leben gut zu ihr.

> Ein Optimist ist jemand,
> der genau weiß, wie traurig die Welt sein kann,
> während ein Pessimist jemand ist,
> der täglich neu zu dieser Erkenntnis gelangt.
>
> *Peter Ustinov*

Nimm dir ein Beispiel an so mancher »Frohnatur«, die einfach diese Welt von der spaßigen und liebevollen Seite her sieht. Mache es wie die Kinder: Sie leben ausschließlich im Hier und Jetzt! Sie spielen ihr Spiel, essen jetzt, sie leben ihre Gefühle in diesem Moment aus. Sie denken nicht mehr darüber nach, was gestern war, und sie machen sich (noch) keine Sorgen um ihre Zukunft. Dieses »Sorgenmachen« bringen wir Erwachsene ihnen erst mühevoll bei. Lass uns wieder wie die Kinder den Tag beginnen und in die Welt hinausgehen – mit großen Augen, voller Neugierde und voller Träume und Ideale. Ein gutes Mittel, deine Sorgen loszulassen, ist folgende Mentalübung:

Ziehe dich in einen ruhigen Winkel deiner Wohnung zurück, entspanne dich und stelle dir vor, wie du alle Sorgen und Ängste in eine große Holzkiste legst. Nagle diese Holzkiste mit großen Nägeln zu und stell dir vor, wie du sie einer Rakete gleich durch das All Richtung Sonne schießt. Die Kiste kommt der Sonne immer näher, es wird immer heißer und schließlich fängt die Kiste zu brennen an. Sie fliegt noch näher zur Sonne, ehe sie schließlich vor lauter Hitze und Feuer explodiert – und sich all deine Sorgen und Ängste auflösen!

Sorgen sind Fiktion

Sorgen sind eine rein geistige Angelegenheit. Sorgen entsprechen keiner Realität. Sorgen sind zunächst einmal immer erst Fiktion. Wie sich eine eingebildete Sorge auswirken kann? Hier ein Beispiel:
In der örtlichen Zeitung erscheint ein Artikel, dass es in den letzten Wochen und Monaten weit überdurchschnittlich viele Einbrüche in der Region gab. Bis zu diesem Zeitpunkt machte sich unser »Herr Mustermann« keine großen Sorgen – doch jetzt denkt er darüber nach. Was ist, wenn auch bei uns eingebrochen wird? Haben wir Geld, Wertsachen und wertvolle Gegenstände im Haus, die man uns stehlen könnte? Wie kann ich diese sichern? Im Bankschließfach aufbewahren? Einen Tresor kaufen? Oder könnte man durch geeignete Maßnahmen dafür sorgen, dass es Einbrecher erst gar nicht schaffen, ins Haus zu gelangen? Also werden Sicherungsmaßnahmen ergriffen, spezielle Türschlösser eingebaut, spezielle Fensterverriegelungen und Bewegungsmelder angebracht etc. Mittlerweile ist durch die Presse der dreiste »Dieter-Bohlen-Überfall« gegeistert, bei dem zwei Jugendliche den Popstar in seinem Privathaus in Tötensen bei Ham-

burg überfielen. Diesem haben seine vielen Sicherungsmaßnahmen doch auch nicht geholfen. Also noch ein wenig mehr aufrüsten ...

Und das Entscheidende ist: Egal was jetzt auch passiert, unser »Herr Mustermann« hat immer Recht. Wird bei ihm eingebrochen, ist er bestätigt, noch viel zu wenig für die Sicherheit getan zu haben. Wird nicht eingebrochen, wird er bestätigt, da ja seine Sicherungsmaßnahmen dafür sorgten, dass er nicht betroffen war.

Aber wie lebt unser »Herr Mustermann«? Wacht er nicht beim geringsten abnormalen Geräusch nachts auf? Mit klopfendem Herzen liegt er schweißgebadet in seinem Bett und holt sein Pfefferspray aus der Schublade, macht das Licht im ganzen Haus an, um vom Keller bis zum Dachgeschoss zu überprüfen, ob ein Einbrecher eingedrungen ist. Hat sich seine Lebensqualität also verbessert?

Sorgen lösen das **Gesetz der Resonanz** aus, das heißt: Entweder wir ziehen gerade das an, was wir befürchten – oder wir leben in permanenter Angst davor, dass »es passieren könnte«. Jedenfalls wird unsere Lebensqualität so oder so eingeschränkt.

Im Klassiker »Sorge Dich nicht – lebe!« von Dale Carnegie geht es unter anderem darum, dass wir nicht allzu viel an die Vergangenheit und an das Morgen denken sollen – sondern im Hier und Jetzt leben! Glücklich sein können wir niemals, wenn wir ständig darüber nachdenken, was in der Vergangenheit schiefgelaufen ist, oder uns darüber Sorgen machen, was morgen kommen wird. Glücklich sein können wir nur im Hier und Jetzt! Und darum beginne jetzt glücklich zu sein! Genieße jetzt dein Leben! Sei jetzt dankbar für das, was du hast! Sei jetzt aufmerksam für das Schöne in deinem Leben, in deiner Umgebung, auf dieser Welt! Lebe jetzt!

Wenn's dir gut geht:
Mach dir keine Sorgen -
auch das geht vorbei ...

Kapitel 5
Was sind eigentlich Probleme?

> Wenn Gott dir ein Geschenk machen will,
> dann verpackt er es in ein Problem.
>
> *Norman Vincent Peale*

Ein Mann beobachtet, wie ein Schmetterling mühevoll versucht, aus seinem Raupengehäuse zu schlüpfen. Um ihm zu helfen, nimmt er ein Messer und vergrößert die natürliche Öffnung, durch die der Schmetterling schlüpfen muss. Doch als sich der Schmetterling schließlich vor ihm auf dem Tisch befindet, ist der Mann sehr traurig: Statt eines schlanken, schmalen Schmetterlingskörpers hat dieser Schmetterling nur einen plumpen, dicken Körper. Statt großer farbenprächtiger Schmetterlingsflügel hat dieses Exemplar nur kurze »Stummelflügelchen«, direkt am Körper angesetzt.

Der Mann fährt zu seinem Freund, einem Biologen, und erzählt ihm die ganze Geschichte. Da erklärt ihm sein Freund:» Die enge Öffnung ist notwendig, damit der Schmetterling beim Durchzwängen seine Flügel, die sich in seinem Körper befinden, nach außen drücken und er sich nach Verlassen des Raupengehäuses zu voller Pracht entfalten kann. Indem du ihm bei seinem ›Problem‹ geholfen hast, hast du ihm in Wirklichkeit geschadet.«

Diese Geschichte drückt eigentlich alles aus, worum es in diesem Kapitel geht. Wohl kaum ein Wunsch des Menschen ist so groß wie der Traum, ein sorgenfreies, problemloses Leben führen zu können. Wer aber ohne jeden Schmerz, ohne jede Sorge und ohne Probleme leben will – befindet sich auf dem falschen Planeten (»und wieder einmal nicht das Kleingedruckte gelesen ...«). **Der Wunsch, erst alle Probleme in unserem Leben zu lösen, um anschließend glücklich sein zu können, ist ein kapitaler Denkfehler.** Er ist normal und hat durchaus seine Be-

JA! Jürgen Höller
Copyright © 2009 WILEY-VCH Verlag GmbH & Co. KGaA, Weinheim
ISBN 978-3-527-50463-3

rechtigung – wenn wir noch Urmenschen wären. Genau wie sich eine Gazelle in Afrika erst vergewissert, dass keine Raubtiere in der Nähe sind, ehe sie aus dem Wasserloch trinkt, genauso hat auch beim Menschen der Angst- und Sicherheitsinstinkt Vorrang. Und so versuchen wir ständig, Probleme zu beseitigen, ehe sich die Glücksgefühle bei uns einstellen können. Doch dieser Zustand tritt niemals ein, zumindest nicht für längere Zeit. Vielleicht hast du auch schon einmal eine ähnliche Situation erlebt wie ich im August 2007: Ich lag auf dem Liegestuhl am Strand und fühlte mich superwohl. Unser Geschäft lief hervorragend, meine Seminare waren bestens besucht, wir standen kurz davor, meine Schuldenprobleme endgültig lösen zu können, meine Familie und ich waren gesund, wir liebten uns. Ich lag also so da und dachte: »Nun habe ich den paradiesischen Zustand erreicht!« Doch dann wurde Kerstin schwer krank und starb fast in den letzten Urlaubstagen; innerhalb der nächsten zwei Wochen starb unser Hund Gino, der für uns wie ein drittes Kind gewesen war; wir bekamen Ärger mit einem Großkunden, verloren ihn; unser großer Sohn verliebte sich zum ersten Mal – was dafür sorgte, dass seine schulischen und fußballerischen Leistungen für eine gewisse Zeit arg litten ...

Immer wenn du denkst, jetzt ist alles wunderbar, taucht irgendwo ein neues Problem auf.

Die Erde ist ein Erfahrungsort

Es wird Zeit, dass wir erkennen, **dass das Leben nur ein Prozess des Lernens und Erfahrens ist, sonst nichts.** Bevor wir uns Gedanken darüber machen, wie wir unsere Probleme lösen können, ist es erst einmal an der Zeit, **dankbar** zu sein. Denn nur wenn wir dankbar sind, können wir glücklich sein. Selbst in den eineinhalb Jahren meiner größten Lebenskrise fand ich jeden Abend beim Gebet noch mindestens drei bis fünf Dinge, für die ich dankbar war. Und diese Dankbarkeit ließ mich dann immer einschlafen – während andere in den Räumen nebenan die ganze Nacht keinen Schlaf fanden und ich so manchen bösen Zusammenbruch miterlebte (bis hin zum Selbstmord durch Erhängen). Viktor E. Frankl beschreibt in seinem schon erwähnten Buch, dass er selbst im Konzentrationslager noch Dinge fand und erlebte, für die er dankbar war. Zum Beispiel einmal ein Stück Draht, das ihm als Schnürsenkelersatz diente. Und wenn du nicht verstehen kannst, wie man für so eine Kleinigkeit dankbar sein kann, dann lass dir von mir erzählen: In meinem »Kloster« gab es täglich einmal Brot bei der Essensausgabe. Brotlieferungen gab es zweimal pro Woche, wenn jedoch Feiertage waren (z. B. Weihnachten) auch nur einmal pro Woche. So kam es vor, dass wir mehrere Tage altes Brot erhielten. Und weil es vormittags um 10.30 Uhr ausgegeben wurde und fürs Abendessen und das Frühstück am nächsten Tag reichen musste, war es dann mehr einem Zwieback als einem Brot ähnlich. Auch heute fühle ich es noch, wie glücklich ich war, als ich auf einem bestimmten Wege in den Besitz einer ordinären Einkaufs-Plastiktüte kam, in die ich nun sofort nach der Brotausgabe mein Brot sorgfältig einwickelte und auf diese Weise am nächsten Tag noch genießbare Brotscheiben hatte.

> Nicht das Problem macht die Schwierigkeiten,
> sondern unsere Sichtweise.
>
> *Viktor E. Frankl*

Beginnen wir also einmal, unsere Probleme von einer anderen Sichtweise her zu betrachten. Jeder Mensch lebt in seiner eigenen Komfortzone (auch Bequemlichkeitszone genannt) oder – wie es wissenschaftlich korrekt heißt – in seinem Referenzrahmen. Die Grenzen dieser Komfortzone bestehen aus all dem Wissen, den Erfahrungen, den bisher gespeicherten Informationen unseres Lebens. Innerhalb dieser Komfortzone befindet sich all das, was wir kennen, was wir tun, was wir programmiert und automatisiert haben.

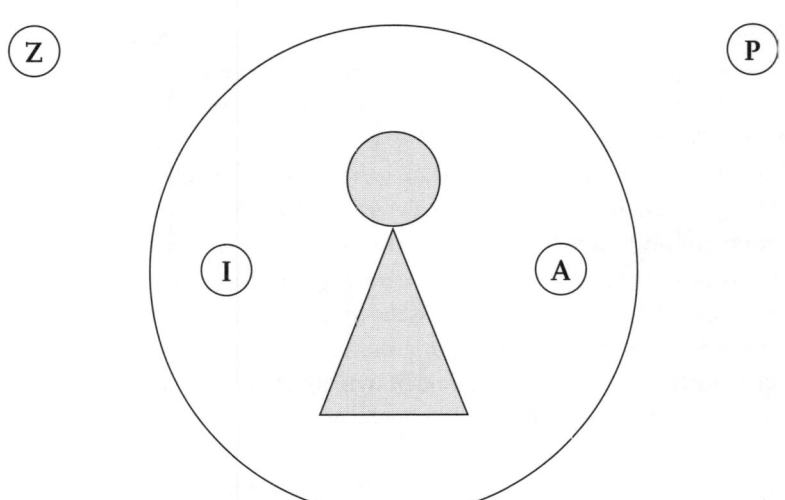

Innerhalb der Komfortzone:
A = Aufgaben
I = Ist-Zustand

Außerhalb der Komfortzone:
P = Probleme
Z = Ziele

Raus aus der Komfortzone

Dass sich die Ziele außerhalb der Komfortzone befinden müssen, ist logisch, denn Ziele haben etwas mit Zukunft zu tun, also mit etwas, das noch nicht ist. **Um Ziele erreichen und Probleme lösen zu können, müssen wir aus unserer Komfortzone heraus.** Doch außerhalb der Komfortzone, unseres bisherigen Wissens und der gemachten Erfahrungen, besteht Unsicherheit. Und diese Unsicherheit, also Neues, Veränderung, löst automatisch wieder Angst bei uns aus. Was ist nun der Unterschied zwischen einer Aufgabe und einem Problem? Vielleicht bist du Mutter oder Vater eines Kindes oder Führungskraft eines Mitarbeiters. Und nun kommt dein Kind zu dir, weint und hat ein großes Problem. Du hörst dir das Problem an, musst vielleicht sogar ein bisschen schmunzeln, weil es für dich kein Problem bedeutet. Du hast sofort einen Ratschlag, eine Lösung für dein Kind, es hört auf zu weinen, fasst neuen Mut, strahlt, zieht davon und geht nun sein Problem mit deinem Ratschlag an – und löst das Problem.

> Der gleiche Umstand kann für den einen Menschen ein Problem bedeuten, für einen anderen ist es nur eine zu lösende Aufgabe!

Du siehst an diesem Beispiel: Der gleiche Fakt, der gleiche reale Umstand, kann für den einen Menschen ein großes, unüberwindbares Problem bedeuten (für dein Kind). Die gleiche Situation bedeutet für einen anderen Menschen jedoch nur eine Aufgabe, vielleicht eine kleine Herausforderung, weil dieser Mensch (du) für dieses Problem die Lösung bereits kennt. Wird nun dein Kind einige Tage, nachdem es das Problem erfolgreich gelöst hat, mit dem gleichen Problem wieder bei dir auftauchen? Natürlich nicht! Taucht das gleiche Problem im Leben deines Kindes wieder auf, ist es für dein Kind ja kein Problem mehr, sondern es hat sich durch die Lösung, die es gespeichert hat, automatisch zu einer Aufgabe umgewandelt. Gleiches erleben wir zwischen Mitarbeitern und Führungskräften. Für einen neuen Mitarbeiter kann eine Situation ein großes Problem bedeuten, für den Chef, der schon länger dabei und somit erfahrener ist, ist es nur eine Aufgabe, die er jeden Tag durchführt.

Definieren wir ab sofort folgendermaßen:

- **Probleme sind zu lösende Aufgaben!**
- **Probleme sind interessante Situationen!**
- **Probleme sind eine Herausforderung!**

Ein Hoteldirektor hat ein Motivationstraining besucht und sein neues Motto an der Rezeption sichtbar für alle Gäste aufgehängt:

»Wir kennen keine Probleme, nur Chancen.«

Einige Tage später kommt ein Hotelgast zur Rezeption und sagt zum Hoteldirektor: »Entschuldigen Sie, ich habe ein Problem.« Ehe der Gast weiterreden kann, antwortet ihm der Hoteldirektor: »Oh, wir kennen bei uns keine Probleme, sondern nur Chancen. Was gibt es denn?« Daraufhin antwortet ihm der Hotelgast trocken: »Das ist mir egal, wie Sie es nennen, aber in meinem Hotelzimmer, das ich gerade beziehen wollte, liegt bereits eine Frau.«

Aber jetzt Spaß beiseite. Kennst du den Dokumentarfilm, in dem die wahre Begebenheit eines Flugzeugabsturzes in den schneebedeckten Anden beschrieben wird? Am 13. Oktober 1972 stürzte ein Flugzeug mit einer Rugby-Mannschaft aus Uruguay auf dem Weg nach Chile ab. Von den 45 Passagieren überlebten zunächst nur 27, elf weitere starben in den nächsten Tagen und Wochen aufgrund ihrer Verletzungen, durch Erschöpfung oder durch herabstürzende Lawinen. Als den Passagieren nach einiger Zeit klar wurde, dass sie kurzfristig keine Hilfe erwarten konnten, beschloss der Großteil, sich vom Fleisch ihrer gestorbenen Kameraden zu ernähren, sie wurden zu Kannibalen. Nach etwa zehn Wochen machten sich zwei der Überlebenden mit primitivsten Mitteln auf den Weg über mehrere Andengipfel hinunter ins Tal, um Hilfe zu holen, was ihnen schließlich auch gelang.

Einer der Überlebenden war Gustavo Cerbino und er sagte Jahre später in einem Interview: »Sie werden es mir vielleicht nicht glauben, aber diese zehn Wochen war die intensivste und glücklichste Zeit meines Lebens!«

Na, was sagst du zu dieser Geschichte? Ein Mensch stürzt mit dem Flugzeug ab, muss schrecklichen Hunger, Durst und Kälte aushalten, wird zum Kannibalen, wird erst im letzten Moment gerettet – und sieht im Nachhinein diese Zeit als eine der besten in seinem Leben an! Dieses Beispiel zeigt auf, dass der Unterschied, ob jemand glücklich oder unglücklich ist, lediglich darin besteht, wie er eine bestimmte Situation **bewertet**.

Wenn Probleme auftauchen, gilt es zwei Schritte zu tun:

1. Vom Opfer- in die Schöpferrolle zu schlüpfen
2. Die Botschaft hinter dem Problem zu verstehen

Die meisten Menschen verhalten sich, sobald ein Problem in ihrem Leben auftaucht, als Opfer. Ihre Fragen: »Warum ich?«, »Warum nicht der Nachbar?«, »Warum jetzt?« bedeuten, dass sie sich als Opfer des Lebens, als Opfer der äußeren Umstände sehen, und sie werden sich auch entsprechend schlecht fühlen. Doch durch dieses schlechte Gefühl erzeugen sie eine negative Energie, durch die sie gehindert werden, das Beste aus diesen negativen Umständen zu machen. Schöpferdenken dagegen drückt sich dadurch aus, dass wir wissen, wir können gestalten. Wir können unser Leben in die Hand nehmen und alles verändern, alles verbessern. Nichts muss bleiben, wie es ist.

Nach meiner Definition sind Probleme das Gleiche wie **»Warnschilder«** im Straßenverkehr. Wenn ich mit meinem Auto versehentlich in die falsche Richtung einer Einbahnstraße fahren will, warnt mich ein rundes, rotes Verkehrsschild mit einem dicken weißen Querstrich vor der Weiterfahrt. Nichts anderes sind Probleme. Es sind Schilder, die uns sagen:

- Einbahnstraße! Ändere die Richtung!
- Vorsicht! Langsamer fahren!
- Stopp! Anhalten und denken!

Doch natürlich gibt es im Straßenverkehr immer wieder den einen oder anderen Verkehrsteilnehmer, der diese Schilder – bewusst oder auch unbewusst – nicht beachtet. In diesem Fall muss der Verkehrsteilnehmer dann auch die negativen Konsequenzen tragen, die eintreten können. Und genauso verhält es sich auch in deinem Leben: Du gehst deinen Lebensweg und alles ist in Ordnung. Wenn nun ein Problem auftaucht, gleich, in welchem Bereich deines Lebens, ist es nichts anderes als eine Warnung des Universums an dich, dass du von deinem richtigen Weg abgekommen bist. Wann immer du also beruflich, finanziell, gesundheitlich, beziehungstechnisch oder nur in deiner Persönlichkeit Rückschläge, Misserfolge, Schmerzen jeglicher Art erlebst, heißt es:

Anhalten! Nachdenken!

Probleme sind also Gegenwartsresultate, die du – meist unbewusst – in der Vergangenheit selbst herbeigeführt hast. Das bestätigt ein weiteres Lebensgesetz, das **Gesetz von Ursache und Wirkung**. Es ist sowohl ein physikalisches als auch ein metaphysisches Gesetz und besagt, dass es keinerlei Wirkungen gibt, ohne dass zuvor im Universum eine Ursache vorhanden war. Du wirst nun einwenden, dass du dir keinerlei negativer Ursache bewusst bist – das ist ja das Problem! In den allermeisten Fällen sind wir uns nicht bewusst, welches die richtigen Wege sind, auf denen wir voranschreiten sollen. Wir verlassen diese also versehentlich – und schon tauchen die Probleme auf! Es ist doch vollkommen klar, dass niemand bewusst oder absichtlich krank wird, seine Beziehung zerstört oder gern pleitegeht. Doch unbewusst – durch falsche Glaubenssätze, Überzeugungen und Werte, die zusammengenommen unser »geistiges Betriebssystem« bilden – sind wir eben doch der Auslöser.

Die Kunst besteht lediglich darin, herauszufinden, welche Botschaft hinter den Problemen steckt. Und wie wir bereits gesehen haben, steckt hinter den allermeisten Problemen und Krisen letztendlich die Angst. Und je mehr wir die Angst bekämpfen, umso größer werden die Probleme und Misserfolge, gleich in welchem Lebensbereich sie sich dann manifestieren.

Je mehr ein Mensch sich in seiner Persönlichkeit und spirituell weiterentwickelt, desto schneller kommen die Warnschilder, die Botschaften, also die Probleme, auf ihn zu. Bei mir habe ich festgestellt, dass ich innerhalb kürzester Zeit eine »Botschaft«, sprich ein Problem, bekomme, sobald ich von meinen Lebenswegen, die mir bestimmt sind, abweiche. Wenn ich dann die ersten zarten »Warnhinweise« nicht wahrnehme, schickt mir das Leben in kürzester Zeit stärkere »Hämmer«. Andererseits ist es jedoch so, dass in dem Moment, in dem ich auf meine richtigen Lebenswege zurückkehre, sich innerhalb von kürzester Zeit die Erfolge einstellen. Und der Zeitabstand, bis sich ein Misserfolg oder Erfolg einstellt, wird immer kürzer. So bekämpfe ich meine Probleme nicht mehr, ich bin nicht mehr traurig und fühle mich als Opfer, sondern ich bin dankbar und begrüße jedes Problem, weil es mir hilft, in meiner Persönlichkeit zu wachsen und zu erkennen, was wirklich richtig für mich ist.

> Außergewöhnliche Menschen
> haben auch außergewöhnliche Probleme.

Gerade als ich dieses Buch schrieb, starb Sir Edmund Hillary, der erste Bezwinger des Mount Everest. Über ihn erzählt man sich folgende Geschichte: Als er mit seinem ersten Versuch, diesen höchsten aller Berge zu bezwingen, scheiterte, kehrte er schließlich nach London zurück, um mit Vorträgen Geld zu verdienen, damit er eine zweite Expedition in Angriff nehmen konnte. Bei seinen Diavorträgen zeigte er ein Foto vom schneebedeckten Gipfel des Mount Everest. Gedankenversunken und ehrfürchtig blickte er zum Mount Everest empor und sagte zu sich selbst – alle Zuschauer vergessend: »Du kannst nicht mehr wachsen – ich schon!« Wenn du also wieder einmal vor einem Berg voller Probleme stehst, einem Berg voller Hindernisse, einem Berg voller Sorgen und Schwierigkeiten, dann sage dir: »Ihr, ihr Probleme könnt nicht mehr wachsen – aber ich!«

Und wer weiß: Manchmal werden aus Problemen auch Chancen. Kennst du die Geschichte vom Schahpalast in Teheran? Der Schah wollte in seinem neuen Palast einen Spiegelsaal wie in Versailles bauen. Als die Kisten aus Europa mit den Spiegelelementen in der Größe von zwei mal drei Metern in Teheran ankamen, öffnete der Architekt die erste Kiste und sah, dass die Spiegel zerbrochen waren. Er öffnete die zweite Kiste: ebenfalls Bruch! Auch die dritte beinhaltete ausschließlich zerbrochene Spiegelstücke. Der Architekt war vollkommen verzweifelt und öffnete die vierte Kiste – diese war eine der ganz wenigen mit intakten Spiegeln. Da hielt er kurz inne, nahm einen Hammer und zerschlug alle Spiegel in zentimetergroße Stückchen. Dadurch war er anschließend in der Lage, auch Bögen, Säulen, und sonstige unebene Flächen ganz mit Spiegeln zu verkleiden. Mit intakten Spiegelstücken hätte er nie das Ergebnis erzielt, wie es dann später im Palast zu bestaunen war.

Praktische Problemlösungsstrategien

Käsekuchenprinzip

Stell dir vor, jemand bekommt ein Rezept für einen Käsekuchen nach »Oma Rosis Hausmacher Art«. Er lädt die gesamte Familie für Sonntagnachmittag zum Kaffeetrinken ein und bäckt den Käsekuchen exakt nach diesem Rezept. Am Sonntag um 15.30 Uhr ist es so weit: Alle Familienmitglieder sitzen gespannt am Tisch, das feine Rosenthal-Porzellangeschirr wurde extra zur Feier des Tages aus der Vitrine hervorgeholt und der beste Kaffee für die Lieben wird eingeschenkt. Jedes Familienmitglied erhält ein gleich großes Stück Käsekuchen. Alle nehmen ihre Gabel, schlagen ein gehöriges Stück Käsekuchen von ihrem Stück ab und nehmen das Kuchenstück in den

Mund. Alle beginnen genüsslich zu kauen – ehe sie schließlich das Gesicht verziehen und sich gegenseitig entsetzt ansehen – der Käsekuchen schmeckt miserabel … Einige Wochen später gibt es wieder eine Einladung und wiederum kommt ein Käsekuchen auf den Tisch. Alle sind schon sehr gespannt, wie das Rezept verändert wurde, damit er diesmal besser schmeckt. Und wieder nehmen alle ein Stück Käsekuchen in den Mund (diesmal aus Sicherheitsgründen nur ein halb so großes …), kauen vorsichtig und verziehen wieder das Gesicht: Er schmeckt immer noch grauenhaft.

Kannst du dir ein solches Verhalten eines Kuchenbäckers vorstellen? Natürlich nicht. Wenn dir so etwas passieren würde, würdest du sofort das Rezept verändern, nachdem das Resultat beim ersten Mal so verheerend ausfiel. Doch in anderen Bereichen unseres Lebens verhalten wir uns völlig paradox: Unsere alte Strategie (Rezept und Strategie sind in diesem Fall identisch) funktioniert nicht – aber wir sind nicht bereit, die alte Strategie auch nur geringfügig zu verändern. Ein Mensch hat Probleme mit seiner Gesundheit – aber qualmt weiter zwei Packungen Zigaretten am Tag, füllt sich mit einer halben Kiste Bier ab und bewegt sich nach wie vor so wenig wie möglich.

Ein Unternehmen verliert Kunden und Marktanteile, macht immer höhere Verluste – aber verändert absolut nichts an seiner Vorgehensweise. Es wartet auf eine Verbesserung der Konjunktur und dass von irgendwoher wieder mehr Kunden und mehr Umsatz kommen – ehe es pleitegeht!

Jemand anders hat immer größer werdende Beziehungsprobleme – aber beide Partner sind nicht in der Lage, auch nur irgendetwas in ihrem gegenseitigen Umgang, ihrer Sichtweise, ihrer Einstellung zu verändern – bis die Partnerschaft schließlich zerbrochen ist!

Was manche Artgenossen da so betreiben, erinnert mich stark an eine Wespe, die ebenso ausdauernd wie verzweifelt versucht, sich einen Weg durch das geschlossene Fenster zu bahnen. Immer wieder fliegt sie die komplette Scheibe ab, knallt mit ihrem Kopf dagegen in ihrem blinden Glauben: Das ist der richtige Weg, das muss der richtige Weg sein!

> Wenn das Pferd tot ist,
> steig ab!
>
> *Weisheit der Dakota-Indianer*

Wenn also deine Ergebnisse in einem bestimmten Bereich deines Lebens negativ sind, dann ändere deine Strategie. Je schlechter deine Ergebnisse ausfallen, desto **dringender** ist es geboten, die Strategie neu festzulegen.

Ist es denn sicher, dass aufgrund deiner veränderten Strategie die Ergebnisse besser werden? Nein, sicher ist nie etwas! Dass es besser wird, wenn du etwas veränderst, dafür gibt es keinerlei Garantie. **Dass du aber etwas verändern musst, wenn es besser werden soll, ist eine Tatsache!** Wenn du das nicht machst, geht es dir ähnlich wie mir bei meiner ersten Krise mit 21 Jahren: Ich hatte das außergewöhnliche Talent, alle meine Probleme so lange ungelöst unter den berühmten »Teppich zu kehren«, bis der freie Platz zwischen Teppichboden und Zimmerdecke nur noch zehn Zentimeter betrug ...

Modelling of Excellence

Eine der hervorragendsten Methoden, eigene Probleme zu lösen, besteht darin, Menschen zu suchen, die das gleiche Problem bereits erfolgreich gemeistert haben. Die Amerikaner nennen diese Methode **»modelling of excellence« = Lernen von den Besten!**

Du solltest jedoch darauf achten, dass du wirklich nur von Menschen lernst, die in der **Praxis** auch tatsächlich eine Lösung wissen. Was nützt es, wenn eine Ehefrau in der Ehekrise ihre beste Freundin um Rat fragt – deren Ehe vor zwei Jahren ebenfalls gescheitert ist? Besser wäre es, hier eine Frau zu Rate zu ziehen, die seit 30 Jahren glücklich verheiratet ist – und selber so manche Beziehungskrise durchstehen musste. Nichts anderes passiert auch in meinen Seminaren: Die Teilnehmer kommen deshalb so zahlreich zu mir, weil sie von meinen Erfahrungen, wie man Krisen meistert und erfolgreich etwas Neues aufbaut, lernen möchten. Und deshalb waren meine Fehler, meine Misserfolge, meine Krise auch kein Nachteil. Im Gegenteil: Ich hörte immer wieder: »Erst als du deine eigene Lebenskrise gemeistert hattest, fasste ich Vertrauen zu dir und zu deinem System und buchte das Seminar!«

Also überlege einmal: Gibt es irgendwo jemanden, der das gleiche Problem, wie du es jetzt hast, auch schon einmal hatte und es schaffte, es zu lösen? Wer? Wo? Wie?

Vier-Schritte-Problemlösungsworkshop

1. Wie lautet das Problem? Genau definieren, Beispiel: Stress.
2. Welches ist das eigentliche Problem, das hinter dem Problem steht? In unserem Beispiel: zu wenig Zeit für Privates.
3. Wie könnte die Lösung/Hilfe aussehen? Welche Möglichkeiten gibt es, mehr freie Zeit zu gewinnen? Brainstorming machen: möglichst viele Lösungen und Antworten finden und dann die besten fünf auswählen.
4. Wie kann ich diese fünf besten Lösungsansätze, wann und mit wem umsetzen? In unserem Beispiel: zusätzlichen Mitarbeiter einstellen; Buchführung komplett vom Steuerbüro machen lassen; privat etliche Tätigkeiten aussourcen (Aushilfshausmeister, Aushilfsgärtner, Bügelfrau etc.)

Investiere dabei nicht mehr als 10 Prozent deiner Zeit auf das Problem selbst und mindestens 90 Prozent auf die Lösung!

Ich wünsche dir wirklich, dass du die Anregungen aus diesem Kapitel auch umsetzt, damit es dir nicht geht wie der folgenden Hauptperson in einem Unfallbericht auf einer karibischen Insel:

»Ich wollte eine Ladung Ziegel vom vierten Stock des halb fertigen Hauses nach unten bringen. Deshalb zog ich einen leeren Korb mit einem Flaschenzug nach oben, lief hoch in den vierten Stock, zog den Korb herein und setzte ihn auf den Boden. Dort befüllte ich ihn dann mit den Ziegel-

steinen, bis er voll war. Nun lief ich nach unten, nahm das Seil des Fla-
schenzuges in die Hand und zwei meiner Kollegen zogen den Korb mit den
Ziegelsteinen ins Freie. Ich hatte jedoch anscheinend das Gewicht der Zie-
gelsteine vollkommen falsch eingeschätzt, denn nunmehr sauste der große
Korb mit den Ziegelsteinen nach unten und mich riss es so schnell vom Bo-
den weg, dass ich vergaß, das Seil wieder loszulassen. Ich hing auf halbem
Weg am Seil, als das Fass von oben heruntersauste und mir einen heftigen
Schlag auf die Schulter versetzte.

Das Fass sauste jedoch weiter nach unten – und ich weiter nach oben.
Als ich oben ankam schlug ich mit dem Kopf gegen ein Brett und klemmte
mir obendrein noch den Finger am Flaschenzug ein. In diesem Moment
krachte der Korb unten auf den Boden, die Ziegel fielen heraus, sodass ich
schwerer war als das Fass und wieder nach unten sauste.

Diesmal erwischte mich der Korb mit den restlichen Ziegelsteinen auf
seinem Weg nach oben am Schienbein. Als ich unten ankam, landete ich
unsanft auf den Ziegelsteinen und fügte mir mehrere schmerzhafte Schürf-
wunden und Prellungen zu. Durch den wiederum einsetzenden Schmerz
vergaß ich ganz den oben angekommenen Korb und ließ das Seil des Fla-
schenzuges los. Als der Korb wiederum unten auftraf, landete er punktge-
nau auf meinem Kopf. Danach weiß ich nichts mehr und wachte erst wieder im Krankenhaus auf.«

Kapitel 6
Krise als Chance

Was wir für harte Prüfungen halten,
kann sich als wahrer Segen entpuppen.

Oscar Wilde

Stell dich der Krise

Ein Schüler kam zu seinem Meister und fragte ihn, wie er im Leben erfolgreich sein könne. Der Meister verabredete sich am nächsten Morgen mit ihm am See. Als sie sich trafen, bat der Meister seinen Schüler, gemeinsam mit ihm in den See zu steigen. Als sie bis zum Hals im Wasser standen, packte der Meister seinen Schüler plötzlich und drückte dessen Kopf unter Wasser. Der Schüler wehrte sich verzweifelt, doch der Meister hielt ihn immer länger fest. Als er ihn im allerletzten Moment schließlich losließ, kam der Schüler prustend und vollkommen fertig wieder an die Wasseroberfläche. »Warum hast du das getan?«, schrie er entsetzt seinen Meister an. »Wenn du den Erfolg, das Erreichen deines Zieles genauso stark willst, wie du eben Luft holen wolltest, nur dann wirst du auch erfolgreich sein«, antwortete ihm der Meister.

Diese Metapher, die sich zwar auf Ziele bezieht, möchte ich auch für die Bewältigung von Krisen heranziehen: **»Du musst es so stark wollen, aus der Krise herauszukommen, wie du bereit bist, um Luft zu kämpfen!«**
Wenn du in einer Krise steckst, dann ist es wichtig, dass du den absoluten Willen behältst, diese Krise zu meistern. Egal wie schlecht es steht, wie krank du bist, wie pleite, wie allein oder wie verzweifelt: **Du bist in der Lage, deine Krise zu meistern!**

JA! Jürgen Höller
Copyright © 2009 WILEY-VCH Verlag GmbH & Co. KGaA, Weinheim
ISBN 978-3-527-50463-3

Wenn wir noch einmal zum Bild unserer Komfortzone zurück-kommen, dann befinden sich Probleme kleinerer Art zwar außerhalb, aber doch in relativer Nähe zu deiner Komfortzone. Aus der Komfortzone herauszugehen, um diese Probleme zu lösen, das schaffen die meisten Menschen noch. Eine Krise, oder gar eine Lebenskrise, befindet sich jedoch unendlich weit außerhalb deiner Komfortzone – so weit, dass die allermeisten Menschen es sich nicht vorstellen können, so weit aus ihrer Komfortzone herauszugehen. Und so bleiben sie in ihrer Komfortzone und warten verzweifelt darauf, dass sich irgendetwas an ihren negativen äußeren Umständen ändert – anstatt aktiv zu werden!

> Nichts ändert sich,
> außer wir ändern uns!

Vielleicht erscheint dir deine Situation momentan vollkommen aus-weglos – aber diese Sichtweise ist nur eine Illusion. **Du hast alle Kraft in dir, jede Krise zu meistern!** Und das darf ich sagen, weil ich in meinem Leben bewiesen habe, wie man Lebenskrisen meistert. Ich kann deshalb ein Vorbild für dich sein und ich weiß, wie du **in der Praxis** aus deinem Loch, in dem du dich momentan befindest, wieder herauskommst.

Die Frage ist: **Wie stark ist deine mentale Fitness?** Wenn du eine körperliche Anstrengung unternimmst, z. B. schnell läufst, dann geht die Anzahl deiner Pulsschläge pro Minute spürbar nach oben. Von vielleicht 80 Schlägen pro Minute im Ruhezustand auf 130 oder noch mehr. Der Grund ist, dass der Körper mehr Sauerstoff benötigt. Der Sauerstoff ist an die roten Blutkörperchen in deinem Blut angedockt, und indem dein Herz (Pulsschlag) schneller schlägt, fließt das Blut schneller und damit kommt über die roten Blutkörperchen mehr Sauerstoff zu deinen Zellen. (Da der Blutkreislauf niemals nur lokal begrenzt ist, sondern im ganzen Körper stattfindet, erhalten bei körperlicher Betätigung auch alle inneren Organe und vor allen Dingen dein Gehirn mehr Sauerstoff!)

Wie fit du körperlich bist, erkennt ein Arzt unter anderem an Folgendem: Wenn du deine körperliche Anstrengung stoppst, dann gibt die Zeit, die dein Körper benötigt, um wieder zum normalen Ruhepuls zurückzukehren, an, wie hoch dein Fitnessgrad ist.

Und genauso ist es mit deiner mentalen Fitness: Wenn du eine Enttäuschung erlebt, eine Niederlage erlitten hast, einen Misserfolg einstecken musstest, dann gibt die Zeit, die du benötigst, um wieder positiv zu sein, dich gut zu fühlen, an, wie mental fit, wie mental gesund du bist.

> Es ist nicht entscheidend,
> ob du enttäuscht wirst oder Niederlagen erleidest –
> entscheidend ist, wie schnell du diese überwindest.

Das Küken

Einst lebte ein Küken in seinem Ei und fand es wunderbar. Es gab Nahrung in Hülle und Fülle, es war warm und sicher. Das Küken war wissenschaftlich sehr interessiert und so untersuchte es das ganze Ei, maß es aus und hielt alles schriftlich fest. Von Zeit zu Zeit bebte jedoch die Welt und es ertönte ein merkwürdiges Geräusch, welches das Küken als »Muuuuh-Syndrom« bezeichnete. Eines Tages geriet die Welt des Kükens aus den Fugen: Im Ei wurde es zu eng, die Nahrung wurde knapp und das verzweifelte Küken glaubte, das Ende sei nah. Es wäre durchaus normal gewesen aufzugeben, doch das Küken fasste den Entschluss zu kämpfen. Es akzeptierte dieses Ende nicht. Wieder und wieder ging es gegen die Mauer an, bis diese schließlich zerbrach. Und draußen fand das Küken schließlich das Paradies vor: Sonne, Wärme, Luft, Nahrung, Himmel und ... »Muuuuuh«... Eine Kuh stand in der Nähe und das Küken lachte, denn es verstand plötzlich alles!

Was kannst du aus dieser wunderbaren Metapher lernen?

Sprenge deine Grenzen!
Widerstände stehen vor dem Paradies!

> Stärke entspringt nicht der physischen Kraft,
> sondern einem unbeugsamen Willen.
>
> *Mahatma Ghandi*

Ich habe Tausende von Rückmeldungen von Seminarteilnehmern und Buchlesern in den letzten Jahren erhalten, die mir aufzeigen, dass Menschen in der Lage sind, auch schlimmste Umstände und große Schicksalsschläge zu meistern. Und wenn Tausende von anderen Menschen das geschafft haben – **warum solltest du deine Probleme, deine Krise nicht auch lösen können?**

Wenn wir uns andere Kulturen ansehen, stellen wir fest, dass diese oft viel passendere Worte für negative Situationen gefunden haben.

Wird das altgriechische Wort für Katastrophe übersetzt, bedeutet es so viel wie »Wendung«. Das heißt, eine Katastrophe, eine Krise ist vielleicht not-wendig, damit du wieder zurück auf deinen Lebensweg, zu deinen Aufgaben findest.

Krise stammt vom altgriechischen Wort »Krisis« ab, was übersetzt so viel bedeutet wie »Entscheidung«. Bei einer Krise, bei einer Katastrophe geht es also darum, dass wir uns für etwas entscheiden – und wer sich für etwas entscheidet, entscheidet sich automatisch auch immer gegen etwas. Und davor haben wir Angst. In unseren Urtrieben ist immer noch vorhanden: »Mein Leben ist in Gefahr – denn alles ist knapp (Essen, Trinken, Wärme, Gemeinschaft).« Und deshalb hätten wir gern alles – und kommen ganz schwer zu Entscheidungen.

Die vielleicht schönste Übersetzung für das Wort »Krise« habe ich im Chinesischen gefunden. Es besteht aus vier Zeichen. Die ersten beiden Zeichen, für sich allein übersetzt, bedeuten so viel wie »Achtung: Gefahr!«. Die Zeichen drei und vier, für sich allein übersetzt, bedeuten: »Chance, Möglichkeit zum Wachstum«. Im Chinesischen ist also eine Krise sowohl eine Gefahr als auch eine Chance zum Wachstum. Und genauso sehe ich es auch: Es liegt in deiner Hand, in deiner Macht, was du aus dieser Krise, aus dieser Katastrophe machst. Möglicherweise wirst du jetzt kopfschüttelnd vor diesem Buch sitzen und denken: »Der hat gut reden!« Doch bedenke immer: Ich habe eine furchtbare Krise durchgemacht, ich weiß, was es bedeutet, die Hölle auf Erden zu erleiden, ich kenne das Gefühl von Mutlosigkeit, Verzweiflung und Depression. Ich weiß, wie es sich anfühlt, jede Nacht schweißgebadet von Alpträumen aufzuwachen, ich weiß, was es bedeutet, Angst vor dem Tag zu haben – und noch mehr Angst vor der Nacht, in der die Alpträume zurückkehren. **Ich weiß aber auch, wie man da wieder herauskommt und dass am Ende der Krise, wenn man sie annimmt, immer das Paradies (wie beim Küken ...) auf uns wartet.**

> Wer ganz unten ist, kann nichts mehr verlieren,
> nur noch gewinnen (wenn er wieder aufsteht)!

Ein Kaufmann kam zu einem Sufi-Scheich und klagte ihm sein Leid:»In den letzten Monaten habe ich sehr viel gearbeitet, viel riskiert und ich weiß, dass ich das beste Produkt habe. Dennoch hat nun ein Konkurrent von mir den Zuschlag erhalten – und ich bin ruiniert. Was soll ich nur tun?«, jammerte er und sah fragend den Sufi-Scheich an. Der Sufi-Scheich nahm eine Orange in die Hand, schnitt sie in zwei Hälften und fragte den Kaufmann:»Wenn ich nun meine Faust zusammenpresse, was wird auf den Boden fließen?« Der Kaufmann erwiderte:»Orangensaft.« »Und wenn ich mit einem Hammer draufschlage, was für eine Flüssigkeit spritzt dann heraus?« Der Kaufmann schaute etwas irritiert den Sufi-Scheich an und antwortete:»Wieder Orangensaft.« »Und wenn ich die Orange auf den Boden werfe und mehrmals darauf herumhüpfe, welcher Saft spritzt dann auf den Boden?«, fragte ihn der Sufi-Scheich. »Wieder Orangensaft, was denn sonst?«, entgegnete der verwirrte Kaufmann, da er nicht verstand, was der Sufi-Scheich ihm damit eigentlich sagen wollte. »Siehst du, egal was mit der Orange angestellt oder ihr zugefügt wird: Es kommt immer Orangensaft heraus! Und genau das Gleiche ist mit dir: Egal was dir passiert, egal welches Schicksal du erleidest oder was dir andere Menschen zufügen: Es kommt immer nur das heraus, was schon in dir steckt!«

Eventuell fragst du dich jetzt, was denn in dir steckt. Ich weiß es: **In dir steckt alle Kraft, stecken alle Fähigkeiten, stecken alle Antworten, die du benötigst, um deine Krise zu meistern und wieder ein glückliches Leben zu führen. Jeder Mensch hat alles in sich, was er benötigt.** Im Unterschied zur Orange ist jedoch nicht nur wichtig, was in dir ist – **sondern was du *glaubst*, was in dir ist!** Es geht bei allem immer nur um deinen Glauben! Denn der Glaube ist die stärkste Schöpfungskraft, die es im Universum gibt. Wahre Wunder können geschehen, wenn du glaubst. Und ich habe es erlebt – bei mir, aber auch bei vielen anderen.

Manchmal jedoch, wenn der Glaube nicht mehr da ist und die Krise unüberwindlich ist, scheint nur die Flucht die Lösung zu sein. Jedes Jahr bringen sich Abertausende von Menschen um, weil sie keinen Ausweg mehr sehen, keinen Mut, keine Hoffnung mehr besitzen.

Einer meiner Seminarteilnehmer und späteren Schüler hieß Kurt Eckerstorfer. Er war Baumeister, lebte in Österreich und war selbstständig. Aufgrund schwieriger Umstände in der Baubranche (und natürlich durch seine eigenen Gedanken und Handlungen) ging sein Unternehmen pleite. Er geriet in eine tiefe Depression. Seine Frau spürte dies wohl und kaufte heimlich zwei Karten für mein eintägiges Seminar »Powerday«. An diesem Wochenende veranstaltete ich zwei Powerdays, jeweils Samstag und Sonntag nacheinander, jeweils von 10 Uhr bis etwa 20 Uhr. Frau Eckerstorfer packte ihren Kurt, der widerwillig mitfuhr. Später gestand er, dass er an diesem Sonntag eigentlich vorhatte, sich umzubringen. Er hatte schon alles besorgt, um seinem Leben ein Ende zu bereiten. Bei diesem Powerday jedoch fand er neuen Lebensmut. Er fasste einen Entschluss: **Weiterleben!** Und an diesem Tag hatte er bei einem bestimmten Prozess eine Vision: Er sah sich selbst, wie er auf der chinesischen Mauer Marathon läuft. Am nächsten Tag kaufte er sich Laufschuhe und Sportsachen und nach 20 Jahren ohne jeden Sport begann er mühevoll zu laufen. Nur ca. zwei Jahre später war er einer von ca. 50 Läufern, die weltweit beim ersten Marathon auf der chinesischen Mauer zugelassen waren. Unter den Läufern befanden sich viele Topleute. Nun ist die chinesische Mauer jedoch eine außergewöhnliche Wegstrecke: Alle paar Meter gibt es Stufen nach oben oder unten zu bewältigen, in unterschiedlichen Höhen, in unterschiedlichen Längen. Das Ganze noch bei außergewöhnlich hohen Temperaturen von ca. 45 Grad. Solche Strecken sind »normale« Läufer nicht gewohnt. Bis zur Hälfte der Strecke waren ihm viele Läufer davongeeilt – doch am Ende war er Sieger dieses Marathonlaufs. Er wusste danach, dass er es nicht seinen körperlichen Fähigkeiten (er trainierte erst zwei Jahre!), sondern seinem mentalen Training zu verdanken hatte. Ach ja, einen großen Traum hat er noch: Die chinesische Mauer in ihrer ganzen Länge (ca. 7000 km) in 100 Tagen zu bewältigen, was etwa zwei Marathons pro Tag über eine Dauer von mehr als drei Monaten bedeutet ...

Warum ich dir diese Geschichte erzähle? **Um dir zum einen Mut zu machen, dass jede Krise, wie unüberwindbar sie auch erscheinen mag, zu meistern ist.** Und zum anderen, um dir jeden Gedanken in Richtung »Flucht aus dem Leben« zu nehmen. Du hast diese Aufgabe in diesem Leben bekommen, damit du sie löst. Und um sie lösen zu können, musst du lernen, musst du wachsen, machst du neue Erfahrungen. Genau das ist es, worum es im Leben geht.

> Nun aber bleibt Glaube, Hoffnung, Liebe ...
>
> *1. Korinther 13,13*

Als ich mich während meiner Haftstrafe am ersten Tag allein auf den acht Quadratmetern wiederfand, besaß ich nichts mehr außer ein paar Blechtöpfen fürs Essenfassen (so ähnlich wie Hundenäpfe ...), ein Besteck, eine Plastikschüssel, etwas Wäsche – und eine kleine Bibel! Ich begann, in dieser Bibel zu lesen, und schöpfte daraus sehr viel Trost, Hoffnung und neuen Lebensmut. Als ich die Bibel durchgelesen hatte, wusste ich, dass sie eine Grundlage für uns Menschen ist. Da ich jedoch auch so manche Widersprüche und manches Nichtnachvollziehbare gefunden hatte (vor allem im Alten Testament) und ich mir bewusst machte, dass die gesamte Bibel von vielen unterschiedlichen Menschen geschrieben wurde, das Neue Testament von vier Aposteln, die ihre Erlebnisse mit Jesus erst Jahre später aufschrieben, wurde mir auch klar, dass nicht alles in der Bibel wortwörtlich stimmen kann. Jahre später sagte mir einmal mein guter Freund, Pfarrer Dr. Klaus Douglass (er baute eine evangelische Kirchengemeinde von sechs Besuchern bei seinem ersten Gottesdienst zu einer der erfolgreichsten Kirchengemeinden Deutschlands auf): »Man soll die Bibel beim Wort nehmen, aber nicht wortwörtlich!«

Warum ich das hier schreibe? Weil ich dadurch wieder den Zugang zu Gott fand. Ich war als Kind viele Jahre katholischer Messdiener, aber die Gottesdienste bauten mich nicht auf, sondern bestärkten mich Woche für Woche, ein Sünder, ein schlechter Mensch zu sein. Ab der Pubertät schließlich besuchte ich keine Gottesdienste mehr, glaubte jedoch weiterhin an Gott. Ich glaubte an Gott – ohne diesen Glauben zu praktizieren. Ich betete nicht mehr, ich sprach nicht mehr zu Gott, ich stellte meine Kommunikation einseitig ein. Durch die ganze Geschichte, die mir passierte, begann ich wieder zu beten. Zuerst mit Vorwürfen, dann mit Selbstmitleid, schließlich mit Bitten, mir zu helfen. Doch irgendwann wurde mir klar, dass Gott mir nicht helfen kann, weil er uns anders erschaffen hat. Und ich möchte dir jetzt einmal meine persönliche Definition von Gott und uns Menschen geben: Ich glaube, dass Gott uns erschaffen hat und uns einen kleinen Teil seiner eigenen Essenz mitgab (die Bibel schreibt dazu: Er hauchte uns den göttlichen Atem ein). Durch diese göttliche Essenz sind wir ein kleiner Teil von ihm. Gott ist in uns! Und Gott ist:

1. **Schöpfung!**
2. **Liebe!**

Wenn Gott aber Schöpfung ist und wir einen Teil von Gott in uns tragen – **dann sind wir ebenfalls Schöpfer!** Ich hoffe, ich überfordere dich jetzt nicht und du verstehst meine Aussagen nicht etwa als Blasphemie. Ich bin nach wie vor Mitglied der katholischen Kirche (wenngleich ich mit vielen Dingen nicht so einverstanden bin ..., aber ich habe noch Hoffnung!), und da ich im westlichen Abendland geboren und aufgewachsen bin, ist das Christentum auch die Grundlage meines Wertesystems und dabei wird es auch bleiben. Aber nur weil bestimmte Religionen und ihre **Menschen** etwas behaupten, muss es noch lange nicht richtig sein.

Ich glaube, dass wir Schöpfer unserer eigenen Welt sind. Und ich glaube, dass Gott sich überhaupt nicht in die Schöpfung von uns Menschen einmischt. Wie sonst wäre es zu erklären, dass so viele schlimme Dinge passieren, dass sich manche umbringen, dass wir uns gegenseitig das Leben schwer machen, dass wir Hass statt Liebe predigen und leben? Wie kann Gott zulassen, dass ein Mensch einen anderen umbringt? Wie konnte er den schrecklichen Holocaust geschehen lassen? Die einzige Antwort, die ich gefunden habe: Dass wir als Schöpfer unsere eigene Welt erschaffen. Gott ist nicht dafür da, dass er unser Beten in Form von »Bitte hilf mir!« erfüllt.

Stell dir vor, Argentinien steht gegen Brasilien im Endspiel der Fußballweltmeisterschaft. Beide Mannschaften knien kurz vor dem Spiel in den Kabinen nieder, beten zum lieben Gott: »Bitte hilf uns. Wir haben doch immer fleißig zu dir gebetet, preisen auch immer deinen Namen. Wir sind doch gute Gotteskinder. Hilf uns heute, das Endspiel zu gewinnen!« So ein ähnliches Gebet werden **beide** Mannschaften zum lieben Gott schicken. Wem soll er denn jetzt helfen? Der Mannschaft, die im letzten Jahr fleißiger gebetet hat? Oder soll er etwa würfeln, um entscheiden zu können, wem er hilft? Wenn wir uns die Welt einmal genau ansehen, werden wir feststellen, dass eben nicht der fleißigste Beter immer der Sieger ist, sondern oft sogar derjenige, der nie zu Gott betet ...

Ja, ich glaube, dass wir Schöpfer sind! Ich glaube, dass wir unsere eigene kleine Welt als Individuum jederzeit verändern, gestalten, verbessern können. Der Mensch ist das einzige Wesen auf dieser Erde, das über sich selbst, seine Vergangenheit, seinen Ist-Zustand und seine Zukunft nachdenken und neue Entscheidungen treffen kann.

Ich habe in den letzten Jahren viel gebetet. Doch ich bete möglicherweise etwas anders:

Danken: Ich danke Gott für alles, was ich habe. Auch als ich praktisch nichts hatte, nicht einmal meine Freiheit, dankte ich!

Bitten: Ich bitte um seinen Beistand in Form von Antworten!

Ja, ich bitte um den Beistand Gottes und dann höre ich zu. Gott spricht so vielfältig zu uns. Wir müssen nur in der Lage sein, ihn wieder »wahrzunehmen«. Wir aber reden, bitten um Linderung, bitten um Hilfe – anstatt einfach nur zuzuhören und seine Botschaften, seine Hilfe wahrzunehmen. Ich habe durch meine Gebete in den letzten Jahren so viele Antworten, so tolle Hilfe bekommen! Mir wurde immer mehr klar:

Ich bin Schöpfer, Gott ist in mir und ich kann alles verändern! Alles verändern, alles gestalten, alles verbessern in meiner Welt!

Nach diesem ernsten Thema nun noch ein kleiner Witz:

Ein Bischof besucht ein Dorf in Bayern. Dort geht er erstmals auf die Jagd. Ein Jäger schießt eine Ente. Diese landet auf der anderen Seite des Flusses. Ohne zu zögern läuft ein Einheimischer über das Wasser bis zur anderen Seite des Flusses, hebt die Ente auf und läuft wieder über das Wasser zurück. Der Bischof ist tief beeindruckt. Er blickt nach oben und dankt Gott für das Wunder, das er eben erlebt hat. Doch dann laufen immer wieder Dorfbewohner über das Wasser. Schließlich glaubt er, dass er das auch kann. Er nimmt Anlauf, läuft los – und fällt ins Wasser. »Einen starken Glauben hat er ja schon, unser Herr Bischof«, amüsieren sich die bayerischen Dorfbewohner, »allein ihm fehlt halt das Wissen, wo die Steine liegen.«

Bewusste Trauerarbeit

Eine Niederlage ist oft nur die Saat des Erfolgs.

Wenn ein gewaltiger Schicksalsschlag uns niederwirft, ist es durchaus sinnvoll, dass man seine Trauer, sein Leid bewusst wahrnimmt und auslebt. Als unser erster Hund Gino im August 2007 starb, geriet Kerstin in tiefe Trauer. Sie hatte Schuldgefühle – unser Hund war 16 Jahre alt, wurde einige Monate vor seinem Tod nochmals operiert und wir ließen ihn in der Obhut von Kerstins Mutter zurück. weil wir drei Wochen in den Sommerurlaub fuhren. Am letzten Tag unseres Urlaubs erhielten wir die telefonische Nachricht, Gino sei gestorben. Kerstin hatte Schuldgefühle, sie machte sich Vorwürfe, sie hatte ein schlechtes Gewissen, sie fühlte sich schlecht, weil sie in der letzten Stunde seines Lebens nicht für Gino da war. Schließlich geriet sie in eine schlimme gesundheitliche Krise, hatte einen Kreislaufzusammenbruch, fiel dabei mit dem Kopf auf einen Steintisch, brach sich die Nase, schlug sich das Gesicht auf und hatte eine mehrere Zentimeter klaffende Stirnwunde, aus der das Blut herausströmte. Sie war bewusstlos und leider war zu diesem Zeitpunkt niemand bei ihr, da ich mit den Kindern am Strand spielte. Als sie nach etwa 20 Minuten wieder zu sich kam, lag sie in einer einen Quadratmeter großen Blutlache. Hätte sie in ihrer Ohnmacht erbrochen, wäre sie wahrscheinlich jämmerlich erstickt. Ich selbst war in dieser Zeit stark, ließ keinerlei Trauer um den verstorbenen Gino zu – denn ich musste ja für Kerstin und die Kinder da sein, einige Wochen lang ihre »Mutterrolle« übernehmen und ihr Mut machen. Als Kerstin wieder »auf dem Damm« war, ging es mir plötzlich schlecht. Ich hatte extreme Schmerzen durch einen eingeklemmten Nerv im Oberschenkel. Nach einigen Tagen, in denen die Schmerzen trotz Einnahme aller möglichen schmerz- und entzündungshemmenden Mittel immer schlimmer wurden, fand ich schließlich heraus, dass ich meinen eigentlichen Schmerz, nämlich den Tod unseres Hundes, noch gar nicht zugelassen hatte. Und so brach es dann an einem Wochenende aus mir heraus – drei Tage später war ich zwar immer noch traurig über den Verlust, konnte aber bereits wieder durch den Wald joggen.

Es hat schon seinen Sinn, dass in unserer Kultur beim Verlust eines Menschen eine Trauerzeit eingehalten wird – **doch danach geht das Leben weiter, danach ist es wichtig, wieder aufzustehen und sich nicht im Selbstmitleid zu suhlen.** Und noch etwas Wichtiges: **Vergib und verzeihe!**

> Hass wird nicht durch Hass besiegt, sondern durch Liebe!
>
> *Gautama Buddha*

Um einen weisen Yogi versammelten sich jeden Nachmittag seine Schüler, um seinen Weisheiten zu lauschen und von ihm zu lernen. Eines Tages besuchte ein arroganter und aggressiver junger Mann die Gruppe und provozierte den Yogi – doch dieser saß nur da und lächelte. Daraufhin versuchte der junge Mann, ihn noch mehr zu provozieren. Er sprach Beleidigungen aus, er beschimpfte ihn, er versuchte, ihn zu demütigen – doch der Yogi lächelte. Als der junge Mann schließlich mit seinen Provokationen weitermachte und erkannte, dass er bei diesem Yogi nichts erreicht, verließ er frustriert die Runde. Die Schüler des Yogi sahen dem Schauspiel ungläubig zu und fragten: »Sagt Meister, warum habt Ihr Euch nicht gewehrt? Warum habt Ihr zugelassen, dass er Euch so beschimpft, so herabsetzt?« »Nun, meine lieben Schüler«, sagte der weise Yogi, »wie ist es denn, wenn euch jemand ein Geschenk machen will und ihr nehmt es nicht an? Wer besitzt dann das Geschenk?« »Natürlich immer noch derjenige, der es schenken wollte«, antworteten ihm seine Schüler. »Seht ihr«, lächelte der Yogi, »genauso verhält es sich mit Wut, Groll, Neid und Hass: Wenn wir diese Geschenke von anderen Menschen nicht annehmen, verbleiben sie immer noch bei diesen – und sie müssen damit weiterleben!«

Vielleicht bist du in einer Krise und andere Menschen haben dir wehgetan. Du hegst Groll, Zorn, vielleicht sogar Hass. Falls dies der Fall sein sollte:

Lass es los!

Als ich mich in meiner Lebenskrise befand und wieder einmal voller Zorn auf die Presse, auf die Staatsanwaltschaft und auf viele andere war, begann ich in der Bibel zu lesen. Ich schlug wahllos eine Seite auf und dort wurde folgendes Thema beschrieben: **Verzeihen!** Plötzlich hatte ich Tränen in den Augen, ich musste schluchzen, mein Körper bebte. Mir wurde klar, was Gott mir mit dieser Botschaft zeigen wollte – und augenblicklich und für immer verschwanden mein Zorn und mein Hass. Haben wir in unserem Leben nicht schon so viel falsch gemacht, anderen Menschen wehgetan – und trotzdem erwartet, dass man uns verzeiht? Haben wir unsere Kinder nicht schon herabgesetzt, sie vielleicht gedemütigt, waren ungerecht zu ihnen? Haben wir nicht schon Streit vom Zaun gebrochen ohne Grund? Haben wir nicht gelogen, betrogen – und erwarten von Gott und anderen, dass sie uns verzeihen? Und denke immer daran: Wenn du nicht vergeben und verzeihen kannst, dann bist du der Leidtragende. Denn diese negativen Gefühle fressen dich auf.

Und noch etwas: **Vergib dir selbst!** Was habe ich mir nicht für Fehler vorgeworfen, meine falschen Entscheidungen, die ich getroffen hatte, verflucht. Doch konnte ich sie mit all meinen Vorwürfen, meinen Gewissensbissen ändern? Manchmal haben wir mit uns selbst am allerwenigsten Mitgefühl. Doch ich sage dir: Jeder Mensch gibt sein Bestes! Bei allem, was du getan hast, hast du dein Bestes gegeben und hattest die besten Absichten – auch wenn du jetzt möglicherweise genau dadurch in einer Krise steckst. Wir sind nun einmal alle nur Menschen und Menschen machen Fehler! Wir tun Dinge, die uns später vielleicht peinlich sind und für die wir uns schämen. Vielleicht wünschen wir uns, unsere Entscheidungen und Handlungen zurücknehmen zu können – **aber vorbei ist vorbei! Akzeptiere den jetzigen Zustand und beginne, ihn zu verbessern!**

Persönliches Umfeld nutzen

> Geteiltes Leid ist halbes Leid,
> geteilte Freude ist doppelte Freude.

In einer richtigen Lebenskrise wirst du erfahren, welche Menschen deine wahren Freunde sind, wer loyal und unerschütterlich zu dir steht – **und wer nicht!** Vielleicht hast du Fehler gemacht, ja bestimmt hast du Fehler gemacht, sonst wärst du nicht in dieser Krise. Auch ich beging eine Menge Fehler, die ich zu verantworten hatte und zu denen ich heute stehe. Wahre Freunde aber werden dir trotz deiner Fehler beistehen. Als unsere Lebenskrise wie eine gewaltige Woge über uns hinwegrauschte, spülte sie auch die meisten Freunde mit weg. Am schlimmsten waren die »Promi-Freunde«. Plötzlich kannte uns keiner mehr, war niemand mit uns befreundet, hatte eigentlich nie mit uns Kontakt ... Eine der wenigen Promi-Ausnahmen war Udo Jürgens, der in der schweren Krise zum Telefonhörer griff und persönlich mit meiner Frau sprach und ihr Mut machte. Und wenn Kerstin mit ihrem Bruder bei den Powerdays das Lied »Never give up« (Gib niemals auf) singt, dann sind die Emotionen ganz besonders stark, weil sie weiß, dass es Udo Jürgens komponierte. (An dieser Stelle eine kurze Werbung für Kerstin und »Onkel Agi«: Sie haben eine CD mit Songs, die ausschließlich positive Texte haben, gemacht, darunter eben auch das Lied »Never give up«. Auch von mir ist eine Metapher dabei. Die CD heißt »Music meets Motivation« und ist bestellbar über den Shop auf unserer homepage: www.juergenhoeller.de. Vielen Dank, dass du Verständnis für die Werbeunterbrechung hast ...)

Aber auf der anderen Seite erlebten wir auch, dass unsere wahren Freunde zu uns standen. Paul Underberg half ideell und unterstützte meine Familie sogar materiell, sodass sie in dieser Zeit keine Existenzsorgen hatte (durch meine private Insolvenz wurde uns ja alles genommen, sogar der gesamte Hausstand, der vom Insolvenzverwalter verkauft wurde). Oder Dr. Klaus Douglass, evangelischer Pfarrer, mein spiritueller »Sparringspartner«. Oder Andrea und Reiner Wössner, die sogar bereit gewesen wären, nach der Zwangsräumung ein kleines Häuschen für uns zu bauen. Oder Gerald Mützel, der mir während der letzten sechs Monate meiner »Kasernierungszeit« einen Arbeitsplatz zur Verfügung stellte, sodass ich tagsüber wieder »unter normalen Menschen« sein konnte. Und natürlich der treueste von allen: Onkel Agi, Axel Weinberger, mein Schwager, mein Freund und seit vielen Jahren meine rechte und – wer mich Schussel kennt – auch meine linke Hand. Aber der wichtigste Mensch, der mir beistand, war meine Frau Kerstin. Natürlich gab's in den vielen Jahren unserer Partnerschaft auch ein paar Täler zu durchschreiten. Doch unsere große Lebenskrise war dann eine wirkliche Prüfung. Eine Prüfung mit nur zwei Ergebnismöglichkeiten: Entweder diese Krise würde uns noch enger zusammenschweißen oder sie würde unsere Ehe letztendlich zerstören. Das Resultat: **Sie hat uns enger zusammengeschweißt!** Wir haben aber in unserer schweren Zeit auch daran gedacht, neue gemeinsame Ziele festzulegen. Schon vor vielen Jahren referierte ich in meinen Seminaren über das von mir erfundene **Kutschenmodell**:

Eine Kutsche wird von zwei Rössern gezogen. Wenn jedoch die beiden Rösser in unterschiedliche Richtungen ziehen, gibt es nur drei Möglichkeiten:

- Die Kutsche bleibt stehen.
- Die Kutsche wird vom stärkeren der beiden Rösser langsam und mühevoll in seine Richtung gezogen.
- Die Kutsche zerreißt!

Wie viel Spaß jedoch würde es machen und wie wenig Anstrengung den Rössern bereiten, wenn beide die Kutsche in die gleiche Richtung zögen?

Was ich damit ausdrücken will: Wenn die Rösser einer Kutsche ein gemeinsames Ziel besitzen, wenn sie einer gemeinsamen Aufgabe nachgehen, ist der Widerstand, den man gemeinsam zu bewältigen hat, viel geringer. Finde also die Menschen, die jetzt zu dir stehen, und suche ihre Nähe. Lass dich von ihnen trösten, lass dich von ihnen inspirieren. Suche dir aber nur Menschen aus, die dich aufbauen, die dir neuen Mut machen. Miesmacher oder solche Menschen, die dir jetzt Vorwürfe machen: »Wir haben es doch gleich gewusst«, »Das hätten wir dir gleich sagen können«, »Hättest du doch auf uns gehört«, solltest du nun meiden. Und auch wenn du jetzt eine Menge Freunde verlierst – du bekommst Klarheit in deinen Beziehungen! Bist du jedoch in der Position, dass einer deiner Freunde in einer Krise steckt, dann steh ihr/ihm bei, mach ihr/ihm Mut, hilf ihr/ihm – ohne Vorwürfe, ohne Besserwisserei, sei einfach für diesen Menschen da!

Was will dir die Krise sagen?

Alles, was passiert, hat seinen Sinn!

Auf den ersten Blick mag es vielleicht schwer nachvollziehbar für dich erscheinen, doch vielleicht steckt auch hinter deinen Niederlagen ein Sinn. Spielst du Karten oder hast früher einmal Karten gespielt? Nun, bei einem Kartenspiel ist jede einzelne Karte wichtig – aber eine Karte allein entscheidet nicht, ob du am Ende der Gewinner oder der Verlierer des Spiels bist. Entscheidend ist, wie sich diese eine Karte in das Gesamtblatt integriert. Die Summe der verschiedenen Karten ist es, die über das Resultat entscheidet. Und genauso ist es in deinem Leben: Eine einzelne Niederlage ist nichts anderes als eine einzelne Karte. **Und eine einzelne Niederlage entscheidet deshalb nicht darüber, was letztendlich aus deinem ganzen Leben wird.**

> Ich habe aus meinen Rückschlägen oft mehr gelernt als aus meinen Erfolgen.
>
> *Boris Becker*

Als ich mit 21 Jahren in meiner ersten schweren Krise steckte, wusste ich von all diesen Dingen nichts. Hätte mir damals jemand gesagt, meine Krise hat einen Sinn, wird mir vielleicht sogar auf meinem Lebensweg behilflich sein, hätte ich ungläubig den Kopf geschüttelt und nur gedacht: »Idiot!« Doch einige Jahre später, als meine Krise bewältigt war, habe ich genau das empfunden: Diese Krise war gut und notwendig für mich, um den richtigen Lebensweg einschlagen zu können. Erst aufgrund der Krise habe ich mich mit diesen Themen beschäftigt und mein ganzes Leben hat sich seitdem verändert. Hier ein paar Beispiele, wie eine Niederlage manchmal notwenig ist für den späteren Erfolg und das Glück:

- Manch einer muss erst seine Arbeit verlieren – um dann den Arbeitsplatz zu finden, der zu ihm passt!

- Manchmal müssen wir erst krank werden – um den gesunden Lebensweg einzuschlagen!
- Manchmal müssen wir Geld verlieren – um anschließend zu wissen, wie wir richtig investieren können!
- Manchmal müssen wir pleitegehen – um dann die richtige Aufgabe, den richtigen Bereich, die richtige Strategie finden zu können.

Als ich knapp 16 Jahre alt war, »ging« ich mit einem Mädchen, das fast zwei Jahre älter war. Nach wenigen Wochen war Schluss, sie hatte einen älteren, reiferen Freund gefunden. Ich war einige Wochen zutiefst traurig und enttäuscht. Etliche Jahre später ging ich mit Kerstin in unserer Stadt spazieren, als auf der gegenüberliegenden Straßenseite eine Frau heftig mit dem Arm winkte und rief: »Huhu, hallo!« Ich schaute Kerstin an und fragte sie, ob sie die Frau kennen würde, was sie verneinte. Doch die Frau rief weiter: »Hallo Jürgen, kennst du mich nicht mehr? Ich bin's, die Uschi!« Es war meine Freundin von früher. Ich schaute sie nun etwas genauer an und dachte: »Gott sei Dank hat sie mich damals verlassen!«

Wenn deine augenblickliche Krise eine Beziehungskrise sein sollte, wird dir diese Geschichte kaum helfen. Aber für mich ist klar: Hätte mich Uschi damals nicht verlassen, wäre ich möglicherweise bei ihr geblieben – und hätte meine wundervolle Kerstin nicht kennengelernt. Manchmal passieren schlimme Dinge – die wir momentan als grausam empfinden. Im Nachhinein waren sie vielleicht sogar gut für uns.

Hier eine kleine Übung:

Schreibe einmal die fünf größten Niederlagen und Krisen deines Lebens auf:

1. _____

2. _____

3. _____

4. _____

5. _____

Schreibe jetzt zu jeder dieser fünf negativen Situationen auf, was sich Positives für dich ergeben hat, wie du die Niederlage überwunden hast und was daraus wurde.

1.

2.

3.

4.

5.

Und jetzt schreibe bitte einmal auf, welche Erkenntnisse du aus dieser Übung für dich gewinnst.

> Je größer die Schwierigkeiten,
> desto größer der Sieg.
>
> *Cicero*

Doch warum werden wir durch Probleme, Niederlagen und Krisen oft stärker? Ich erkläre es in meinen Seminaren immer mit einem Vergleich aus dem Fitnessstudio: Wir gehen in einen Fitnessclub, legen an den Geräten einen Gewichtswiderstand auf und bewegen einen bestimmten Teil unserer Muskulatur gegen den Widerstand. Dabei wird die Muskulatur angegriffen, zu einem kleinen Teil sogar zerstört. Der Körper kompensiert aber diese Zerstörung von Gewebe in den nächsten 72 Stunden, und weil er sich gegen eine ähnliche Zerstörung wappnen will, »superkompensiert« er, das heißt, er baut ein bisschen mehr Gewebe auf, als vorher da war – das Muskelwachstum findet statt. Wenn du jetzt aber für immer den gleichen Widerstand bei deinen Fitnessübungen nimmst, passt sich die Muskulatur etwas an – und bleibt dann in ihrer Entwicklung stehen. Nur wenn du den Widerstand ständig erhöhst, wird deine Muskulatur leistungsfähiger, das heißt: Beim Mann gibt es ein Größenwachstum, bei der Frau wird der Muskel in sich fester. Das erleben wir auch bei allen anderen Formen von »Körperzerstörung«: Wir brechen uns einen Arm, der Körper »repariert«, baut sogar etwas mehr Gewebe auf, sodass an der Bruchstelle der Knochen etwas dicker wird. Wir schneiden uns in die Haut – der Körper »repariert« und baut etwas mehr Gewebe auf – wir haben eine Narbe. Wir arbeiten mit der Hand, reiben dabei Haut ab, der Körper »repariert« und baut etwas mehr Gewebe auf – im Laufe der Zeit bekommen wir Hornhaut und Schwielen.

Und genauso verhält es sich im mentalen Bereich: **Probleme, Niederlagen und Krisen sind nichts anderes als mentale Widerstände.** Wenn wir diese Widerstände nicht ablehnen, sondern sie »benutzen«, werden wir daran wachsen.

> Je größer der Schmerz,
> desto größer die Chance zu wachsen.

Nimm dir jetzt einmal Zeit. Ziehe dich irgendwo in Ruhe zurück, vielleicht machst du die Augen zu, hörst entspannende Musik, atmest ganz ruhig, kommst in einen entspannten »Alpha-Zustand« und fragst dich dann:

Was will mir diese Krise sagen? Welcher Sinn steckt dahinter? Was soll ich lernen? Warum bin ich von meinem Weg abgekommen? Was ist mein zukünftiger Weg? Und dann höre, sieh und fühle, nimm die Antworten wahr, die jetzt kommen werden, und notiere sie.

> Der menschliche Geist kann den Himmel in eine Hölle,
> aber auch die Hölle in einen Himmel verwandeln.

Akzeptiere die Angst

Ich kann es nur immer und immer wieder in diesem Buch wiederholen: **Der erste Schritt ist, deine Angst zu akzeptieren!** Lauf nicht vor ihr davon! Sobald du dich ihr stellst, hast du dich zu ihr »umgedreht« und sie sitzt dir nicht mehr im Nacken. Wenn du dich fragst: »Was ist denn das Schlimmste, das passieren könnte? Muss ich verdursten? Muss ich verhungern? Muss ich erfrieren? Werde ich nie wieder mit einem Menschen reden können?«, wirst du feststellen, wie deine Angst in sich zusammenfällt.

Selbst in den schlimmsten Lebenslagen haben Menschen ihre Angst überwunden. Der folgende Text stammt von Pfarrer Dietrich Bonhoeffer (1906 – 1945). Er wurde als Gefangener ins Konzentrationslager Flossenbürg eingeliefert und dort hingerichtet. Doch genau an diesem unmenschlichen Ort des Leidens entstand sein »Lied gegen die Angst«, das heute noch Menschen Trost schenkt (als Mitglied des »Gefangenen-Chors« sang ich es regelmäßig im Gottesdienst und ich weiß, wie viel Kraft und Trost von ihm ausgeht):

»Von guten Mächten treu und still umgeben,
behütet und getröstet wunderbar,
so will ich diese Tage mit euch leben
und mit euch gehen in ein neues Jahr.
Von guten Mächten wunderbar geborgen
erwarten wir getrost, was kommen mag.
Gott ist mit uns am Abend und am Morgen
und ganz gewiss an jedem neuen Tag.
Noch will das Alte unsere Herzen quälen,
noch drückt uns böser Tage schwere Last.
Ach, Herr, gib unseren aufgescheuchten Seelen
das Heil, für das du uns bereitet hast.
Doch willst du uns noch einmal Freude schenken
an dieser Welt und ihrer Sonne Glanz,
dann wollen wir des Vergangenen gedenken,
und dann gehört dir unser Leben ganz.«

Sei dankbar!

Erfolgreiche Menschen sind dankbare Menschen.

Als ich an jenem denkwürdigen Tag in meinem Acht-Quadratmeter-Zimmer lag und den Brief von Kerstin las, in dem sie mir schrieb: **»Einmal schaffen wir es noch!«**, badete ich zuvor in einem Meer von Selbstmitleid und lag mental vollkommen am Boden. Ich wusste nicht mehr, wie es in meinem Leben weitergehen sollte. Ich war verletzt, enttäuscht, wütend, verzweifelt, energielos. Mein ganzes Lebenswerk war zerstört. Jahrelang hatte ich alles aufgebaut – und mit einem einzigen Schlag war alles vernichtet. Wer würde mir noch glauben? Was konnte ich noch tun? Steht überhaupt noch ein einziger Mensch zu mir? Wird Kerstin bei mir bleiben? Was machen meine Kinder, meine armen Kinder, die doch überhaupt nichts dafür können? Wovon sollen wir leben? Was wird meine Familie essen? Müssen wir aus unserem Haus ausziehen? Wird man mit dem Finger auf mich zeigen, wenn ich wieder draußen auftauche? Diese und viele andere Gedanken jagten durch meinen Kopf.

Doch nachdem ich den Brief von Kerstin gelesen und die Entscheidung getroffen hatte: »Ich stehe jetzt auf!«, fiel mir wieder all das ein, was ich in meinem Herzen immer geglaubt hatte: Dass es nicht die Umstände sind, die Macht über uns haben und darüber bestimmen, ob wir glücklich oder unglücklich sind, sondern wir selbst. **Glück oder Unglück sind lediglich Gefühle, sie existieren nicht real, wir entscheiden ausschließlich in unserem Kopf, was Glück oder Unglück ist.** Ich habe Rollstuhlfahrer kennengelernt, die sich glücklich fühlen, und ich kenne reiche, berühmte Menschen, die sich mit Drogen betäuben, weil sie sich unglücklich fühlen. Robbie Williams hat alles, was der »normale« Mensch sich vorstellen kann: Er ist unermesslich reich, besitzt sämtliche »Spielsachen«, kann sich alles kaufen, was er möchte. Er sieht gut aus, kann (fast) jede Frau haben, er ist erfolgreich, er kann sein Hobby als Beruf ausleben, Millionen von Menschen jubeln ihm zu – doch gleichzeitig ist er permanent depressiv, muss ununterbrochen Medikamente nehmen und nach seiner Tournee im Sommer 2006 musste er sich für einige Monate in eine Drogenentzugsklinik begeben. Im Januar 2008 sagte er öffentlich, dass er nicht wisse, ob er überhaupt noch einmal ein Album herausbringen und auf Tournee gehen werde – weil ihn die letzte Tournee fast umgebracht hätte. Verstehst du das?

Ein Mensch hat einen schweren Verkehrsunfall, wacht auf, stellt fest, er hat ein Bein verloren – und will sich am liebsten umbringen. Ein anderer Mensch hat einen ähnlichen Unfall mit gleichen Folgen, wacht auf und freut sich, dass er überhaupt noch am Leben ist – und beschließt, in Kürze mit seiner neuen Prothese wieder laufen zu lernen und das Leben zu genießen.

> Die meisten Menschen sind so glücklich, wie sie sein wollen.
>
> *Abraham Lincoln*

Um in deinem Leben Glück zu empfinden, darfst du nicht darauf schauen, was du **nicht** hast, was dir fehlt, was dir Schmerzen zufügt, sondern du musst deine Aufmerksamkeit auf das richten, was du (noch) besitzt. Und egal wie mies du dich fühlst, egal wie schlecht es dir geht: **Du findest immer genügend Gründe, dankbar zu sein!**

Schreibe jetzt einmal auf, wofür du in deinem Leben dankbar bist.

_____

_____

_____

_____

_____

_____

_____

_____

_____

_____

_____

_____

_____

_____

_____

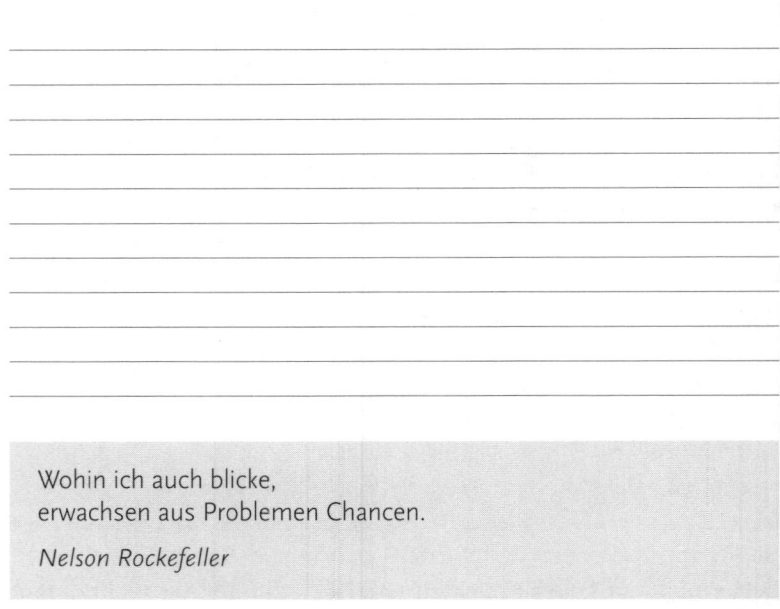

Wohin ich auch blicke,
erwachsen aus Problemen Chancen.

Nelson Rockefeller

Sei demütig und diene!

Ich schlief und träumte: Das Leben sei Freude.
Ich erwachte und sah: Das Leben ist Dienen.
Ich diente und entdeckte: Dienen ist Freude!

Rabindranath Tagore

Ein Mann besuchte seinen besten Freund, der auf dem Sterbebett lag. Er war schwach und hatte nur noch wenige Wochen zu leben. Der Mann erwartete, dass er seinen Freund deshalb deprimiert und verzweifelt vorfinden würde. Doch davon keine Spur: Fröhlich begrüßte ihn sein Freund an seinem Krankenbett: »Sag, alter Freund«, fragte er ihn, »warum bist du noch so fröhlich? Ich glaube, an deiner Stelle wäre ich eher verzweifelt und depressiv.« Da lächelte sein bester Freund und antwortete ihm: »Weil ich heute Morgen aufwachte und immer noch lebte!«

Diese Antwort drückt eine tiefe Demut aus. Viele Menschen neigen dazu, gerade in unserem Kulturkreis und besonders im deutschsprachigen Raum, immer unzufrieden zu sein. Wir wollen immer mehr, mehr, mehr. Ein Golf-Fahrer ist neidisch und mürrisch, weil er schon seit sieben Jahren dieses Modell fährt und sich nicht das neue Golf-Modell leisten kann. Der Fahrer des neuen Golf-Modells ist sauer, weil er sich keinen Mercedes leisten kann. Der C-Klasse-Mercedes-Fahrer ist vom Leben enttäuscht, weil er keine S-Klasse fahren kann ...

Als der Sanierer Eberhard Wagemann seinerzeit gemeinsam mit mir die INLINE AG innerhalb von vier Monaten wieder in die operative Gewinnzone führte (Kannst du dir eigentlich vorstellen, was es bedeutet, ein Unternehmen, das eine Million (geplante) Verluste pro Monat einfährt, innerhalb von vier Monaten wieder profitabel zu machen? Wir bauten von 140 Mitarbeitern auf 26 ab, schlossen einige Geschäftsstellen und Auslandsfilialen, kappten ganze Geschäftsbereiche, verhandelten mit Lieferanten etc. – ein Höllenjob ...!), sagte er einmal zu mir:»Herr Höller, wenn Sie in der Lage sind, genauso wie Sie 10 000 Menschen durch Ihre Motivation in Begeisterung versetzen, eine dreckige Toilettenschüssel mit einer Zahnbürste aufs Säuberlichste und voller Begeisterung und Motivation zu putzen – **dann sind Sie ein wahrer Meister.**« Ich hörte ihn an und ich gebe es zu (bitte verzeihen Sie lieber Herr Wagemann ...), ich dachte:»Depp!« Ich verstand nicht, was er mir damit sagen wollte, der tiefere Sinn blieb mir verborgen. Einige Monate später, als ich mit meinem Plastikkorb und den darin befindlichen»Hundenäpfen« in mein Acht-Quadratmeter-Zimmer kam, traute ich erst meinen Augen nicht. Der Schrank, der Tisch und das Regal hatten eine millimeterdicke Schicht von gelbem Nikotin, das Bett sah aus, als ob es zahlreiche kleine »Mitbewohner« haben würde (inklusive einiger größerer, farbiger Flecken – Hinterlassenschaften meiner Vorgänger...) und die ehemals weiße Toilettenschüssel ... Doch genau in diesem Moment hatte ich die Worte Wagemanns wieder im Ohr. Ich ließ mir Putzmittel geben und setzte mir mein erstes Ziel: Ich putze dieses Zimmer so gründlich, dass es die sauberste Zelle der ganzen Anstalt wird. Und dann putzte ich zwei Tage, zunächst angewidert und angeekelt – doch dann mit wachsender Begeisterung. Ich legte all meine Energie in dieses Putzen – und als ich fertig war, hatte ich nicht nur ein Ziel erreicht, ich hatte darüber hinaus sogar ... Spaß.

Glaubst du, ich hatte den Verstand verloren? Du verstehst nicht, wie man bei so einer Arbeit Spaß haben kann? Ich habe die Botschaft Wagemanns (er war ja nebenbei auch Yoga-Lehrer) verstanden:

Es ist egal, was du tust – wenn du es voller Begeisterung und voller Leidenschaft tust!

Es ist egal, welchen Beruf du ausübst. Lass dir von anderen niemals einreden, das, was du tust, sei geringwertig, schlechter als etwas anderes. Nur du alleine entscheidest, was das Richtige für dich ist. Und ich verspreche dir, wenn es »dein Ding«, deine Berufung (Beruf kommt ja von Berufung) ist und du dich mit aller Leidenschaft, Fleiß und Begeisterung einsetzt, dann wirst du auch entsprechende Erfolge erzielen.

Und mit dem was du tust, solltest du den Menschen und der Welt dienen. Ich war bereit, als ich am 1. Mai 2004 mein Comeback startete, auch vor nur zwei Menschen aufzutreten. Kerstin und ich hatten uns vorgenommen, wenn es – wider Erwarten – keine Nachfrage geben sollte, dann würden wir einfach in unserem Haus Seminare veranstalten. Was brauchte ich Großes? Ein Flipchart, ein paar Stifte, und wenn zwei Leute vor mir sitzen, lege ich los. Denn ich wollte das tun, was ich über viele Jahre hinweg gemacht hatte; bevor ich meiner Lebensaufgabe untreu geworden war und nur noch die Dollarzeichen in den Augen hatte:

Ich diene den Menschen, indem ich möglichst vielen helfe, ein besseres, erfolgreicheres und glücklicheres Leben zu führen.

Sei ver-rückt!

Es sind nicht die vernünftigen Menschen,
die die Welt verändern,
es sind die Unvernünftigen.

Oder wie sollte man Galileo Galilei, Leonardo da Vinci, Albert Einstein, Thomas A. Edison, Henry Ford und Bill Gates sonst nennen?

Wie bereits erwähnt, bestimmt die Mehrheit, die Masse der Menschen, was »normal« ist. Das, was die absolute Mehrheit denkt, tut und für richtig befindet, ist normal, es entspricht der Norm der Mehrheit.

Jetzt gibt es zwei Möglichkeiten:

- Du machst das, was alle tun, dann bist du normal. Niemand wird dich schräg anschauen, niemand wir dich irgendwo ausschließen. Du wirst ein normales Mitglied deines Rudels bleiben. Wer aber das tut, was die Masse tut, bekommt auch das, was die Masse bekommt: Nichts! (Du hast ja meinen speziellen Humor schon kennengelernt: Also ein bisschen bekommt die Masse schon ...)
- Wenn du dagegen erfolgreicher als die Masse sein willst, glücklicher als die Masse leben möchtest, musst du anders vorgehen. Du musst ver-rückt sein. Ver-rückt von der Masse der Menschen. Damit gehörst du aber zu einer Minderheit von etwa 5 Prozent. Wenn du diesen Weg gehst, muss dir klar sein, dass du automatisch als un-normal angesehen wirst, was ja auch stimmt, denn du entsprichst ja nicht mehr der Norm, du bist ver-rückt.

Wenn du den letzteren Weg gehst, dann muss dir klar sein, dass du vier Phasen durchleben (manchmal auch durchleiden) wirst:

Phase 1: Du machst etwas Ungewöhnliches und wirst dafür von der Masse ausgelacht.

Phase 2: Du hast Erfolg und wirst misstrauisch beäugt: Warum ist derjenige immer noch da, es scheint ja sogar zu funktionieren. Du wirst beneidet!

Phase 3: Die »Sache« funktioniert besser und besser. Was immer es sein mag: Du wirst beneidet und letztendlich bekämpft. Man wird dir Knüppel zwischen die Beine werfen. Konkurrenten bekämpfen dich an, Freunde wenden sich ab.

Phase 4: Mittlerweile hat sich die »Sache« durchgesetzt. Dein Denken, dein Verhalten, dein Produkt, deine Firma sind kein Einzelfall mehr. Immer mehr Menschen denken und machen das Gleiche. Je mehr Menschen sich damit beschäftigen, so zu denken, so zu handeln, desto mehr wird es zur Norm, also normal. Die gleichen Neider und Bekämpfer werden nun zu Schleimern, klopfen dir auf die Schultern und loben dich ob deiner Weitsicht. Und vergessen dabei nicht zu erwähnen, dass sie »ja immer an dich geglaubt haben und das auch immer allen erzählt haben – und man könnte ja jetzt irgendwie kooperieren, befreundet sein etc.«.

Wenn die Phase 4 eingetreten ist, wird es Zeit, sein Bündel zu packen und wieder ein bisschen von der Masse wegzurücken, wieder ein bisschen ver-rückt zu sein.
Und auch was deine Krise betrifft, kann ich dir nur raten:

Handle anders als gewohnt! Sei ver-rückt!

Stay hungry! Stay foolish!
(Bleib hungrig! Bleib verrückt!)

Steve Jobs

Setze dir neue Ziele

Große Träume scheitern nie,
sie brauchen nur manchmal etwas länger.

Dr. Robert Schuller

Viktor E. Frankl beschreibt, wie er im Konzentrationslager immer wieder an die Grenze des Erträglichen geriet. Viele seiner Kameraden gaben auf und starben schließlich. Er selbst jedoch gebrauchte einen Trick: Er sah sich nach dem Ende des zweiten Weltkrieges, befreit aus dem Konzentrationslager, als Redner auf der Bühne in einem großen Vortragssaal. Vor ihm ein interessiert lauschendes Publikum – er hält einen Vortrag über die Psychologie des Konzentrationslagers. Er schildert von der höheren Warte der Wissenschaftlichkeit aus alles, was ihn so quälte und bedrückte, damit diese Mechanismen niemals wieder angewendet werden können. Mit diesem Trick gelang es ihm, sich irgendwie über die Situation, über die Gegenwart, über das unerträgliche Leid zu stellen. Er ging geistig in die Zukunft und blickte auf seine jetzige Gegenwart als Vergangenheit, die er bewältigte. Frankl

wusste: Wer an seine Zukunft nicht mehr glaubte, war im Lager verloren. Wer kein Ziel in der Zukunft hatte, den geistigen Halt verlor,
sich innerlich fallen ließ, verfiel sowohl körperlich als auch seelisch.
Er stellte bei seinen Kameraden fest, dass dann nichts mehr wirkte –
keine Bitten, keine Drohungen, keine Schläge!

> Wer ein »Warum« zu leben hat,
> erträgt fast jedes »Wie«.
>
> *Friedrich Nietzsche*

Warum und wofür lohnt es sich für dich zu leben? Welche Menschen,
welche Einrichtungen bereicherst du durch dein Leben? Was ist bzw.
was könnte der zukünftige Sinn deines Lebens sein? Nimm dir Zeit,
mach die Gedanken und schreibe deine Erkenntnisse nieder:

_____

_____

_____

_____

_____

_____

_____

_____

_____

_____

_____

_____

_____

_____

_____

> Wer sein Ziel nicht kennt, verirrt sich.
>
> *aus dem Koran*

Gib niemals auf!

Unser größter Ruhm liegt nicht darin, niemals zu fallen,
sondern jedes Mal wieder aufzustehen, wenn wir gefallen sind.

Konfuzius

John McLoughlin ist Polizist in New York. Er macht Dienst am 11. September 2001. Die Al-Qaida-Terroristen fliegen in die beiden Türme. McLoughlin ist einer derjenigen, der danach zur Rettung Verletzter in einen der Türme geht. Schließlich fallen die Türme ein und fast 3000 Menschen kommen bei diesem fürchterlichen Terroranschlag ums Leben. McLoughlin überlebt nur, weil beim Einsturz der 100 Stockwerke irgendwelche Zwischenräume entstanden sind, in denen er liegen bleibt. Unter meterdicken Trümmern überlebt er schwer verletzt. Über 20 Mal werden seine zerquetschten Beine und sein Becken operiert. Zwischendurch fallen die Nieren und die Lunge aus. Doch er schafft es, hält durch und überlebt. Als er zum ersten Mal vor die Mikrofone tritt und gefragt wird, was er den Menschen sagen will, antwortet er:

»Es gibt immer Hoffnung, gib niemals auf!«

Ja, darum geht es. Mögen auch Abschnitte unseres Lebens noch so dunkel erscheinen, es geht weiter. Vielleicht hat deine Mutter dir auch früher gesagt: »Am Ende des Tunnels ist Licht.« Es mag auf den ersten Blick ein lauer, positiver Spruch sein, aber er entspricht dem Leben. Du magst Niederlagen durch das Leben erleiden, hinfallen und am Boden liegen. Aber wenn du aufstehst und weitergehst, wirst du neues Glück finden. Für das Versagen gibt es nur zwei Gründe:

- Nie beginnen, seine wahren Träume und Aufgaben zu leben.
- Unterwegs hinzufallen, aufzugeben und liegen zu bleiben.

Wenn du wieder aufstehst und weitergehst, kannst du alles verändern, alles verbessern. Du kannst aber auch liegen bleiben nach dem Motto:

> Wer kriecht, hat einen Vorteil:
> Er kann nicht mehr stolpern ...

Ein Bekannter aus den USA hat mir einmal zu Evander Holyfield erzählt: Der vierfache Weltmeister im Boxschwergewicht wurde einmal in einem Interview gefragt, was er tut, wenn er in einem Boxkampf niedergeschlagen wird. Er antwortete: »Dann stehe ich auf, kämpfe weiter, gewinne.« Daraufhin fragt ihn der Reporter: »Okay, aber was tun Sie, wenn Sie k.o. gehen?« Da springt Holyfield auf und ruft: »Dann stehe ich halt nach dem Kampf wieder auf, trainiere weiter – und gewinne meinen Titel wieder zurück!« Kein Wunder, dass seine Botschaft lautet: **»Nicht aufgeben, denn es mag Rückschläge geben, aber keine endgültige Niederlage!«**

> Erst nach dem Umfallen
> zeigt das Stehaufmännchen,
> was es kann.
>
> *Ernst R. Hauschka*

Unter keinen Umständen, **unter gar keinen Umständen darfst du aufgeben!** Auch vor deiner Krise haben schon unzählige andere Menschen tiefste Niederlagen, Rückschläge und Katastrophen erlebt – sind jedoch wieder aufgestanden und weitergegangen! Und aus meiner eigenen Erfahrung weiß ich: **Du hast alle Kraft in dir, um jedes Problem, jede Krise zu bewältigen!** Es ist nie zu Ende, es geht immer weiter. Wir Menschen sind Schöpfer unserer eigenen kleinen Welt und deshalb kannst du auch alle negativen Umstände, in denen du dich möglicherweise befinden solltest, jederzeit meistern. Glaube tief und fest, dass auch diese Schattenzeit ihr Ende finden wird, und dann, wenn die Nacht am schwärzesten ist, ist der neue Tag nicht mehr fern. Ich habe etwa 400 Biographien großer und berühmter Persönlichkeiten gelesen – **und in fast allen entdeckte ich auch schwere Misserfolge!** Einige wurden schwer krank, andere wurden verlassen, wiederum andere gingen pleite oder wurden von der Öffentlichkeit ausgelacht und erst einmal ausgeschlossen. Und dennoch haben es diese Menschen geschafft, an die Lösung ihrer Probleme, an ihr Ziel, an einen Traum zu glauben! Halte deine Träume fest! Glaube an dich und glaube an deine Träume. Roman Polanski, der geniale Regisseur, sagte einmal: »Wer eine Schlacht gewinnen will, muss denken, dass er der Sieger ist. Man kann eine Schlacht auch verlieren, obwohl man denkt, man wird der Sieger sein. Aber man kann nie und nimmer gewinnen, wenn man sich für einen Verlierer hält!«

Du bist kein Verlierer! Du bist ein Gewinner! Jeder Mensch ist ein Gewinner! Denn die stärkste Samenzelle hat sich schon zum Zeitpunkt deiner Zeugung durchgesetzt. Jeder Mensch ist einmalig, einzigartig in Bezug auf sein Aussehen, seine Stimme, seinen Fingerabdruck, seine DNA/DNS. Und deshalb glaube ich fest daran, dass jeder Mensch auch einzigartig ist in seinem Geist und einzigartig in seiner Seele! Auch du bist einzigartig in deinen Talenten, deinen Begabungen, deinen Aufgaben! Und wenn zwischendurch einmal etwas schiefgehen sollte bzw. es schon schiefgegangen ist, dann glaube trotzdem weiter an dich! Niemand kann dich besiegen – außer du dich selbst.

> Wenn die anderen glauben, man ist am Ende,
> so muss man erst richtig anfangen.
>
> *Konrad Adenauer*

Mentales Training

> Unsere Existenz gründet auf unseren Gedanken.
> Nur was gedacht wurde, existiert.
>
> *Gautama Buddha*

Das mentale Training soll dir helfen, schneller wieder neue Ziele zu erreichen. Ich weise **ausdrücklich** darauf hin, dass alle mentalen Trainingstechniken nur dann funktionieren, wenn zuvor die grundlegenden Arbeiten getan wurden (Angst akzeptiert und damit losgelassen; erkannt, welchen Sinn die Krise macht etc.). Es würde den Rahmen dieses Buches sprengen, wenn ich jetzt den Aufbau und die Funktionsweise unseres Unterbewusstseins ausführlich erläutern würde. Ich empfehle dir hierzu die Lektüre meines Bestsellerbuches »Alles ist möglich« (als gedrucktes Buch, aber auch als Hörbuch erhältlich im Shop unter www.juergenhoeller.com). Bitte vertrau einfach zum jetzigen Zeitpunkt darauf, dass diese Techniken tatsächlich funktionieren. Mentales Training ermöglicht, außergewöhnliche Leistungen zu erbringen. So beispielsweise bei der 65 Jahre alten Frau, deren Sohn sein Auto reparierte. Er hatte den Wagen aufgebockt, legte sich darunter – da sackte der Wagen ab und klemmte ihn ein. Verzweifelt schrie er um Hilfe. Seine Mutter kam und ohne lange zu überlegen hob sie das tonnenschwere Fahrzeug hoch – ihr Sohn konnte mit mehreren Rippenbrüchen unter dem Fahrzeug hervorkriechen. Nicht zu verstehen, wiegt doch ein Auto locker 1 000 bis 1 500 Kilogramm. Ich beschäftige mich schon viele Jahre mit den Möglichkeiten unseres Unterbewusstseins, bin ausgebildeter »Hypnose-Coach« und zeige in meinen Seminaren auf, was mit Hypnose alles erreicht werden kann. All dies ist nur möglich, weil wir mit dem Unterbewusstsein und unseren unterbewussten Kräften arbeiten. Hier drei Techniken für die Praxis:

Autosuggestion

Über diese Technik wurde früher oft gelächelt, vielleicht – oder gerade – weil diese Technik so einfach ist. Als ich im Mai 2004 neu startete, gab es gerade eine Titelstory im Focus: »Ich schaffe es!«, in dem auf ca. 16 Seiten aufs Ausführlichste wissenschaftliche Erkenntnisse zur Praxis der Autosuggestion und deren tatsächlicher Wirksamkeit erläutert wurden. Jahrelang wurden Vorreiter wie Dr. Joseph Murphy in den USA oder in Deutschland Erhard Freitag, Kurt Tepperwein und ich ausgelacht und verspottet. Heute ist die Wirkungsweise der Autosuggestion weltweit abgesichert und bewiesen (interessanterweise wurden alle möglichen Wissenschaftler benannt, die sich mit der Wirksamkeit der Autosuggestion beschäftigten – jedoch wir Vorreiter mit keiner Silbe erwähnt ...).

Stelle dich ein Mal täglich vor einen Spiegel, schaue dir in die Augen und rezitiere auswendig die folgenden Autosuggestionen jeweils zehn Mal nacheinander:

1. Ich bin gut.
2. Ich bin ein Gewinner.
3. Ich schaffe es.
4. Ich erreiche meine Ziele.
5. Ich vertraue und lasse los.
6. Ich bin konzentriert.
7. Ich liebe mich.
8. Ich gebe mein Bestes.
9. Ich liebe die Menschen.
10. Ich lebe stets in Überfluss, Sicherheit und Fülle.
11. Ich bin begeistert.
12. Es geht mir von Tag zu Tag und in jeder Hinsicht immer besser und besser.

Nach 30 Tagen beginnt sich die Wirkung der Autosuggestion zu entfalten, nach sechs Monaten haben sich diese Suggestionen so sehr in dein Unterbewusstsein eingebrannt, dass du gar nicht mehr anders kannst, als dich so zu fühlen – und dadurch, dass du dann genau das anziehst, was du denkst und fühlst, es schließlich auch zu sein!

Vorreiter der Autosuggestion war der französische Apotheker und Psychotherapeut Emile Coué (1857 – 1926). In seiner Arbeit stieß er auf das Phänomen der Autosuggestion. Er beobachtete, dass sie die Heilungsprozesse bei seinen Patienten förderte, besser als jede Medizin. Jahrelang zeichnete er akribisch jeden einzelnen Fall auf. Durch ihn erkannte die moderne Wissenschaft, dass Placebos funktionieren. Heute wenden Abermillionen von Menschen weltweit seine Techniken erfolgreich an. Von ihm stammt die Universal-Suggestion Nr. 12: »Es geht mir von Tag zu Tag und in jeder Hinsicht immer besser.«

Visualisierung

Diese Technik ist vor allen Dingen im Spitzensport weit verbreitet und ich selbst habe bei der Zusammenarbeit mit zahlreichen Spitzensportlern damit überragende Erfolge erzielt. (Ich trainierte unter anderem Christoph Daum und seine Mannschaft Bayer 07 Leverkusen mit den damaligen Spielern Michael Ballack, Ze Roberto, Emerson, Oliver Neuville, Jens Nowotny etc., die 400-Meter-Hallenweltmeisterin Grit Breuer, den Skisprungweltrekordler Andy Goldberger, alle 150 deutschen Olympia-Bundestrainer zur Vorbereitung auf die Olympiade usw.)

Geh vor jedem Schlag ins Kino.

Jack Nicklaus, Golflegende

Jack Nicklaus beschreibt die mentale Vorbereitung in seinem Buch »Golf, my way« so, dass man vor jedem einzelnen Schlag diesen in der geistigen Vorstellung minutiös plant, bevor man ihn tatsächlich ausführt. Er schreibt: »Ich spiele den Putt erst dann, wenn ich vor meinem geistigen Auge sehen kann, wie der Ball ins Loch fällt.« Diese Visualisierungsroutinen werden in vielen Sportarten praktiziert. Die von mir trainierten Skirennläufer oder Bobfahrer stellten sich vor dem Startzeichen mit geschlossenen Augen die gleich zu absolvierende Fahrt geistig vor: Wie sie optimal fahren, die Kurven exakt nehmen, wie sie in ihrer Wunschzeit ins Ziel kommen, sich freuen. Sie sehen, hören und fühlen das »imaginäre Rennen« immer und immer wieder.

Der amerikanische Psychologe Dr. Charles Garfield war einmal aktiver Gewichtheber. Bei einem psychologischen Kongress in Mailand fachsimpelte er mit russischen Kollegen über Höchstleistungen und mentales Training. Sie fuhren daraufhin sofort in ein Trainingszentrum, um die Beweisführung der russischen Theorien aufzuzeigen. Garfield hatte in früheren Jahren 165 Kilogramm gedrückt, nun schaffte er mit »Ach und Krach« 135 Kilogramm. Anschließend versetzten sie Garfield in einen Zustand absoluter Entspannung. »Ich war ganz wach«, erklärte später Garfield, »aber jeder Muskel in meinem Körper war richtig schön entspannt – ich fühlte mich so wohl wie noch nie in meinem Leben.« Dann bekam er die Anweisung, sich vor seinem geistigen Auge (= Visualisierungstechnik) vorzustellen, wie die Kraft in ihm wächst und wie sie ihm hilft, das schwere Gewicht zu stemmen. Nach 40 Minuten Visualisierungstraining ließ er 165 Kilogramm auf die Drückerbank auflegen. Er stellte sich jetzt weiterhin vor, wie er die Hantelstange bewegt und sie nach oben wuchtet. Er musste diesen Kraftakt immer und immer wieder durchspielen, ihn fühlen, ihn sehen und hören. Dann ging er an die Hantel – und wuch-

tete die 165 Kilogramm nach oben. Dieses kleine Ereignis des Sport-
psychologenkongresses sorgte weltweit für Furore. Damals (1979)
war die Visualisierungstechnik noch gänzlich unbekannt.

> If you can't see the perfect shot,
> you can't play it.
>
> *Cliff Potts, Golfprofi*

Ziehe dich also bitte in den nächsten Wochen und Monaten immer
wieder einmal für einige Minuten zurück, entspanne dich im Sitzen
oder im Liegen (aber ohne einzuschlafen!) und stelle dir das positive
Endergebnis so vor, dass du dich selbst darin siehst oder mit deinen
Augen die Welt der Zukunft wahrnimmst. Je mehr du deine Sinnes-
organe durch Gedanken zuschalten kannst, also dieses Zukunfts-
ergebnis sehen, hören, riechen, schmecken, fühlen kannst, desto wir-
kungsvoller ist die Technik. Formuliere also vorher ein positives Ziel
und stelle es dir vor:

- Du lebst in einer neuen, wundervollen, harmonischen partner-
  schaftlichen Beziehung.
- Du hast Spaß und Erfolg in deiner neuen Arbeitsstelle.
- Du lebst in einem wunderbaren, neuen, noch besseren Haus.
- Du bist fit und gesund.
- Du freust dich ob deines wunderbaren Daseins.
- Dein Geschäft läuft wie »geschmiert« und macht Supergewinne.
- Du hast viel Geld und kannst das Leben genießen.

Mentale Suggestions-CDs

Diese Technik ist bereits über 3000 Jahre alt und entstand in Ägypten, dort bekannt geworden als »ägyptischer Tempelschlaf«: Kranke
Ägypter kamen abends in die Tempel, erklärten den Priestern ihre Beschwerden und Krankheiten und legten sich schlafen. Nachts kamen
die Priester und beflüsterten jeden Kranken für eine bestimmte Zeit
mit positiven Suggestionen. Und viele Wunder geschahen: Die Patienten wurden rascher wieder gesund oder überhaupt wieder gesund!

Heute brauchst du keinen persönlichen ägyptischen Priester mehr anzustellen, sondern die moderne Technik übernimmt das »Einflüstern«.

Dein Unterbewusstsein schläft nämlich nie. Auch wenn du schläfst, ist dein Unterbewusstsein offen und arbeitet weiter. Die Ohren sind immer auf Empfang geschaltet. Wenn dies nicht so wäre, würdest du den Wecker nicht hören und registrieren können. Wenn Menschen an – auch nachts – stark befahrenen Straßen wohnen, dann schlafen sie meist wundervoll und ruhig die Nacht durch, obwohl tonnenschwere LKWs an ihrem Haus vorbeidonnern. Wenn aber das neugeborene Baby auch nur das kleinste »Geräusch« von sich gibt, sind Mama und Papa hellwach und in der gleichen Sekunde fürsorglich bei ihrem Kleinen.

Bitte beantworte die folgende Frage:

Was für ein Begriff fällt dir spontan ein zum Wort »Freitag«?

Der Münchener Anästhesist, Dr. Dirk Schwender, stellte fest, dass Patienten, wenn er ihnen bei der Operation die Geschichte von Robinson Crusoe erzählte, nach der Operation, wenn sie wieder vollkommen wach waren, auf das Stichwort »Freitag« spontan: »Robinson Crusoe« antworteten ... Andere Patienten konnten nach einer Operation mit Vollnarkose unter Hypnose Witze oder blöde Sprüche des OP-Teams wiedergeben. Dies ging sogar so weit, dass ein Patient den Arzt zitieren konnte, der den Patienten während der Operation als »fett und schwabbelig« bezeichnet hatte ...

Irena Gondek von der John Hopkins Universität (Maryland) hat mittels Elektroden die Hirnaktivitäten von Schlafenden untersucht und festgestellt, dass nicht nur das Hörzentrum aktiviert ist, sondern auch die Stirnlappen »zugeschaltet« sind. Und dieser Bereich ist zuständig im Gehirn für die Verarbeitung von Sinneseindrücken!

Jetzt zur Praxis: Besorge dir entsprechende mentale Suggestions-CDs. Dazu einen passenden CD-Player. Stelle ihn in der Nähe deines Bettes auf und abends kurz vor dem Einschlafen drückst du den Startknopf. Die Lautstärke darf ganz leise sein, gerade eben so, dass du noch etwas hören kannst. Die meisten mentalen CDs sind so aufgebaut, dass eine Entspannungsmusik (60 Schläge pro Minute führen schneller in den entspannten Zustand) ertönt und die Stimme des

Sprechers gleichmäßig und beruhigend ist. Wenn du diese CDs 21 Tage lang gehört hast, wirst du bereits nach wenigen Sekunden, wenn du den Startknopf betätigt hast, tief und fest schlafen. Doch nochmals: Dein Ohr schläft nie, die darin enthaltenen positiven Suggestionen dringen tief in dein Unterbewusstsein und sorgen für eine positive Neuprogrammierung. Es gibt CDs unterschiedlicher Anbieter auf dem Markt. Falls du eine spezielle zum Lösen von Problemen möchtest, empfehle ich dir meine eigene: »Frei von Problemen« (erhältlich im Shop unter www.juergenhoeller.de). Höre die gleiche CD sechs Monate lang, dann ist eine neue Gewohnheit als Programmierung deiner neuronalen Verbindungen im Gehirn entstanden – sie wird dich automatisch in deinem Leben unterstützen.

Ich habe einige Mental-CDs entwickelt, die du bei uns bestellen kannst:
Tel. 0049-9723-9370950 oder per E-Mail: info@juergenhoeller.de

Powerstorming

Diese Methode betrifft die praktische Umsetzung im Teil 2 des Buches.

Teil II
Praktischer Ratgeber
zur Umsetzung

Der Kampf

Kämpfen, kämpfen, immer Kampf.
Mit eisenhartem Willen,
leben wir den Lebenskampf.

Vorgaben erreichen, nur nicht verlieren,
niemals weichen, immer siegen.
Das Ziel, so leuchtend groß und hell,
müssen wir erreichen, möglichst schnell.

Doch oft erkennen wir entsetzt,
es geht nicht mehr weiter, wir stecken fest.
Durch zu viel Willen und Kampf,
letztendlich gelähmt und verkrampft.

Ja, gib dein Bestes und dabei lass los,
denn nur dann bist du wahrhaft grandios.
Hab Spaß und Freude ganz viel,
sei Kind, sieh deine Arbeit als Spiel.

Denn nur wer das tut, was er auch liebt,
vertrauensvoll loslässt und doch alles gibt,
immer weitermacht, nie aufgibt, niemals, nie,
lebt mit seiner göttlichen Aufgabe in Harmonie.

Kapitel 7
Powerstorming

Unsere größte Schwäche liegt im Aufgeben.
Der sicherste Weg zum Erfolg ist,
es doch noch einmal zu versuchen.

Thomas A. Edison

Bevor wir zur praktischen Umsetzung des Powerstormings kommen, noch ein wichtiger Gedanke: Es ist jetzt von eminenter Bedeutung, dass du von deiner Denkweise »Ich habe ein Problem, ich habe eine Krise« in die Denkweise »Ich erschaffe etwas Neues!«, »Ich kreiere etwas Besseres!« gelangst.

Ich hatte im ersten Teil des Buches das Ziel, dass du über deine Vergangenheit und Gegenwart einmal gründlich nachdenkst. Doch jetzt möchte ich dich dazu bringen, dass du mehr an deine Zukunft denkst, dass du dir, so wie es Viktor E. Frankl beschrieb, Ziele für die Zukunft setzt.

> Höre auf **nach**-zudenken
> und beginne **vor**-zudenken.

Alles, was in dieser Welt existiert, wurde zweimal geschaffen: zuerst geistig, dann real! Und in der Metaphysik wurde erkannt, dass **jeder Gedanke die Tendenz hat, sich zu verwirklichen! Am Anfang jeder Tat steht die Idee!**

Es ist jetzt Zeit, dass du nicht nur fleißig bist und aktiv wirst, sondern zuerst einmal darüber nachdenkst, wohin du möchtest, ansonsten handelst du möglicherweise nach dem Motto: »Wir wissen zwar nicht wohin wir wollen – aber dafür mit ganzer Kraft ...«

> Der Mensch ist ein zielstrebiges Wesen,
> aber meistens strebt er zu viel –
> und zielt zu wenig.
>
> *Günter Radtke*

Das Problem definieren

Lies dir zunächst einmal den Rest des Kapitels durch, am Ende des Kapitels erhältst du eine Zusammenfassung und kannst diesen Prozess in Ruhe durchführen. Nimm dir dann einen Packen leeres Papier sowie zwei schreibbereite Stifte und beginne den Prozess.

Schreibe dir auf ein Blatt Papier dein derzeit größtes Problem auf.

Beispiel: Ich habe derzeit 100 000 Euro Schulden und die fressen mich auf!

Das Problem in ein positives Ziel umformulieren

Formuliere jetzt dein Problem in ein Ziel um. Dies bringt dich vom Nach-denken zum Vor-denken, vom Negativen zum Positiven, von den abbauenden zu den aufbauenden Kräften.

Beispiel: Dein Problem lautet: »Ich habe derzeit 100 000 Euro Schulden und die fressen mich auf!«

Das positive Ziel lautet z. B.: »Im Jahr (Termin einsetzen) besitze ich ein Nettovermögen von 100 000 Euro.«

Vielleicht bist du ein klein wenig irritiert ob dieser Vorgehensweise, aber ich verspreche dir, sie ist **äußerst wirkungsvoll**! Es ist ein vollkommen neuer Denkansatz. Denke immer an das vorhergehende Kapitel und sei ein wenig **verrückt** ...

Problem	Positive Zielformulierung
Unsere Beziehung kriselt ein wenig.	Ab 1. März habe ich einen Tag pro Woche Zeit nur für meinen Partner und einen Tag für die ganze Familie.
Ich fühle mich leer und ausgelaugt.	Ich mache ab 1. Mai 3 × pro Woche Sport, gehe 1 × pro Woche mit meinen Freunden aus und nehme 1 $^1/_2$ Tage pro Woche frei – nur für mich.
Mein Geschäft erwirtschaftet Minus, wenn es so weitergeht, bin ich bald pleite.	Mein Geschäft macht im Jahr 2010 einen Jahresgewinn in Höhe von 100 000 Euro.
Ich bin so faul und unsportlich.	Im Oktober 2012 laufe ich den Berliner Marathon unter fünf Stunden.
Ich bin zu fett und muss abnehmen.	Am 31.12.2012 wiege ich 82 kg.

Das Ziel als Frage formulieren

Dein Gehirn ist ein wunderbares Instrument: Auf die entsprechende Frage, die du ihm eingibst, spuckt es automatisch die passende Antwort aus. Leider neigen wir häufig dazu, die »Warum-Frage« zu stellen, die vergangenheitsorientiert ist und meist dahin führt, die Frage zu klären:

»Und wer hat an dieser Situation Schuld?«

Aber das spielt keine Rolle mehr – es ist die Vergangenheit. Das Einzige, was jetzt wichtig ist und für dich zählt, ist die Frage:

»Wie kann ich diese Situation verbessern?«

Und das setzen wir mit in die Zukunft weisenden Fragewörtern um (Wie? Was? Welche?). Sobald du Fragen mit diesen Fragewörtern beginnst, fängt dein Gehirn an, zukunftsgerichtet zu denken, und spuckt die gewünschten Antworten aus.

> Du erhältst auf die richtigen Fragen
> automatisch die richtigen Antworten!

Beispiele:
- Was kann ich tun, damit ich im Jahr (Termin einsetzen) 100 000 Euro Nettovermögen besitze?
- Welche Möglichkeiten gibt es, dass ich im Jahr (Termin einsetzen) 100 000 Euro Nettovermögen besitze?
- Wie kann ich vorgehen, um im Jahr (Termin einsetzen) 100 000 Euro Nettovermögen zu besitzen?

Bei der Zielformulierung bitte ich dich, ein paar wichtige Dinge zu beachten.

Messbar machen

Ziele wirken immer über das Unterbewusstsein. Nur wenn dein Unterbewusstsein klar weiß, was du willst, und du dir dein Endziel immer wieder vorstellst, wird es zu einem automatischen Zielprogramm und dein Unterbewusstsein wird wie ein Autopilot für dich aktiv. In meinen Seminaren fällt es den Teilnehmern oft schwer, ein klar messbares Ziel zu formulieren. Stell dir einfach folgende Frage:

Woran könnte ich feststellen, dass ich mein Ziel erreicht habe?

Hier ein paar Beispiele:

Negativ	Positiv
Ich möchte abnehmen.	Ab Dezember (gewünschten Termin einsetzen) wiege ich 80 Kilogramm.
Ich möchte mehr Geld verdienen.	Im Jahr (gewünschten Termin einsetzen) verdiene ich 80 000 Euro netto.

Ich brauche mehr Kunden.	Ich gewinne jedes Jahr 25 neue Kunden hinzu.
Ich möchte mehr Zeit mit meinem Partner verbringen.	Ab März dieses Jahres verbringe ich einen Abend pro Woche allein mit meinem Partner.
Ich möchte mehr für meine Kinder da sein.	Ab Januar nächsten Jahres verbringe ich einen kompletten Tag pro Woche mit meinen Kindern mit Spiel und Spaß.

Kurz halten

Ziele werden in maximal fünf bis zehn Worten formuliert. Alles, was darüber hinausgeht, bezeichne ich in meinen Seminaren immer als »Laberrhabarber«. Wenn du die obigen positiven Zielformulierungen in der Tabelle ansiehst, stellst du genau diese Anzahl von Worten fest.

Terminieren

Ich habe einmal irgendwo gelesen, dass ein Ziel ein Wunsch mit einem Termin sei. Unser Unterbewusstsein will wissen, bis wann und in welcher Geschwindigkeit es für uns tätig werden soll. Es ist ein gehöriger Unterschied ob ich ein doppeltes Einkommen in einem Jahr oder in zehn Jahren erreichen möchte. Dementsprechend fällt die Planung (die ja noch in diesem Kapitel kommt) vollkommen unterschiedlich aus.

Gegenwartsform

In meinen Seminaren mache ich immer ein faszinierendes Experiment, indem ich die Ziele in der Zukunftsform formulieren lasse (ich werde ..., ich will ..., ich möchte ...). Dann machen wir einen körperlichen Krafttest mit dem Ergebnis, dass die Energie mit bis zu 90 Prozent bei solchen Formulierungen in der Zukunftsform verloren geht. Dann formulieren wir die Ziele richtig in der Gegenwartsform:

- Im Dezember 2009 habe ich das und das.
- Im Dezember 2009 mache ich das und das.

Und beim gleichen Krafttest ist plötzlich die Energie um
90 Prozent höher.

Ziele positiv formulieren

Viele Menschen, gerade wenn sie Probleme haben oder an Krisen
leiden, formulieren »Weg-von-Ziele«, also Ziele weg von der Angst,
weg vom Schmerz:

- Ich will nicht mehr arm sein.
- Ich will nicht mehr pleite sein.
- Ich will nicht mehr allein sein.
- Ich will nicht mehr krank sein.

Schließe einmal die Augen und denke auf keinen Fall an den Eiffelturm in Paris.

Auch wenn du die Übung ausgelassen hast (ich kenne meine Pap-
penheimer ...), hast du trotzdem an den Eiffelturm in Paris gedacht
und ihn dir vorgestellt. Unser Gehirn denkt ausschließlich in Bildern
und muss die verbale Kommunikation und jeden Gedanken in Bilder
umsetzen. Das Wörtchen »nicht« existiert deshalb in der Vorstellung
unseres Gehirns nicht. Formuliere immer positive »Hin-zu-Ziele«.

- Ich bin selbstständig im Januar 2010.
- Ich habe 100 000 Euro Vermögen im Dezember 2012.
- Ich mache meinen Führerschein im Juli 2011.

Etappenziele festlegen

Wenn ich dich jetzt frage, ob du bereit bist, morgen mit mir 2000
Kilometer zu Fuß nach Moskau zu laufen – was würdest du antworten? Möglicherweise »Ja«, wenn du ein guter Hobbyläufer bist. In meinen Seminaren bleiben bei dieser Frage 90 Prozent der Hände unten.

Dann stelle ich die Frage anders: »Wir haben 100 Tage frei und laufen in der Gruppe täglich 20 Kilometer, eingeteilt in vier 75-Minuten-

Blöcke à fünf Kilometer, unterbrochen jeweils von einer schönen Pause, wir unterhalten uns, lernen Biergärten kennen, übernachten in tollen Hotels – wer würde sich das zutrauen?« Da gehen fast 100 Prozent der Hände nach oben...

Das Ziel »2000 Kilometer nach Moskau laufen« ist immer noch das gleiche geblieben – lediglich der Termin in unserer Vorstellung hat sich geändert.

> Die meisten Menschen überschätzen, was sie kurzfristig, und unterschätzen, was sie langfristig erreichen können.
>
> *Bodo Schäfer*

Brainstorming

Hier kommt das dir sicher schon bekannte »Brainstorming«. Das bedeutet, dass du dir jetzt so viele Antworten und Möglichkeiten überlegst, bis du mindestens 25 gefunden hast. Beim Brainstorming darfst du nichts bewerten; alles, was dir einfällt, schreibst du auf. Diese Antworten können verrückt sein oder auch nicht; sie mögen umsetzbar sein oder auch nicht; aber manchmal hilft dir eine verrückte, nicht umsetzbare Antwort dabei, auf eine vollkommen neue, praktikable Idee zu kommen. Dies liegt an der wunderbaren Fähigkeit des Gehirns, kreativ Neues zu entwickeln.

Stell dir beispielsweise Folgendes vor: Die Tür deines Zimmers geht auf und es läuft ein kleiner rosafarbener Elefant mit zwei Flügelchen herein, schaut dich an und beginnt, mit seinen Flügelchen im Raum herumzufliegen. Kannst du dir diesen kleinen, rosafarbenen, fliegenden Elefanten vor deinem geistigen Auge vorstellen? Nun, nur zu deiner Information: Es gibt keine kleinen rosafarbenen Elefanten, die Flügelchen haben und fliegen ...

Aber: In deinem Gehirn gibt es Speicherungen für Elefanten, Speicherungen für Rosafarbenes, Speicherungen fürs Fliegen. Und aus diesen verschiedenen Elementen »bastelt« dein Gehirn kreativ etwas Neues zusammen, das es in dieser Form gar nicht gibt. Und deshalb sind bei einem Brainstorming verrückte Antworten oft besonders gut, weil sie uns – in Zusammenarbeit mit dem vorhandenen Wissen und Erfahrungen – helfen, etwas Neues, Kreatives zu entwickeln (und du willst ja andere, neue Wege gehen, denn die bisherigen haben dazu geführt, dass du ein Problem hast oder in der Krise bist.).

Erstelle jetzt auf einem extra Blatt Papier dein Brainstorming, bis du mindestens 25 Antworten gefunden hast – vorher darfst du nicht aufhören; wenn du noch mehr findest, ist es optimal!

Die fünf besten Antworten auswählen

Wähle jetzt aus allen Antworten (mindestens 25!!!) die fünf erfolgversprechendsten aus und schreibe sie als »Ideen-Hitliste« auf ein neues Blatt Papier. Dadurch konzentrierst du dich nur auf die besten und aussichtsreichsten Ideen und läufst nicht Gefahr, dich zu verzetteln.

Allerbeste Idee auswählen

Du nimmst nun wiederum ein neues Blatt Papier und schreibst dort von deiner Hitliste die beste und erfolgversprechendste Idee nieder.

Allerbeste Idee als Frage formulieren

Diese Idee formulierst du nun wiederum als Frage, natürlich beginnend mit den drei Zauberfragewörtern:

- **Wie** kann ich vorgehen ...?
- **Welche** Möglichkeiten gibt es ...?
- **Was** kann ich tun ...?

Erneutes Brainstorming

Jetzt schreibst du für diese Frage wieder möglichst viele Antworten auf. Du wirst vermutlich jetzt keine 25 Ideen mehr haben, aber mindestens fünf musst du finden.

Solltest du mehr als fünf gefunden haben, nimmst du jetzt ein neues Blatt Papier, wählst wiederum die fünf besten aus und schreibst sie dort auf.

Handlungsplan erstellen

Zu diesen fünf Ideen überlegst du nun: Was, wie, mit wem, wann usw. Erstelle also einen **genauen** Handlungsplan!

Handlungsplan auch für die zweit- bis fünftbeste Idee erstellen

Aus deiner ursprünglichen »Ideenliste« hast du ja bis jetzt nur die beste komplett zu einem Handlungsplan durchstrukturiert. Deshalb machst du nun das Gleiche mit der zweitbesten, drittbesten, viertbesten und fünftbesten Antwort.

Das Powerstorming funktioniert übrigens hervorragend in der Gruppe. Dabei sein sollten mindestens drei und maximal acht Personen (bei mehr als acht Teilnehmern ist es nur noch wildes Durcheinanderquatschen). Beim Powerstorming in der Gruppe ist entscheidend, dass beim Teil des Brainstormings keiner eine Idee des anderen be- oder abwertet (»Geht doch nicht!«, »Ist doch Quatsch!«, »Undurchführbar!«, »Unbezahlbar!« etc.). Das **tötet jede** Kreativität, besonders wenn die Bewertung vom Chef kommt. Und häufig ist es so, dass die »ver-rückte« Idee eines Brainstorming-Teilnehmers (die in der Praxis vielleicht wirklich undurchführbar ist) einen anderen Teilnehmer dazu animiert – in Verbindung mit seinem gespeicherten Wissen –, eine vollkommen neue, kreative und in der Praxis durchführbare Idee zu entwickeln.

Der gesamte Powerstorming-Prozess auf einen Blick

Erfolg buchstabiert man T – U – N

1. Schreibe dein derzeit größtes Problem auf:

_____

_____

_____

_____

_____

2. Formuliere dein Problem als positives Ziel neu!

_____

_____

_____

3. Formuliere dein Ziel als Frage:

Was kann ich tun:

_____

_____

Welche Möglichkeiten gibt es:

_____

_____

Wie kann ich vorgehen:

_____

_____

_____

4. Brainstorming: Finde mindestens 25 Lösungsmöglichkeiten:
   1. _____
   2. _____
   3. _____
   4. _____
   5. _____
   6.. _____
   7. _____
   8. _____
   9. _____
   10. _____
   11. _____
   12. _____
   13. _____
   14. _____
   15. _____

16. _____
17. _____
18. _____
19. _____
20. _____
21. _____
22. _____
23. _____
24. _____
25. _____

5. Wähle aus dem Brainstorming die fünf besten Möglichkeiten aus:
   1. _____
   2. _____
   3. _____
   4. _____
   5. _____

6. Jetzt starte mit der besten Idee und schreibe sie nochmals hier auf:

   _____
   _____
   _____

7. Diese Idee jetzt wieder als Frage formulieren:
   Was kann ich tun:

   _____
   _____
   _____

   Welche Möglichkeiten gibt es:

   _____
   _____
   _____

   Wie kann ich vorgehen:

   _____
   _____

8. Erneutes Brainstorming durchführen (mindestens fünf Antworten finden)!

    1. _____
    2. _____
    3. _____
    4. _____
    5. _____
    6.. _____
    7. _____
    8. _____
    9. _____
    10. _____

9. Maximal die fünf besten Antworten auswählen und aufschreiben:

    1. _____
    2. _____
    3. _____
    4. _____
    5. _____

10. Erstelle jetzt einen Handlungsplan: Was, wer, wie, bis wann, etc.

    _____
    _____
    _____
    _____
    _____
    _____
    _____
    _____
    _____
    _____
    _____
    _____
    _____

11. Führe die Aufgaben 6 bis 10 jetzt bitte auch für die zweit-, dritt-, viert- und fünftbeste Antwort aus der Aufgabe 5 durch.

Kapitel 8
Berufliche und geschäftliche Krisen lösen

Unser Beruf, ob wir nun angestellt oder selbstständig tätig sind, ist einer der fünf Hauptsäulen unseres Lebens (Beruf, Finanzen, Gesundheit, Beziehungen, Persönlichkeit) und einer der wichtigsten überhaupt. Denn selbst ein »normaler« Berufstätiger verbringt die Hälfte seiner wachen Lebenszeit in und mit seinem Beruf, eine Führungskraft oder ein Selbstständiger sogar bis zu Dreiviertel. Wenn uns dieser Beruf nun mehr Frust als Lust, mehr Demotivation als Motivation, mehr Niederlagen als Erfolge einbringt, dann ist es leicht verständlich, dass oft auch die anderen Bereiche in Mitleidenschaft gezogen werden. Natürlich ist der Beruf nicht alles – aber es ist schwer vorstellbar, gerade eben eine Pleite hinzulegen und sich dabei wunschlos glücklich zu fühlen (glaube mir, ich weiß wovon ich spreche ...). Wenn du im beruflichen/geschäftlichen Bereich eine Krise zu durchstehen hast (als Angestellter entlassen oder kurz vor der Entlassung – als Selbstständiger pleite oder kurz vor der Pleite stehend), könnte dies etwas damit zu tun haben, dass du bisher deine »Aufgabe« noch gar nicht richtig gelebt hast. Oder es wird Zeit, zu neuen Ufern aufzubrechen und eine neue Aufgabe, eine neue Berufung anzunehmen.

Eine weitere wichtige Frage, bevor wir zur praktischen Umsetzung übergehen, ist die, ob deine Glaubenssätze in Bezug auf den beruflichen Erfolg positiv sind. Stelle dir einmal folgende Fragen und denke darüber nach:

- **Bin ich es überhaupt wert, absolut erfolgreich zu sein?**
- **Verdiene ich überhaupt überragenden Erfolg?**

Bitte gehe nicht über diese Fragen zu schnell hinweg, sondern denke in Ruhe darüber nach.

JA! Jürgen Höller
Copyright © 2009 WILEY-VCH Verlag GmbH & Co. KGaA, Weinheim
ISBN 978-3-527-50463-3

Ich meine jetzt nicht ein »bisschen« Erfolg. Ich meine überragenden, großartigen Erfolg, außerordentlichen, absoluten Erfolg! Wie steht's damit? Kannst du das, hast du das verdient?

Ich hatte zum Beispiel den Glaubenssatz, dass ich zwar erfolgreich sein kann, aber nicht den absoluten Erfolg verdient habe. Und sobald ich diesem näher kam, torpedierte mein begrenzender innerer Glaubenssatz das weitere Wachstum und ich »fiel hinten runter«. Dann konnte ich wieder erfolgreich sein, aber kurz vor dem absoluten Spitzenerfolg kippte ich wieder weg. Das Spiel geht dann entweder immer so weiter – oder ich verändere meinen Glaubenssatz. Und genau deshalb nimmt die Veränderung von negativen Glaubenssätzen ins Positive in meinen Lifing-Seminaren auch so einen breiten Raum ein.

Berufliche Krise

Ein prominenter Fußballtrainer befindet sich mit seiner Mannschaft im Trainingslager. Im Frühstücksraum liest er die Zeitung und ruft amüsiert: »Jungs, habt ihr heute schon die blöde Zeitung gelesen? Das ist total lächerlich. Da steht, unsere Mannschaft hätte sich von ihrem langjährigen Trainer getrennt. Hahaha. Habt ihr gehört, Jungs? Jungs?? Juuunnngs???«

Eine der größten beruflichen Krisen, die jemand erleben kann, ist wohl die Entlassung. Wissenschaftler haben festgestellt, dass es nur ganz wenige Krisen gibt, die uns so tief erschüttern wie diese (außer einer schweren, lebensbedrohlichen Krankheit, dem Verlust eines nahen Angehörigen oder der Beendigung einer Beziehung). Mit unserem beruflichen Erfolg ist unser gesamtes Selbstwertgefühl gekoppelt. Entlassen zu werden übersetzen wir mit: »Ich bin nichts mehr wert.«, »Ich bin überflüssig.«, »Ich habe Fähigkeiten, die nicht gefragt sind.«, »Ich bin schlecht.«, »Ich bin ungenügend.«

Arbeit macht entweder Spaß oder krank.

Reinhard K. Sprenger

Wenn du deinen Job verloren hast, dann mach dir bitte Folgendes bewusst:

- Jeder Mensch hat einen einmaligen Fingerabdruck, den nur er besitzt.
- Jeder Mensch hat eine einzigartige Stimme, die ihm jederzeit zuzuordnen ist.
- Jeder Mensch hat eine einzigartige DNA/DNS-Struktur.
- Jeder Mensch hat ein einzigartiges Aussehen.
- Wenn aber jeder Mensch von der Kraft, die uns erschaffen hat (ich nenne sie Gott), etwas besitzt – dann sei versichert, hast du auch einmalige, einzigartige Talente und Begabungen.

Überprüfe bitte, ob du deine **wahren** Talente und Begabungen bisher überhaupt schon ausleben konntest.

- Möglicherweise hast du einen Beruf ausgeübt, weil es dich zufällig nach Schulabschluss dorthin verschlagen hat?
- Möglicherweise bist du bisher einer Tätigkeit nachgegangen, weil dies ursprünglich deine Eltern wollten?
- Vielleicht hast du gearbeitet, weil du immer auf »Nummer sicher« gehen wolltest, und hast es deshalb »nur« für Geld getan?

Aber selbst wenn du deinen Job verloren hast – was soll's? Gute Leute finden jederzeit wieder einen neuen Job! Auch als wir über fünf Millionen Arbeitslose hatten, gab es ständig genügend neue Stellen. Laut Statistik des Bundesarbeitsministeriums gibt es in der Bundesrepublik Deutschland jährlich fünf Millionen neue Stellen! Wenn du das nicht glauben kannst, dann berücksichtige bitte:

- Mitarbeiter gehen in den Ruhestand.
- Mitarbeiter werden entlassen.
- Mitarbeiter kündigen.
- Mitarbeiter werden krank.
- Mitarbeiter ziehen um.
- Mitarbeiter werden schwanger.
- Mitarbeiter werden befördert.

- Mitarbeiter wechseln zu anderen Unternehmen.
- Mitarbeiter sterben.

Noch gar nicht berücksichtigt sind dabei die Stellen, die jedes Jahr – auch in Deutschland – außerdem neu geschaffen werden. Glaubst du jetzt, dass es jährlich fünf Millionen neu zu besetzende Stellen gibt? Die meisten Menschen, die einen Job suchen, entscheiden sich in der Regel für eine der folgenden vier Möglichkeiten:

1. Sie melden sich beim Arbeitsamt (oder bei privaten Arbeitsvermittlungen). Aber: Praktisch alle Firmeninhaber, die ich kenne, melden ihre offenen Stellen zum Beispiel **nicht** bei der »Bundesagentur für Arbeit«. Grund ist, dass diese Unternehmer nicht gerade die besten Erfahrungen damit gemacht haben. Meistens kommen Bewerber mit der Bitte: »Ich suche eigentlich gar keinen Job. Könnten Sie hier mal unterschreiben, dass ich da war.« Und auch die Mitarbeiter der »Bundesagentur für Arbeit« sind in Unternehmerkreisen nicht als besonders motiviert und kreativ »verschrien« ...
2. Sie lesen die Stellenanzeigen in den Tageszeitungen und schicken Bewerbungen. Etwas besser stehen die Chancen bei der Stellensuche mithilfe der örtlichen Presse schon, aber auch hier werden nur die Firmen inserieren, die zuvor auf anderen Wegen keinen Erfolg hatten.
3. Sie suchen im Internet nach offenen Stellen.
4. Sie verschicken auf schriftlichem Wege »kalte« Bewerbungen an alle möglichen Firmen.

Alle vier Methoden sind jedoch meiner Erfahrung nach absoluter Blödsinn! Statistisch gesehen wird nur ein Bewerber von 50 schließlich eingestellt, das heißt: Bei den Methoden eins bis vier gibt es eine Erfolgsquote von nur 2 Prozent.

Oder anders ausgedrückt: Statistisch gesehen musste in der Vergangenheit jeder Jobsuchende 50 Bewerbungen schreiben, um eine neue Stelle zu finden! Doch die allermeisten geben bei der 15. oder 20. Bewerbung frustriert und entnervt auf. Wie aber nun kannst du vorgehen, um einen neuen, besseren Job zu finden?

Sich über sich selbst klar werden

Zunächst einmal werde dir, wie schon beschrieben, darüber klar, **was** du überhaupt willst!

Was erwartet der Arbeitgeber?

Stelle dir die Frage: »Was will ein Arbeitgeber von einem neuen Mitarbeiter?« Hier ein paar Antworten: höchsten Einsatz, überdurchschnittlichen Fleiß, hohe Kreativität, Übernahme von Verantwortung, Zuverlässigkeit, Pünktlichkeit, keine zu hohen Gehaltsforderungen, Genauigkeit, effektive Ergebnisse etc.
Das Wichtigste ist dabei zunächst einmal der Einsatz, der Fleiß.

Ein Mann will in einem Hotel einen neuen Job beginnen, muss jedoch länger als eine Stunde auf das Vorstellungsgespräch mit dem Hoteldirektor in der Hotellobby warten. Als der Direktor schließlich Zeit für ihn hat und ihn in der Lobby begrüßt, hat der Mann bereits die Aschenbecher geleert und gesäubert, alle Tische geputzt, die Zeitungen sortiert und die ausliegenden Prospekte in Form gebracht. Kannst du dir vorstellen, dass der Hoteldirektor nun mit wesentlich größerem Interesse das Bewerbungsgespräch führen wird?

An ihren Früchten sollt ihr sie erkennen.
Matthäus 7,16

Gib also dein Bestes!

Nach dem Motto:

Erst geben, dann nehmen!

Menschen nach Job fragen

Frage deine Freunde, Bekannten, Nachbarn etc.: Je mehr Menschen darüber informiert sind, dass du einen Job suchst, desto mehr Menschen können für dich tätig sein. Eine unserer Mitarbeiterinnen hatte ursprünglich eine tolle Position bei einem Weltkonzern. Aus privaten Beziehungsgründen zog sie nach Schweinfurt – und suchte einen Job. Durch ihre Freundin, die gleichzeitig unsere Nachbarin ist, erfuhren wir von ihr (weil wir uns darüber unterhielten, dass wir dringend jemanden fürs Büro suchen). Innerhalb kürzester Zeit arbeitete sie für uns.

Ich konnte es auch nicht glauben, aber weit mehr als ein Drittel aller neuen Jobs werden mit dieser Methode gefunden und besetzt.

Telefon-Marketing

Informiere dich, welche Firmen die Art von Arbeit anbieten, die du gerne und gut ausführen kannst und möchtest. Dann überlege dir, welche besonderen Fähigkeiten du für diese Firma erbringen kannst. Rufe dort an und lasse dich mit dem Inhaber oder Geschäftsführer verbinden. Gehe folgendermaßen vor: Sage ihm, dass du fest davon überzeugt bist, seinem Unternehmen als Mitarbeiter bei der Erreichung seiner Ziele außerordentlich gut helfen zu können. Du bittest um ein persönliches Gespräch von maximal fünf Minuten Dauer (Führungskräfte haben keine Zeit und einen Horror vor jedem »Zeitdieb«). Sage dem Verantwortlichen, dass du einen Wecker dabei hast, diesen auf den Tisch stellst und ihn nach exakt fünf Minuten klingeln lassen wirst. Dein Gesprächspartner entscheidet dann, ob er das Gespräch mit dir fortsetzen will oder nicht. Diese Vorgehensweise ist ungewöhnlich und originell – und allein das macht dich schon einmalig und interessant! Je mehr Firmen du anrufst, desto größer wird die Wahrscheinlichkeit, zu einem Gespräch eingeladen zu werden. Je mehr Gespräche du hast, desto größer ist die Wahrscheinlichkeit, den neuen, richtigen Job zu finden.

Kaltakquise

Gehe direkt in die Firmen hinein, ohne dich vorher telefonisch anzumelden. Bitte dort um ein Drei-Minuten-Gespräch mit dem Geschäftsführer/Inhaber/Personalleiter und weise darauf hin, dass du fest davon überzeugt bist, dass derjenige (am besten vorher telefonisch nach dem Namen des Zuständigen erkundigen ...) später sehr dankbar dafür sein wird, dass man dich zu ihm vorgelassen hat. Denn du hast außergewöhnliche Fähigkeiten und Möglichkeiten, die du sehr gut für das Wohl dieser Firma einsetzen willst und kannst.

> Es gibt keine Misserfolge, nur Resultate, aus denen wir lernen können.

Das Vorstellungsgespräch

> Du hast keine zweite Chance für den ersten Eindruck!

Im Focus 2/2008 schrieb Hans-Rudolf Wöhrl ein Essay mit dem Titel: »Benehmen fördert das Business«. Wöhrl wurde 1947 in Nürnberg geboren, ist seit 1984 mit der CDU/CSU-Bundestagsabgeordneten Dagmar Wöhrl verheiratet. Nach einer Kaufmannslehre arbeitete er ab 1970 im Bekleidungsunternehmen seiner Eltern, das er später als Unternehmensleiter erfolgreich ausbaute.

2003 übernahm Wöhrl die defizitäre Deutsche BA (später DBA), verkaufte dieses 2006 wieder profitabel arbeitende Unternehmen für 120 Millionen Euro an Air Berlin. Er schrieb:

»Vor vielen Jahren, Anfang der 70er, ich war gerade mit dem Bereich Personal beauftragt worden, stellte sich ein etwa 25-jähriger Mann für den Bereich EDV bei mir vor. Er machte auf mich den Eindruck, dass er an diesem Job, auf den er sich auf Geheiß des Arbeitsamtes bewerben musste, überhaupt nicht interessiert war. Also fragte ich ihn, warum er so vergammelt zu einem Vorstellungsgespräch käme. Seine Antwort passte für die damalige Zeit: »So bin ich eben – und wenn ein Arbeitgeber mich haben will, dann muss er mich so nehmen, wie ich bin!« Obwohl ich etwa gleich alt war, habe ich ihn nicht eingestellt. Warum? Mich überkam plötzlich das Gefühl, dass die Ehrlichkeit seiner Aussage bewundernswert war, er aber mit dieser Aussage auch klargemacht hat, dass er sich wohl niemals als Teil eines Teams verstehen wird. Recht hatte ich, denn in den nächsten drei Jahren hatte er nicht weniger als vier Fehlversuche in anderen Unternehmen. Alle nicht wegen fachlicher Qualifikation, sondern wegen Störung des Betriebsfriedens«, so weit Rudolf Wöhl.

Deshalb habe ich eine ganze Reihe von Tipps aufgeführt, die den Erfolg bei einem Vorstellungsgespräch gewährleisten werden:

a) **Einen guten ersten Eindruck machen:** 90 Prozent des ersten Eindrucks werden über die Kleidung erzielt. Hier als Kurzzusammenfassung die optimale Businesskleidung:
Frau: dunkles Kostüm oder Hosenanzug – nicht zu sexy, also kein zu knapper Rock (Strumpfhose Pflicht! – auch im Sommer), kein zu tiefer Ausschnitt, Schuhe weder zu flach noch zu hochhackig, auf jeden Fall geschminkt, aber nicht zu stark, Parfum verwenden, Schmuck im Rahmen erlaubt, aber: Weniger ist mehr!
Mann: dunkler Anzug, schwarzer Gürtel, schwarze Socken, schwarze Schuhe (gut geputzt!), Hemd (optimal in der Farbe Weiß – toleriert werden die Farben Hellblau und in manchen Branchen sogar ein Hellrosa), Krawatte (wichtig: die richtige Länge – deshalb die Spitze genau auf die Gürtelhöhe ausrichten).
Auch das sonstige Äußere ist wichtig: Bei Männern ist außer einer Armbanduhr, Manschettenknöpfen und einem Ehering **keinerlei** Schmuck erlaubt! Ein Ohrring (auch wenn es ein wertvoller Brillant ist ...) kann bereits das K.o.-Kriterium sein. Von sichtbaren Arm- oder Halsketten einmal ganz abgesehen.
Positive Ausstrahlung: Ein Lächeln ist die kürzeste Verbindung zwischen zwei Menschen. Die alten Chinesen hatten schon erkannt: Wer nicht lächeln kann, kann auch nicht verkaufen! Stimmt! Und bei der Vorstellung willst du ja auch etwas verkaufen – **DICH**!!!
Augenkontakt: Schaue deinem Gesprächspartner immer fest in die Augen, vor allen Dingen bei der Begrüßung. Wer dem anderen nicht in die Augen sehen kann, drückt entweder Unsicherheit aus oder hat etwas zu verbergen – beides sind keine guten Gesprächsgrundlagen ... Es gilt beim allerersten Kontakt folgender Grundsatz: Wer zuerst wegsieht, hat verloren ...
Händedruck: Er ist fest und kraftvoll. Den Gesprächspartner weder heranziehen noch wegdrücken! Beim Händedruck lächeln und fest in die Augen sehen.

b) **Nutzen für das Unternehmen:** Überlege dir gründlich, was das Unternehmen von dir will, wie du dem Unternehmen nutzen kannst, was du für besondere Fähigkeiten hast, die das Unternehmen benötigt. (Was kannst du einbringen? Welche Stärken kannst du anbieten? Etc.) Es gilt der Spruch von John F. Kennedy:»Überlegt nicht, was euer Land für euch tun kann, sondern überlegt, was ihr für euer Land tun könnt!« – Und jetzt ersetze einfach »Land« durch »Firma«.

c) **Auch Schwächen zugeben:** Wenn jemand keinerlei Schwächen besitzt (vor allem auf Nachfrage ...), ist das unglaubwürdig. Jeder Mensch hat Stärken, aber jeder Mensch hat auch Schwächen. Allerdings solltest du nicht unbedingt eine Schwäche erzählen, die deine Anstellung in jedem Fall verhindert ... »Gute« Schwächen sind zum Beispiel: Du »packst« dir manchmal zu viel auf, nimmst zu viele Aufgaben an. Oder: Wenn du etwas machst, das dich begeistert, kannst du auch in der Freizeit schlecht abschalten. Du bist manchmal zu ungeduldig.

d) **Hobbys:** Gern werden von Einstellungsverantwortlichen Hobbys abgefragt. Antworten wie:»Nichts!«,»Wenig!« oder »Fernsehen!« werden wenig zu deiner Einstellung beitragen. Besser sind Antworten wie:»Lesen und lernen!«,»Herausfordernde Tätigkeiten!«,»Sport!« (aber bitte keine Sportarten mit hohem Verletzungsrisiko nennen – gut sind immer Joggen, Radfahren, Fitness, Gymnastik, Schwimmen).

e) **Die richtige Mischung macht's:** Wenn du gefragt wirst, dann erzähle lebhaft und begeistert, aber auf der anderen Seite erkenne auch die Signale, wann du ruhig sein solltest, um zuzuhören. Zu sehr zurückhaltend ist ebenso schädlich bei Vorstellungsgesprächen wie zu ausführlich zu erzählen.

f) **Eigene Forderungen hintenanstellen:** Beim ersten Vorstellungsgespräch sollte man möglichst nicht zu sehr auf seine eigenen Rechte zu sprechen kommen. Ich habe es selbst erlebt, dass Menschen beim ersten Termin genau ihr Gehalt wissen wollten, ihren Urlaubsanspruch, ihre Arbeitszeit, ihre Wochenendbelastung etc. – solche Fragen machten mich immer äußerst misstrauisch ...

g) **Einstellung vorwegnehmen:** Verwende Redewendungen, die dem Entscheider suggerieren, dass du davon ausgehst, den Job zu bekommen.

Beispiele:

- Wer wäre denn mein Vorgesetzter?
- Was genau wäre meine Tätigkeit?
- Gab es schon jemanden für diese Tätigkeit?
- Was hat er/sie gut gemacht, was weniger?
- Was könnte ich besser machen?

Solche Fragen sind »hypnotische« Sprachmuster, die deinen Gesprächspartner dazu bringen, sich vorzustellen, dass du schon für die Firma tätig bist. Und durch diese Bilder sind sie im Unterbewusstsein verankert und können den Ausschlag geben, sich für dich zu entscheiden.

h) **Frage nach Weiterbildungsmöglichkeiten:** Zeige, dass du wachsen, dass du besser werden willst.

- Was kann ich noch lernen?
- Wie sieht meine Ausbildung aus?
- Gibt es innerbetriebliche Weiterbildungsmöglichkeiten?
- Was würde von mir in Zukunft erwartet werden?

i) **Probearbeit:** Biete an, dass du für einen oder auch mehrere Tage – **kostenfrei** – zur Probe arbeitest. Auf diese Weise kann sich das Unternehmen einen klaren Eindruck davon machen, wie wertvoll du für das Unternehmen sein kannst – und auch du kannst dir auf diese Weise einen Eindruck verschaffen, ob dieses Unternehmen überhaupt das richtige für dich ist.

j) **Top-Tipp: Bewerbungsunterlagen:** Wenn du kalt akquiriert hast, dann hast du keinerlei Bewerbungsunterlagen dabei, sondern schickst sie nach dem Vorstellungsgespräch ab. Dies gibt dir die Gelegenheit, in deinen Bewerbungsunterlagen noch die eine oder andere Information, die du im Gespräch erhalten hast, geschickt mit einzubauen.

Nicht können ist der Vorwand,
nicht wollen ist der Grund.

Seneca

Geschäftliche/unternehmerische Krisen

Erfolg ist,
von einem Fehlschlag zum nächsten zu gehen,
ohne die Begeisterung zu verlieren.
Winston Churchill

Egal welches Unternehmen weltweit in einer Krise steckt, die Gründe sind relativ einfach, es gibt nur zwei:

- **Zu wenig Umsatz**
- **Zu hohe Kosten**

Zu wenig Umsatz

Vielen Geschäftsleuten geht es so wie im folgenden Beispiel: Die Geschäftslage ist laut Geschäftsführer durchschnittlich – schlechter als letztes Jahr und besser als nächstes Jahr ...
»Zu wenig Umsatz« lässt sich wiederum mit nur zwei Gründen aufführen:

- **Zu wenig (neue) Kunden**
- **Zu geringes Kaufvolumen**

Beide Punkte haben jedoch eine viel einfachere Ursache:

Der Nutzen ist zu gering!

Das Kaufverhalten eines Menschen lässt sich mithilfe einer altertümlichen Waage mit zwei Waagschalen sehr gut darstellen: Die eine Schale ist die Schale des »Preises«, die zweite Schale heißt »Leistung/Nutzen«. Liegt in der Preisschale ein zu hohes Gewicht im Vergleich zur Leistungs-/Nutzenschale, wird der Kunde nicht kaufen.

Es gibt nur zwei Möglichkeiten, wie ein Unternehmen erfolgreicher wird: Entweder es nimmt Gewicht aus der Preisschale heraus (= einen möglichst günstigen Preis anbieten) oder es legt mehr Gewicht in die Leistungs-/Nutzenschale, so viel, bis diese Schale schwerer ist – und der Kunde kauft. Wenn man sich dafür entscheidet, die Preisschale möglichst leicht zu machen, so ist dies eine Strategie, die nicht mehr zurückgedreht werden kann. Wer einmal auf der »Billigschiene« ist, der muss immer der Günstigste sein, damit man bei ihm kauft. Aldi ist ein Paradebeispiel dafür, wie es – perfekt – in der Praxis funktionieren kann. Um jedoch möglichst günstig zu sein – und trotzdem hohe Gewinne zu erzielen –, ist nur der Weg über enormes Mengenwachstum möglich. Ein Billiganbieter muss immer weiter expandieren, um durch große Mengen, durch Masse Gewinne zu erzielen.

Wenn sich ein Unternehmen für die zweite Strategie, mehr Gewichte in die Leistungs-/Nutzenschale zu legen, entscheidet, dann kann es auch »klein und fein« bleiben. Es gibt durchaus kleine und winzige Unternehmen, auch Einzelhändler, die als Ein-Mann-Unternehmen höchst erfolgreich sind, weil sie eine Nische gefunden haben und dort einen außergewöhnlichen Nutzen bieten.

Kennst Du Red Adair? Red Adair lernte Feuerwehrmann – und wurde der berühmteste und reichste Feuerwehrmann der Welt. Er spezialisierte sich im Bereich »Brennendes Öl und Gas«. Bekannt wurde er 1962 durch die Löschung einer seit mehr als sechs Monaten brennenden Gasquelle in der algerischen Sahara. Richtig reich und berühmt wurde er im ersten Golfkrieg 1991, als er bereits 76 Jahre alt war: Die Iraker verließen Kuwait vor den anstürmenden Amerikanern – nicht ohne vorher Hunderte von kuwaitischen Ölquellen in Brand zu stecken. Die Bilder des brennenden Kuwait mit riesigen Rauchwolken wirst du sicherlich noch im Gedächtnis haben. Red Adair galt als die größte Kapazität bei der Löschung solcher spezieller Brände – und kassierte je gelöschtes Ölfeld Millionen. Er starb als Multimillionär.

Und jetzt die entscheidende Frage: **Auf welchem Gebiet bist du Red Adair?** Oder anders ausgedrückt: **Wo bist du ein Experte? Ein besonderer Spezialist? Wo könntest du eine Kapazität werden/sein?** Es sind nicht die Alleskönner, die »Mädchen für alles«, die teuer bezahlt werden, es sind die Spezialisten, die in einem kleinen Fachgebiet profundes Wissen aufgebaut haben. Nimm den Bereich Ärzte: Gerade eben las ich die Gewinne der deutschen Ärzte im Jahr 2007 – an der Spitze lagen Spezialisten wie Radiologen mit ca. 130 000 Euro Reingewinn pro Praxis – am Ende der Skala lag der Allgemeinmediziner mit ca. 90 000 Euro Reingewinn. Der Allgemeinmediziner muss aber in vielen Bereichen Wissen aufnehmen, muss sich weiterbilden, muss Bescheid wissen – der Radiologe nur in einem. Allerdings ist er in diesem einen Gebiet so spezialisiert, hat so viel Wissen, dass ein Mensch, der genau für diesen Bereich einen Problemlöser braucht, eben zu diesem geht.

Nochmals gefragt: Auf welchem Gebiet bist du der Spezialist, der Experte, die Kapazität? Wo ist die Nische, die genau auf dich wartet?

Und wenn du nichts findest, darfst du dich nicht wundern, wenn du auch keinen großen geschäftlichen Erfolg erzielst. Wenn in einer Talkshow ein Gast eingeladen wird, ist er grundsätzlich ein Experte für das zu behandelnde Gebiet. Und wenn Kunden etwas kaufen wollen, dann gehen sie zum Spezialisten.

Und dann geht es darum, in seiner Nische, in seiner Spezialisierung, den so genannten »winning edge« also den entscheidenden Vorsprung zu besitzen. Er wird oft auch mit der Abkürzung »USP« (Unique Selling Propositon) bezeichnet, also: **Wo hast du ein Alleinstellungsmerkmal?** Es geht darum, im Geschäftsleben seinen Mitbewerbern die berühmte »Nasenlänge« voraus zu sein.

Wenn ein Rennpferd in einem Pferderennen gewinnt, erhält es bis zu 10 Millionen Dollar Preisgeld. Das zweitplatzierte dagegen erhält nur noch ein paar hunderttausend Dollar. War nun das erstplatzierte Pferd tatsächlich zehnmal so schnell? Natürlich nicht, in manchen Rennen hatte das Siegerpferd nur die berühmte »Nasenlänge« Vorsprung – aber dieser minimale Vorsprung reicht aus, um ein Zigfaches an Belohnung gegenüber dem Nächstplatzierten zu erhalten. Genauso verhält es sich im Wirtschaftsleben: Wer den entscheidenden Vorsprung vor allen Mitbewerbern besitzt, sei er auch noch so klein, ist in der Lage, höhere Preise zu erzielen, er wird mehr verkaufen und deutlich höhere Gewinne erzielen.

Wo also ist dein »winning edge«?

Manchmal ist es jedoch so, dass ein Unternehmen durchaus eine Menge Leistung und Nutzen in die entsprechende Waagschale gelegt hat, aber dabei vergaß – oder es nicht besser wusste –, sich entsprechend zu positionieren und sich zu vermarkten. In dieser Welt des »Information-overkill«, in der wir von allen Seiten mit Informationen, Angeboten, Werbung etc. »zugedonnert« werden, also in einer Welt des Überangebots (es gibt in jedem Gebiet massenweise Autohändler, Restaurants, Kinos, Einzelhandelsgeschäfte, Computeranbieter), ist es notwendig, sich einen **Markennamen** zu schaffen. Der Markenname bietet in unserer Welt des Überflusses Orientierung. Wir greifen, wenn wir unsicher sind, unbewusst lieber zu den Dingen, rufen die Firmen an, die wir als Marke im Kopf haben. Wenn dies nicht funktionieren würde, würden die Markenhersteller nicht 15 bis 18 Prozent ihres Umsatzes in Werbung und Marketing investieren, einige Marken investieren sogar bis zu 25 Prozent ihres Umsatzes in diesen Bereich. Mach dir also Gedanken darüber, wie du deine Marke bekannter machen kannst. Eine Marke sollte für etwas ganz Bestimmtes stehen, am besten ein bestimmtes Gefühl im potenziellen Kunden hervorrufen. Wir essen lieber einen Hamburger bei McDonald's, als bei einer »No-name-Klitsche« um die Ecke. Wir buchen lieber eine Übernachtung im »Hilton« als in einem vollkommen unbekannten Hotel. Und »Marke« zu schaffen hat nichts mit Geld zu tun, das man erst teuer ins Marketing investieren muss. Es hat in erster Linie etwas mit Mut zu tun. Mut, Nein zu sagen. Sich zu begrenzen (auf weniger Produkte, weniger Zielgruppen) – um genau dadurch als Marke attraktiv zu werden.

Zu hohe Kosten

»Zu hohe Kosten« haben wiederum drei Hauptgründe:

- Zu hohe Einkaufspreise
- Zu hohe Personalkosten
- Zu hohe Privatentnahmen

Allein für das Thema »Einkauf« gibt es eigene Bücher, gibt es Trainer, die sich auf dieses Thema spezialisiert haben (gern kannst du uns eine E-Mail schicken, wir werden dir dann einen entsprechenden Spezialisten empfehlen: info@juergenhoeller.de).

Die Formel für den geschäftlichen Erfolg ist letztendlich ja ganz einfach:

Umsatz
– Kosten
= Gewinn/Verlust

Wie sich eine Kostenreduzierung überaus positiv auswirken kann, wird hier anhand eines einfachen Kalkulationsbeispiels aufgezeigt.

Auswirkung von Kostenreduzierung

Ausgangssituation:

Umsatz	10 000 000 €	100 %
– Kosten	9 700 000 €	97 %
= **Gewinn**	**300 000 €**	**3 %**

Nun erhöhen wir den Umsatz um beispielsweise 5 %:

Umsatz	10 500 000 €	100 %
– Kosten	10 185 000 €	97 %
= **Gewinn**	**315 000 €**	**3 %**

Wir reduzieren die Kosten um 5 % bei gleich bleibendem Umsatz:

Umsatz	10 000 000 €	100 %
– Kosten	9 215 500 €	92,15 %
= **Gewinn**	**785 000 €**	**7,85 %**

Wie du siehst, lässt sich durch Kostenreduzierung schnell der Gewinn des Unternehmens steigern (noch besser wäre natürlich Kostenreduktion **und** Umsatzsteigerung ...). Natürlich wird ein BWLer jetzt einwerfen, dass sei eine »Milchmädchenrechnung«, da bei einer Umsatzerhöhung die Kosten ja nicht proportional ansteigen – dennoch ist kostenoptimiertes Wirtschaften eine der Hauptgrundlagen für ordentliche Gewinne.

> Reich wird man nicht durch das,
> was man verdient,
> sondern durch das,
> was man nicht ausgibt.
>
> *Henry Ford*

Zu hohe Personalkosten sind ebenfalls eines der Hauptprobleme. Im Durchschnitt betragen die Personalkosten in Deutschland mittlerweile 25 bis 40 Prozent vom Umsatz – damit liegen wir weltweit in einem Spitzenbereich. Leider versuchen wir in der Regel, immer möglichst »billige« Arbeitskräfte zu bekommen – anstatt mehr Wert darauf zu legen, möglichst gute Mitarbeiter zu rekrutieren. Gute Mitarbeiter haben jedoch zwei Nachteile: Sie sind anstrengend (sie haben ihre eigenen Vorstellungen, sie wollen mitgestalten, wollen sich selbst verwirklichen) und – **sie sind teuer!** Mein Tipp jedoch lautet: **Schau niemals auf den Preis, den etwas kostet (in diesem Fall ein guter Mitarbeiter), sondern immer darauf, was »es« dir bringt!**

Ein weiteres Problem können zu hohe Privatentnahmen sein. Bei Menschen, die zu hohe Privatentnahmen tätigen, besteht die Gefahr, dass Umsatz mit Gewinn gleichgesetzt wird. Häufig ist auch zu beobachten, dass Existenzgründer jahrelang keine Steuererklärungen abgeben – und wenn dann die erste Steuererklärung mit ordentlichem Gewinn beim Finanzamt eingereicht wird, dauert es nur wenige Wochen, bis die Steuernachforderung kommt – verbunden gleich mit entsprechend hohen Steuervorauszahlungen für die Jahre danach, da das Finanzamt immer davon ausgeht, dass in den Folgejahren mindestens der gleiche Gewinn erzielt wird. Und bei einer Steuererklärung mit anschließenden Zwei-Jahres-Vorauszahlungen (weil man so lange mit seiner Steuererklärung im Rückstand war) ergeben sich oftmals so hohe Beträge, dass eine massive finanzielle Krise eintritt!

Aber vielleicht gibt es bei dir auch ganz andere Gründe, vielleicht hast du individuelle Fehler begangen. Aber tröste dich, der Fehler, aus dem du lernst, hilft dir in der Zukunft.

> Fehler sind nichts anderes als Investitionen in die Zukunft.

Das Rettungsprogramm

Externen Helfer einschalten?

> Allein ist vieles möglich,
> mit der Hilfe anderer Menschen ist alles möglich!

Als ich seinerzeit Anfang Mai 2001 mit einem Unternehmen dastand, das (gewollt ...) eine Million Minus pro Monat produzierte, realisierte ich, dass hier eine schnelle und harte Sanierung durchgeführt werden musste, wenn wir eine Zukunftschance haben wollten. Zig Jahre hatte ich immer in meinen Unternehmen die Jahresumsätze und -gewinne deutlich gesteigert – wie man saniert, wie man harte Schnitte macht, wie man überhaupt vorgehen sollte, davon hatte ich keine Ahnung! Deshalb engagierten wir schließlich den Sanierer Eberhard Wagemann aus Berlin. Und auch wenn wir am Ende dann doch Insolvenz anmelden mussten (weil die schon mündlich zugesagte Finanzierung aufgrund der staatsanwaltschaftlichen Untersuchung und der Pressekampagne dann doch nicht stattfand), so hatten wir es dennoch geschafft, innerhalb von nur vier Monaten wieder operativ in die Gewinnzone zu kommen.

Steckt man als Unternehmer oder Führungskraft in einer geschäftlichen Krise, ist man oft zu »betriebsblind« oder man ist zu sehr verbunden mit den einzelnen Menschen, die ja von der Krise betroffen sind und teilweise bei der Sanierung leiden werden (Finanziers, Mitarbeiter, Lieferanten), um die richtigen, aber meist harten Entscheidungen treffen und umsetzen zu können. Häufig passiert es dann, dass man zu »weiche« Einschnitte macht, nicht rigoros genug »schneidet« – und das Leiden unnötig verlängert. Allerdings sollte man sich einen Sanierungsexperten holen, der nachweisen kann, dass er in der Praxis genügend Erfolge erzielt hat. Man braucht einen Praktiker und keinen Theoretiker!

Turnaround – Ziel formulieren!

> Wer sein Ziel verloren hat,
> agiert nicht mehr,
> sondern reagiert nur noch!

Und genau darum geht es: dass du von der Reagierer-Rolle wieder in die Agierer-Rolle zurückkehrst. Wenn du nur noch Feuerwehrhauptmann spielst und die einzelnen Brände löschst, die jetzt überall ausbrechen, ist dies zum einen zermürbend, zum zweiten bringt es dich auf Dauer nicht voran. Es gilt, durch klare Ziele, die jetzt in der Krise gesetzt werden, die Richtung vorzugeben. Häufig operieren Führungskräfte in der Krise jedoch nach dem Motto: Hauptsache, es geht vorwärts, die Richtung ist egal ...

Ziele haben magische Kräfte. Durch sie werden Energien auf den Punkt konzentriert, gerade in wirtschaftlichen Krisen. Hier die Ziele, die es zu formulieren gilt:

1. Ziel: 30-Tages-Ziel
2. Ziel: 90-Tages-Ziel
3. Ziel: 360-Tages-Ziel (Ein-Jahres-Ziel)
4. Ziel: Endziel (zwei bis drei Jahre)

Das **30-Tages-Ziel** ist letztendlich die Grundlage für das, was danach kommt. Was soll innerhalb von 30 Tagen alles erledigt sein? Du erhältst gleich anschließend eine Fülle von Maßnahmen und Vorgehensweisen, die du dann bitte innerhalb dieser 30 Tage in einen Handlungsplan umsetzt, sodass das Unternehmen und alle Mitarbeiter wissen, was jetzt folgt.

90-Tages-Ziel: Hier werden nun die radikalsten Schnitte und Veränderungen bereits umgesetzt. Diese »Schnitte« müssen schnell und hart geführt werden, dazu später noch mehr.

360-Tages-Ziel: Nach einem Jahr sollte das Rettungsprogramm so umgesetzt sein, dass das Unternehmen die »Kurve gekratzt hat«, dass es aufwärts geht und wieder Wachstum (wenn auch auf niedrigerem Niveau) stattfindet.

Endziel (zwei bis drei Jahre): Das Unternehmen ist wieder auf Wachstumsfahrt, ist in seiner neuen Ausrichtung wieder erfolgreich unterwegs, expandiert und wächst wieder.

Liquidität geht vor Rentabilität

Geld ist das wichtigste Ding auf der Welt.

George Bernard Shaw

In einer Unternehmenskrise ist das alles Entscheidende Liquidität, also Geldmittel zur Verfügung zu haben. Im Zweifelsfall sollte man sogar die unbequeme Entscheidung treffen, etwas mit Verlust zu verkaufen, mit Verlust einzustellen – Hauptsache, man erhält Liquidität in der Kasse. Rentabilität, also der Gewinn, kommt später wieder, wenn das Unternehmen überlebt hat. Es nützt überhaupt nichts, wenn man rentabel arbeitet, aber aufgrund fehlender Liquidität zahlungsunfähig wird und dann u. U. gezwungen ist, einen Insolvenzantrag zu stellen. Durch zwei Faktoren könnte man z.B. zu einer Insolvenz gezwungen werden:

1. Durch Überschuldung
2. Durch Zahlungsunfähigkeit

Ich kenne etliche Firmen, die Insolvenz anmelden mussten, nicht etwa, weil sie überschuldet waren – sie waren einfach zahlungsunfähig. Zahlungsunfähig, weil sie trotz voller Auftragsbücher aufgrund eines großen Ausfalls, beispielsweise eines selbst in Insolvenz geratenen Großkunden, Schiffbruch erleiden mussten.

In einer Unternehmenskrise gilt: Alles flüssig machen, was man flüssig machen kann! Hier ein paar Beispiele:

- Betriebsgebäude verkaufen und dann wieder zurückmieten oder leasen (Stichwort: Sale and lease back). Selbst Großkonzerne haben das schon betrieben.
- Verkaufe deine Lagerbestände, notfalls auch unter Preis, baue sie auf ein Minimum ab, vielleicht ist es möglich, das Lager komplett aufzulösen und ganz neue Möglichkeiten zu schaffen.
- Alles verkaufen, was nicht niet- und nagelfest ist: Firmenteile, Gebäude, Fuhrpark, Maschinen, Inventar. Einige Bundesligavereine haben nur dadurch überlebt (Stichwort: Dortmund), indem sie das im eigenen Besitz befindliche Stadion verkauften und dann wieder mieteten, um mit dem daraus erzielten Erlös überleben zu können. Zwar haben sie dann oft in den Jahren danach viele Millionen Mehrkosten verkraften müssen, aber immer noch besser, als kurzfristig pleitezugehen!

Rentabilität geht vor Umsatz

Ich habe festgestellt, dass viele Unternehmen (Unternehmer) dadurch in die Krise geraten sind, weil sie permanent nur auf mehr Umsatz schielten. In der Krise gilt es jedoch, neue Strategien zu ergreifen (Käsekuchenprinzip), und deshalb solltest du bereit sein, in dieser Phase auf Umsatz zu verzichten!

Untersuche alle Produktbereiche, Markenbereiche, Geschäftsbereiche, Kunden etc. und analysiere alles individuell nach Deckungsbeiträgen. Manchmal gewährt man einem Großkunden so viele Vorteile, dass man bei jedem Auftrag Minus macht. Manchmal hat man ein Produkt im Programm, an das man glaubt, das aber schon seit längerer Zeit mehr Kosten als Umsätze produziert – in der Krise weg damit! Es gilt, hier klare Entscheidungen zu treffen. Damals, als die INLINE AG in der Sanierungsphase steckte, haben wir zuerst einmal untersucht, welche unserer Geschäftsfelder und Produktbereiche hohe Umsätze und Gewinne erzielen und welche große Zukunftschancen haben. Es galt, die »Stars« und »Melkkühe« von den »armen Hunden« und »Fragezeichen« zu unterscheiden – und sich radikal von den »armen Hunden« und den »Fragezeichen« zu trennen. Dies ist jedoch ein etwas größerer und differenzierterer Prozess, den ich in einem Teil meines Vier-Tages-Seminars »Management + Führung« erläutere. (Wenn ich ab und zu Querverweise auf ein Buch, unsere Homepage oder ein Seminar mache, dann ist es natürlich einerseits Werbung, zum anderen empfehle ich diese Dinge nur dann, wenn ich absolut davon überzeugt bin, dass sie dir helfen können.) Dieses Seminar ist speziell für Kleinunternehmer (2 bis 100 Mitarbeiter) konzipiert worden und es ist eines meiner erfolgreichsten. 50 Prozent der Erstteilnehmer besucht es gleich im Folgejahr nochmals als Wiederholer.

In der Krise gilt als zweithöchste Maxime: **Sich von allen unrentablen Bereiche trennen und die rentablen Bereiche stärker vorantreiben.**
In der Praxis sieht es oft anders aus: Die Umsatzrendite der deutschen Automobilhändler liegt seit Jahren unter 1 Prozent. Jeder Autohändler gibt beim Autoverkauf noch ein Prozent mehr Rabatt – Hauptsache, er macht den Umsatz. Computerhäuser, die Hardware verkaufen, haben an den Produkten oft nur noch eine Rohertragsspanne von 8 bis 10 Prozent – wie soll da ein Händler überleben können? Für die Entscheidung, worauf du dich stärker konzentrierst und wovon du dich trennst, hier ein paar Fragen zur Hilfestellung:

- Ist es überhaupt möglich, den Preis für mein Produkt »X« zu erhöhen, sodass man damit Gewinne erzielt, oder ist es so vergleichbar (vom Leistungs-/Nutzenfaktor her gesehen), dass es besser ist, auf dieses Produkt zu verzichten?
- Wenn das Produkt derzeit vergleichbar mit einem anderen auf dem Markt ist: Besteht die Möglichkeit, Leistung und Nutzen so stark zu erhöhen, dass es unvergleichbar ist? Falls nicht, weg damit!
- Welche Produkte/Bereiche gibt es, auf die wir seit längerer Zeit immer hoffen, dass sie einmal anziehen, dass sie einmal die »Stars von morgen« sind – aber immer wieder enttäuschen sie uns und erzielen negative Deckungsbeiträge? Weg damit!

Radikaler Kostenabbau

In den letzten Jahren hatte ich auch mit einigen anderen sich in der Krise befindlichen Firmen zu tun und stellte fest: Es ist unglaublich, wie stark man die Kosten immer noch senken kann. Hier eine kleine Hilfestellung unseres ehemaligen Sanierungsexperten bei der INLINE AG:

Es geht immer noch ein bisschen mehr ...
(auch beim Kosten senken)!

Eberhard Wagemann

Als wir seinerzeit die INLINE AG sanierten, hatten wir ca. 140 Mitarbeiter. Bei der Sanierung mussten wir dann 84 Mitarbeiter entlassen, sodass noch 56 Mitarbeiter übrig blieben. Wagemann wies immer wieder darauf hin, das seien immer noch viel zu viele, wir würden noch mit viel weniger Mitarbeitern auskommen. Doch wir, vor allem ich, konnten es uns nicht vorstellen. Bei jedem Einzelnen, den wir entlassen mussten, brach mir fast das Herz. Zu vielen von ihnen hatte ich eine persönliche Beziehung aufgebaut, es waren teilweise freundschaftliche Gefühle entstanden. Manche hatte ich sogar von anderen Firmen in unser Unternehmen geholt. Und nun musste ich sie entlassen. Außerdem kämpfte jeder Vorstand, jeder Abteilungsleiter darum, möglichst wenige seiner Mitarbeiter abbauen zu müssen. Im Nachhinein weiß ich, dass dies nicht nur mit Nächstenliebe, sondern viel mit dem eigenen Ego zu tun hat. Man fühlt sich einfach sicherer und bedeutender, wenn man einen möglichst großen Stab von Leuten um sich hat ...

In guten, **fetten** Jahren, wenn Mittel zur Verfügung stehen, neigt man dazu, Fett anzusetzen. Auch in kleineren Firmen gibt es dann plötzlich eine eigene Stelle für Werbung, für Marketing, einen Ausbildungsleiter, einen innerbetrieblichen Trainer, einen Lageristen, einen Fahrer etc. In der zweiten Phase reduzierten wir auf 26 Mitarbeiter und mir dröhnt noch die Stimme von Wagemann im Ohr: »Herr Höller, auch das ist noch zu viel, es geht immer noch ein bisschen mehr!« Sein Ziel wäre es gewesen, die Mitarbeiterzahl des Unternehmens auf zehn Mitarbeiter zu senken, um das Unternehmen sukzessive auf einer sicheren Basis (Umsätze mit hohen Renditen) neu aufzubauen und die Expansion voranzutreiben. Doch kannst du dir vorstellen die Mitarbeiterzahl von 140 auf zehn zu reduzieren?

Nun, Gott sei Dank sind solche großen Schritte nicht in allen Bereichen notwendig. Auch besteht Kostensenkung nicht nur darin, Mitarbeiter abzubauen. Wenn ich in den letzten Jahren ein Unternehmen bei der Sanierung begleitete, ging ich immer folgendermaßen vor:

a) Gesamteinsparungsziel festlegen!
b) Die BWA (betriebswirtschaftliche Auswertung) zur Hand nehmen und zusammen mit den Verantwortlichen Punkt für Punkt durchgehen, bis diese Summe erreicht wird. Ein solcher Kostensenkungsworkshop dauert so lange, bis die Gesamtsumme feststeht. Bei unserem ersten Workshop begannen wir früh um acht – und erst nachts um drei Uhr verließen wir unseren Besprechungsraum. Dabei gab es keine einzige offizielle Pause. Gerade zu Beginn, wenn alle noch »körperlich und geistig« fit sind, sind Kostensenkungen oft nur schwer erreichbar. Je länger jedoch der Workshop dauert, je müder die Teilnehmer werden, desto mehr sinkt der Widerstand. Und nochmals: Erst wenn das gesamte Ziel erreicht ist, wird der Workshop beendet. Punkt!!!

Zero based thinking

Bevor man Entscheidungen trifft, sollte man einmal so tun, als ob das Unternehmen noch gar nicht existieren würde. Stell dir vor, dein Unternehmen würde noch nicht existieren, du würdest dir Gedanken machen (bei größeren Unternehmen zusammen mit deinem Führungsmitarbeiter), wie du ein Unternehmen in dieser Branche aufbauen würdest. Hier ein paar Fragen:

• Würde ich überhaupt in dieser Branche tätig werden?

_____

_____

_____

• Mit welchen Produkten würde ich beginnen?

_____

_____

- Welche der sich hier vorstellenden Führungskräfte würde ich einstellen?

_____

_____

_____

- Wie entscheidest du?

_____

_____

_____

»Zero based thinking« sollte jedes Unternehmen durchführen, auch wenn es kerngesund ist. Es gilt, alle ein bis zwei Jahre das Unternehmen auf den Prüfstein zu stellen und zu überlegen: Wenn wir neu anfangen würden, was würden wir tun? Welche Produkte würden wir verkaufen? Mit welchen Mitarbeitern würden wir beginnen? Wo würden wir das Unternehmen ansiedeln? Auf welche Kunden würden wir abzielen? In welchem Preissegment wären wir tätig? All diese Fragen helfen uns auch und gerade in der Krise, die richtigen Entscheidungen zu treffen.

Wo ist der ›Flaschenhals‹?

Wenn ich eine Flasche mit Flüssigkeit in der Hand umdrehe, fließt die Flüssigkeit heraus. Wie schnell sie herausfließen kann, ist abhängig von der Größe des Flaschenhalses. Eine zentrale Frage bei Krisen lautet: Wo ist der Flaschenhals? Hier ein paar Fragen dazu:

- Kommen genügend neue Kunden zu uns?

_____

_____

_____

- Besitzen wir Werbe- und Marketingmaßnahmen, die für neuen Kundenkontakt sorgen?

_____

_____

_____

- Haben wir ein Verkaufssystem?

- Sind die Verkäufe pro Kunde hoch genug?

- Bringen wir die Kunden zum Kaufabschluss?

Diese Fragen sind wichtig, damit das Unternehmen nach der Sanierung nicht in die nächste Krise fällt. Denn nach der Krise ist vor der Krise. Wenn du nichts Grundsätzliches an deinen Unternehmensstrategien veränderst, wird auch eine Sanierung, die über die Kostenseite her funktioniert, auf Dauer keinen Erfolg haben. Das sind dann die Firmen (Großkonzerne lassen grüßen ...), die alle zwei Jahre ein neues Restrukturierungsprogramm starten – bis sie schließlich endgültig pleite sind.

Geschäftsfelder und Kundenbereiche überprüfen

> So, wie jedes entzweite Königreich verfällt,
> so wird jeder Geist, der sich mit vielen Dingen beschäftigt,
> verwirkt und geschwächt.
>
> *Leonardo da Vinci*

Bei einem Rettungsprogramm kommt es im Wesentlichen darauf an, sich auf das Kerngeschäft zu konzentrieren. Du musst bereit sein, deine Tätigkeiten radikal zu beschneiden, auch und gerade im Hinblick auf deinen Umsatz. Du musst bereit sein, durch den »Turnaround-Prozess« zunächst einmal auf Umsatz zu verzichten – um langfristig wieder Umsatz gewinnen zu können. Auch viele große Firmen haben es bereits erfahren müssen, bestes Beispiel: Daimler Benz. In den 8oer-Jahren hat der damalige Vorstandsvorsitzende Edzard Reuter begonnen, zahlreiche Firmen aus automobilfremden Branchen aufzukaufen. Sinn dieser Strategie war, sich vom zyklischen Automobilgeschäft unabhängiger zu machen. Das Ergebnis: Geschätzte 80 Milliarden DM Werte im Laufe der Jahre vernichtet, ehe sein Nachfolger Jürgen Schrempp wieder alles verkaufte und sich konzentrierte. Der Umsatz ist daraufhin natürlich geschrumpft – ehe er mit einer zeitlichen Verzögerung wieder anstieg und die Marke Mercedes Benz wieder strahlte. Als es dann »dem Esel zu gut ging« (ist nur eine Redensart und nicht auf Jürgen Schrempp bezogen), »ging er aufs Eis« und kaufte Chrysler in den USA und das Spiel ging von vorn los ...!

Bei geschäftlichen Krisen geht es zuallererst darum, profitabel zu arbeiten, auch auf Kosten des Umsatzes und auch durch die Konzentration auf das Kerngeschäft, damit sich dieses um ein Vielfaches besser entwickelt. Du konzentrierst deine Energie, so wie normales Licht beim Laserstrahl gebündelt wird, sodass schließlich zentimeterdicker Stahl von ihm durchschnitten werden kann. Wenn man ein Blatt Papier in die Sonne legt, passiert nicht viel: Es wellt sich ein wenig, es vergilbt ein wenig, es wird ein wenig warm. Es ist immer noch Papier. Wenn du jedoch mit einer Lupe die gleichen Strahlen der Sonne auf einen Punkt konzentrierst, fängt das Blatt Papier in wenigen Sekunden zu brennen an. Und genauso ist es im wirtschaftlichen Leben: Je stärker man sich konzentriert, desto stärker und besser fällt das Resultat aus.

Weniger ist mehr!

Einfache Strukturen schaffen

Grundsätzlich gilt folgende Regel: Jedes Produkt, jedes Geschäftsfeld, jeder Geschäftsablauf, der nicht in vier bis fünf Sätzen einem Dritten erklärt werden kann, ist zu kompliziert. Und alles, was kompliziert ist, verursacht Kosten bzw. bringt schlechte Ergebnisse. Schaffe einfache Strukturen:

- Schaffe einfach zu verstehende Produkte.
- Schaffe einfache Organisationsabläufe.
- Schaffe einfache Kommunikationsmodelle.
- Schaffe einfache Rechnungssysteme.
- Schaffe einfache Reklamationssysteme.
- Schaffe einfache Verkaufssysteme.
- Schaffe einfache Marketingsysteme.

Fast alle großen Geschäftsideen waren einfach. Ist »McDonald's« kompliziert? Ja, es steckt ein unglaubliches Know-how im Hintergrund – aber für uns Kunden ist es ein einfach zu verstehendes System: Ich bekomme schnell heißes, billiges Essen!

Ist »Starbucks« ein schwer zu verstehendes System? Ich habe die Autobiografie über Howard Schulz, den Gründer von Starbucks, gelesen: Auch hier steckt ein unglaubliches Know-how dahinter. Aber für uns Kunden ist es ein verständliches System. Auf Selbstbedienungsbasis erhalte ich eine leckere Kaffeespezialität, die ich gemütlich im Laden oder als »Coffee to go« auf der Straße genießen kann. Fertig!

Das »Friends and family«-Programm

Erst in der Not zeigen sich die wahren Freunde!

Das »Friends and family«Programm lässt sich hervorragend einsetzen bei geschäftlichen wirtschaftlichen Krisen. Denn von solchen Krisen sind immer auch andere Menschen/Organisationen betroffen (Mitarbeiter, Lieferanten, Vermieter, Leasinggeber, Banken, Kunden etc.). Ein Sanierungskonzept benötigt oftmals eine gewisse Zeit, ehe es sich positiv auswirkt. Doch diese Zeit hast du nicht! Meistens ist es doch fünf Minuten vor zwölf, ehe wir uns entschließen, endlich etwas gegen unsere Misere zu unternehmen. Bis die Sanierung wirkt, sind wir vielleicht längst zahlungsunfähig und in bestimmten Fällen gesetzlich verpflichtet, Insolvenz anzumelden. Nähere Auskünfte erteilt ein Fachanwalt. Drei Wochen, nachdem unsere Zahlungsunfähigkeit oder Überschuldung uns selbst bekannt wurde, muss die Insolvenzanmeldung erfolgen – ansonsten hat man sich strafrechtlich schuldig gemacht und kann sogar mit Haft bestraft werden.

Das »Friends and family«-Programm wird dir zeigen, wer von deinen Mitarbeitern und Partnern tatsächlich zu dir steht, an dich glaubt, dir vielleicht für die vergangene Beziehung dankbar ist und dir weiterhin eine Chance gibt. Einige der vorgestellten Strategien könnten den Eindruck erwecken, dass die Sanierung auf Kosten anderer geht: Mitarbeiter, Lieferanten, Banken. Aber das ist falsch! Richtig ist, dass diese erstens jahrelang von deiner Firma auch profitierten. Und zweitens auch in Zukunft wieder profitieren können – wenn die Firma überlebt. Viele Gläubiger werden sich sicherlich überlegen: »Geht die Firma pleite, ist keinem gedient, dann verlieren alle, auch ich.«

Mitarbeiter

In der Krise wird sich zeigen, wer zu dir hält und bereit ist, »in den sauren Apfel zu beißen«, und wer nicht. Manche Mitarbeiter, auf die du große Stücke gehalten hast, werden sich abwenden, und zwar schneller, als du denkst. Auch ich habe hier menschliche Enttäuschungen erlebt ...

Bei Mitarbeitern gibt es unterschiedliche Möglichkeiten, sie an der Rettung der Firma zu beteiligen:

a) **Entlassen:** Um den kranken Baum zu retten, ist es manchmal notwendig, kranke Äste abzuschlagen. Ich kann dir jedoch nur den Rat geben, über die gesetzlichen Vorgaben hinaus, die du bei einem Anwalt erfahren kannst, die besten Mitarbeiter zu behalten und die bisherige Leistung als Maßstab deiner Entscheidungen zu nehmen. Was hilft es dir, wenn du die besten Verkäufer entlässt, weil sie erst seit zwei Jahren in der Firma sind – während die Pfeifen weiter ihr Unwesen treiben dürfen.

Mitarbeiteranalyse

20 %	60 %	20 %
Stars	Mitläufer	Pfeifen

Als Erstes solltest du eine Mitarbeiteranalyse vornehmen. Bevor du diese durchführst, betrachte dir bitte die obige Aufstellung.

Dies ist ein statistischer Durchschnitt, der quer durch alle Branchen und Firmen erstellt worden ist. Zum ersten Mal habe ich von dieser Analyse gehört durch die Managementlegende Jack Welch, der innerhalb von 20 Jahren als Vorstandsvorsitzender den Umsatz des Konzerns General Electric (ursprünglich von Thomas A. Edison gegründetes und aufgebautes Unternehmen) um das 10-Fache, den Gewinn um das 20-Fache und den Börsenwert um das 40-Fache steigerte. Er entließ in seinem Unternehmen jährlich die 10 Prozent der Schlechtesten (»Pfeifen«). Nun möchte ich diese Maßnahme, die ihm unter anderem seinen Spitznamen »Neutronenjack« verpasste, nicht unbedingt als empfehlenswert einstufen, aber in der Krise solltest du zuallererst die von dir analysierten »Pfeifen« und, wenn es notwendig ist, einen Teil der Mitläufer entlassen. Das ist schmerzhaft, aber wenn es darum geht, dass vielleicht zwei Drittel oder die Hälfte deiner Mitarbeiter ihre Stelle behalten und weiter in Lohn und Brot stehen, sind solch harte Schnitte einfach überlebenswichtig.

b) **Gehaltsverzicht:** Bei einem Unternehmen mit beispielsweise einer Million Euro Monatsumsatz und einer Personalkostenquote in Höhe von 35 Prozent entspricht diese 350 000 Euro Kosten pro Monat. Bevor nun die Entlassungen greifen (es gibt hier ja insbesondere entsprechende gesetzliche oder freiwillig vereinbarte Kündigungsfristen zu beachten, Bsp. Betriebsrat etc.), kann ein Lohn- und Gehaltsverzicht der Mitarbeiter Wunder wirken. In vielen Firmen verzichteten die Mitarbeiter freiwillig auf ein Monatsgehalt (bei unserem Beispiel also eine sofortige Liquiditätsspritze in Höhe von 350 000 Euro im nächsten Monat), dann für weitere zwei Monate auf 40 Prozent, dann für weitere drei Monate auf 30 Prozent und nochmals für weitere sechs Monate auf 20 Prozent. Ein solcher Gehaltsverzicht funktioniert aber nur unter drei Voraussetzungen:

1. **Vorbild:** Der Inhaber bzw. der Chef des Unternehmens geht mit gutem Beispiel voran. Wenn ein Mitarbeiter auf 20 Prozent verzichtet, muss der Chef auf 40 Prozent oder mehr verzichten. Man kann von anderen Menschen nur das erwarten, was man selbst bereit ist zu geben.

2. **Positive Aussicht:** Dem Mitarbeiter muss verdeutlicht werden, dass es eine ganz reelle Chance zur Rettung des Unternehmens gibt, ansonsten wäre ja alle Anstrengung, aller Verzicht überflüssig.

3. **Beteiligung:** Klappt die Sanierung und wird die Firma gerettet, werden die Mitarbeiter am Erfolg beteiligt. Auf diese Weise kannst du ihren Verzicht wiedergutmachen und sie in einem zweiten Schritt später sogar mehr verdienen lassen, wenn der Erfolg der Firma weiter gesteigert wird. Es sollte allerdings an klar messbaren Zielvorgaben festgemacht werden (ausschließlich an Gewinnzahlen orientieren, nicht am Umsatz!)

c) **Mehr arbeiten:** Eine weitere Möglichkeit, Mitarbeiter an der Sanierung zu beteiligen, besteht darin, die Arbeitszeit und den Arbeitsumfang zu erhöhen. Wenn bislang eine 38-Stunden-Woche üblich war, könnte jetzt die 42-Stunden-Woche eingeführt werden. Wenn bisher 40 Stunden üblich waren, wird eine 44-Stunden-Woche eingeführt. Wurden bereits 42 Stunden regelmäßig gearbeitet, sind ab sofort zehn unbezahlte Überstunden pro Monat Pflicht im Unternehmen. Auf diese Weise lässt sich die durch die Entlassungen anfallende Mehrarbeit vom Unternehmen bewältigen. Und für die verbleibenden Mitarbeiter ist es leichter zu verkraften, Mehrstunden zu leisten, als auf Teile des Gehalts zu verzichten. Natürlich sind auch hier wieder die gesetzlichen Vorgaben zu beachten und einzuhalten.

Ich habe bei einem Unternehmen in der Krise erlebt, wie Mitarbeiter es absolut ablehnten, dass ihre Wochenarbeitszeit von 38 Stunden erhöht wird. Am Ende kam dann eine 39-Stunden-Woche heraus, was die strukturellen Grundprobleme in keiner Weise löste. Verantwortlich dafür war der Chef, der in diesem Fall »ein lieber Chef« war und seine »Forderung« von 40 Stunden nicht hart genug durchsetzte – was keinem Mitarbeiter große Nachteile bereitet, aber das Unternehmen in einer angespannten Situation deutlich entlastet hätte.

Banken

Insbesondere wenn Banken beim Rettungsprogramm mitspielen sollen, ist absolute Offenheit notwendig. Je früher Banken ausführlich informiert werden, desto besser. Allerdings nützt es nichts, den Banken nur über die Krise zu berichten – **gleichzeitig muss man ihnen mit Überzeugung und Begeisterung das Rettungsprogramm vorstellen.** Warum sollten sie stillhalten oder sogar noch Geld nachschießen, wenn es keine positive Zukunftsaussicht gibt? Hier gilt es, in Zusammenarbeit mit einem Anwalt, Steuerberater und einem externen Sanierungsexperten ein Gesamtkonzept vorzustellen. Oft verlangen auch die Banken den Einsatz eines von ihnen vorgeschlagenen Sanierungsexperten. Dies ist vorher abzuklären. Wenn die Banken sehen, dass die Krise erkannt und (hoffentlich) in Kürze gebannt ist, sind sie häufig bereit, diese schwere Phase eines Unternehmens mitzutragen. Allerdings solltest du nicht unbedingt darauf vertrauen, dass deine Hausbank mitzieht. Möglicherweise ist es von Vorteil, sich rechtzeitig eine zweite Hausbank aufgebaut zu haben, bei der man zumindest ein Girokonto für den laufenden Geldverkehr besitzt. Und sprich bitte mit deinem Anwalt und Steuerberater genau diesen Punkt ausführlich durch, denn du weißt ja: »Liquidität geht vor Rentabilität.«

Lieferanten

Auf den ersten Blick mag es so erscheinen, als ob Lieferanten die Letzten sind, die dich in deiner Krise unterstützen werden – aber oft sind es die Ersten! Die Gründe liegen auf der Hand:

- Sie sind langjährige Partner und haben gute Geschäfte gemacht, wodurch sich auf der persönlichen Ebene eine gewisse Verantwortung bzw. ein Pflichtgefühl entwickelt hat.
- Sie haben gute Geschäfte gemacht und sie erwarten, wenn das Rettungsprogramm greift, auch zukünftig weiterhin gute Geschäfte.
- Sie haben absolut nichts davon, wenn du in die Insolvenz gehst, die Auskehrquoten an die Gläubiger sind im Regelfall meistens sehr schlecht (da hatten meine Gläubiger eine we-

sentlich höhere Befriedigung, was jedoch keineswegs der Normalfall bei Insolvenzen ist). Dein Lieferant hat also absolut keinen Vorteil davon, wenn du pleitegehst – seine Forderungen bleiben im Insolvenzfall sowieso fast unbefriedigt.

Ich gebe dir jetzt eine Reihe von Tipps, die in der Praxis tatsächlich funktionieren. Wichtig ist, dass du dir dabei über Folgendes im Klaren bist:

- Du nutzt deine Lieferanten nicht aus, sondern bindest sie in das Rettungsprogramm ein, von dem sie profitieren.
- Es ist vielleicht die letzte Chance für dein Unternehmen.
- Die Lieferanten haben ein großes Eigeninteresse.

a) **Teilverzicht:** Häufig sind die Lieferanten, wenn man ganz offen und ehrlich mit ihnen spricht, sogar bereit, durch einen Teilverzicht auf ihre Forderungen, dich bei deinem Rettungsprogramm zu unterstützen. Warum sollten sie das tun? Weil du ihnen zusammen mit deinem Anwalt verdeutlichen könntest: Wenn die Lieferanten nicht mitziehen, könntest du gezwungen sein, Insolvenz anzumelden. Außerdem gibst du ihnen die positive Perspektive, dass du mit deinen treuesten Lieferanten natürlich auch in Zukunft zusammenarbeiten wirst, gemäß dem Motto: »**Eine Hand wäscht die andere.**«

Wenn du gute Geschäfte mit dem Lieferanten in der Vergangenheit gemacht hast, dann ist es auch vollkommen in Ordnung, ihm dies mal in aller Offenheit zu verdeutlichen. Und immer gilt die Devise, die du auch ständig wiederholst:

> Einem nackten Mann kann man nicht in die Tasche greifen!

Natürlich werden diese Gespräche nicht immer ruhig und in Harmonie ablaufen. Einige Lieferanten sind vielleicht selbst in Schwierigkeiten geraten. Einige werden auf bestimmte Dinge verzichten müssen, die sie sich gern anschaffen wollten. Einige werden Angst um ihre eigene Existenz bekommen. Manchmal zeigt sich, dass sich gerade diejenigen Lieferanten, mit denen du fast freundschaftliche Beziehungen gepflegt hast, bösartig verhalten, und dass derjenige, den du kaum kennst oder der erst seit Kurzem mit dir in geschäftlicher Verbindung steht, mitzieht. **Am leichtesten wirst du einen Teilverzicht erreichen, wenn du für den Rest eine Sofortzahlung anbieten kannst.** Lasse dich aber in diesem Fall unbedingt rechtlich von einem Fachanwalt und steuerlich von einem Steuerberater beraten. Um das überhaupt bewerkstelligen zu können, benötigst du natürlich noch ein gewisses Kapital. Wie hoch der Teilverzicht sein könnte? Das ist natürlich abhängig von deiner Situation. In vielen Fällen ist ein Teilverzicht in Höhe von 70 bis 80 Prozent der Forderungssumme – wenn die restlichen 20 bis 30 Prozent sofort an den Lieferanten bezahlt werden – nötig und auch möglich.

Wenn kein Kapital mehr für die Begleichung der Restforderung vorhanden ist, ist es sinnvoll, die Lieferanten um einen Teilverzicht zu bitten – und die Restforderung in Form von Ratenzahlungen zu leisten. Jedoch wird der Verzicht vielleicht etwas geringer ausfallen (60 bis 70 Prozent sind aber immer noch möglich). Biete dann die Zahlung der Restforderung in Raten an. Sei bei der Festlegung des Zeitraumes und dem Beginn der Ratenzahlung nicht zu optimistisch. Du bist in der Krise, du hast Schulden, du hast keine Mittel – gib dir möglichst viel Zeit, um auf der sicheren Seite zu sein. In einer Krise sind wir oft bereit, schnell nach einem Rettungsstrohhalm zu greifen – oft zu schnell! Kalkuliere daher den Zeitraum eher vorsichtig.

Es passiert manchmal in der Krise, dass die Ergebnisse noch schlechter ausfallen als befürchtet. Grund ist, dass man sich stärker auf Kostensenkungen als auf die Umsatzsteigerungen konzentrieren muss. Oder der Energielevel im gesamten Team sinkt erst einmal. Oder das Selbstvertrauen geht verloren. Und deshalb: Bleib standfest und fordere das maximal Mögliche!! Bedenke: **Es geht darum, die Firma zu retten!**

Das Schlimmste, was passieren könnte, ist, dass du deine Gläubiger bei der vereinbarten ersten Rate wieder enttäuschen musst. In einem solchen Fall ist eine weitere Sanierung praktisch ausgeschlossen. Ich empfehle dir, auf jeden Fall den Zahlungs- und Aussetzungszeitpunkt mit den Gläubigern eher länger zu vereinbaren.

b) **Stundung:** Ist die Krise nicht ganz so groß oder will der Gläubiger nicht auf einen Teil verzichten, so bitte um Stundung, und zwar in Form von Ratenzahlungen. Biete an, dass du in zwei Jahren mit der Tilgung in 48 bis 60 gleichmäßigen Raten beginnst. Natürlich ohne Verzinsung! Auch hier wirst du möglicherweise auf starke Widerstände bei dem einen oder anderen Gläubiger stoßen.

Um es nochmals zu verdeutlichen: Oft gehen wir an eine Sanierung zu optimistisch heran, denken, dass sehr bald wieder alles in Ordnung ist – und sind bereit, Vorschläge der Gläubiger zu schnell zu akzeptieren. Doch oft kommt die Krise später noch heftiger und umso stärker kommt dann der Bumerang zurück. Kalkuliere vorsichtig, vorsichtig, vorsichtig! Denn:

- Was haben die Lieferanten davon, falls du dann später doch noch Insolvenz anmelden müsstest, nur weil du zu optimistisch warst und vorschnell jeden Vorschlag akzeptiert hast?
- Im Durchschnitt werden bei Insolvenzen nur geringe Auskehrquoten an die Gläubiger getätigt.
- Wenn du pleitegehst, machen sie künftig keine Umsätze mehr mit dir.

Zum Schmunzeln:
Arabischer Spruch zum Thema »Preis«
Sagt er »12«
meint er »10«
will er haben »8«
wird wert sein »6«
möchte ich geben »4«
werde ich sagen »2«

---

c) **Ratenzahlung:** Eine Ratenzahlung nach der Stundung gibt dir die Möglichkeit, wiederum Zeit zu gewinnen. Auch hier gilt die Devise: Gehe vom »worst case« aus. Das heißt: Plane einen möglichst langen Zeitraum ein.

d) **Lieferantendarlehen:** Vielleicht bist du so überzeugend bei deinen Gesprächen, dass dir deine Lieferanten sogar ein Darlehen gewähren. Allerdings musst du dann den Gläubigern dein komplettes Rettungskonzept vorstellen, das heißt, ihnen klarmachen, **dass** und **wie** du wieder auf die Erfolgsspur zurückkommst.

Ein Lieferantendarlehen kann so aussehen, dass du in Zukunft die Lieferungen mit einem wesentlich längeren Zahlungsziel bekommst, zum Beispiel statt Zahlung innerhalb von 30 Tagen erst in acht bis zwölf Wochen.

Oder die nächste Lieferung wird in Form von zwölf gleichmäßigen Raten gezahlt und nicht sofort.

Wichtig ist, dass du dem Lieferanten klarmachst, dass alle weiteren Lieferungen dann sofort pünktlich innerhalb von einer Woche beglichen werden.

Achtung: Dies gilt für alle künftigen Lieferantenrechnungen: Du zahlst sie **pünktlich**, am besten sogar sofort. Vereinbare Skonto und nimm diesen wahr. Drei Prozent Skonto sind reiner Gewinn zusätzlich und die Lieferanten fassen Vertrauen und arbeiten wieder gerne mit dir zusammen. (Achtung: Auch hier solltest du wieder mit einem Anwalt und Steuerberater alles besprechen.)

e) **Krisen-Rabatte:** Dein Lieferant könnte bereit sein, dir für die Dauer der heißen Restrukturierungsphase (zum Beispiel sechs bis zwölf Monate) einen außerordentlichen Rabatt zu gewähren, der dir hilft, deine Probleme nach und nach zu lösen.

Auch hier geht es wieder darum, dass du die gute Zusammenarbeit und die guten Geschäfte in der Vergangenheit immer wieder betonst und einen positiven Ausblick auf die Zukunft gibst.

f) **Umwandlung in Beteiligung:** Noch eine Möglichkeit: Größere Verbindlichkeiten lassen sich sogar manchmal komplett löschen – wenn man sie in eine Beteiligung an der Firma umwandelt. Nicht unbedingt angenehm, einen neuen Gesellschafter zu bekommen – aber besser, als Insolvenz anzumelden. Und die Schulden sind dann erst mal weg. Vielleicht lässt sich ja auch ein Rückkaufsrecht mit dem Gläubiger vereinbaren.

Letzte Möglichkeit: Insolvenz

Ausgenommen die Fälle, in denen nach dem Gesetz sowieso ein Antrag auf Insolvenz gestellt werden muss, bleibt in den anderen Fällen (unter Ausnutzung der bestehenden Möglichkeiten) oft nur als letzte Möglichkeit, Insolvenz anzumelden.

Vor diesem Wort haben wir panische Angst. Die meisten Selbstständigen sind bereit, ihr gesamtes Privatvermögen in ihr Krisenunternehmen zu stecken, um nicht Insolvenz anmelden zu müssen.

An dieser Stelle möchte ich mich auch einmal bei meinen Gläubigern bedanken: Am 15. November 2007 haben mir die anwesenden Gläubiger einstimmig die Möglichkeit eingeräumt, wieder schuldenfrei zu sein – bis auf eine überschaubare Restsumme. Einige Jahre zuvor hatte ich noch einen gigantischen Schuldenberg. Für diese neue Chance bedanke ich mich von ganzem Herzen!

Anne Koark, eine Engländerin, die in Deutschland lebte, und noch zu Hoch-Zeiten der New Economy als »Unternehmerin des Jahres« geehrt wurde, musste im Rahmen des Niedergangs am neuen Markt Insolvenz anmelden. Sie gründete einen Verein, an den sich insolvente Menschen oder solche, denen die Insolvenz droht, wenden können. Sie sagt, dass die Hälfte aller Anrufer (über 3000 pro Jahr) akut selbstmordgefährdet ist. Grund sind – nach meinem Erkenntnisstand – unsere Urtriebe:

1. Angst, aus der Gemeinschaft des Rudels ausgeschlossen zu werden (die »anderen« aus der Gesellschaft meiden mich).
2. Angst, die Existenz nicht mehr finanzieren zu können.
3. Angst, dieSicherheit zu verlieren (die Höhle, also zum Beispiel das Haus).

Das heißt, keine Krise trifft uns so schlimm wie eine Insolvenz. Sie widerspricht allen drei Überlebensstrategien, die der Urmensch benötigte.

Glaube mir und sei sicher: Wenn der liebe Gott eine Türe schließt, öffnet er gleichzeitig eine neue für dich. Vielleicht musst du Insolvenz anmelden **und manchmal ist das sogar der leichtere Weg** (beachte aber, dass es Fälle gibt, wo du sowieso eine gesetzliche Antragspflicht hast). Vielleicht musst du sogar private Insolvenz anmelden und wirst für sechs Jahre gepfändet. Aber diese Pfändung wird deine Existenz nicht zerstören. Der Freibetrag für einen Verheirateten (Partner nicht berufstätig) mit zwei Kindern, der überhaupt nicht gepfändet wird, beträgt zum Stand November 2008 1550 Euro netto.

Diese sechs Jahre erscheinen im Vorfeld lang und hart – doch sie gehen schnell vorbei. Du benötigst lediglich etwas Ausdauer.

Eine Insolvenz, so schlimm sie auch ist, birgt auch eine Menge Vorteile:

* Es gibt eine Klärung der unklaren Situation!
* Du musst dich nicht mehr mit vielen Einzelgläubigern beschäftigen sondern hast nur noch einen Ansprechpartner, deinen Insolvenzverwalter.
* Alle Altlasten sind weg, ausgenommen unerlaubte Handlungen.
* Nach den Turbulenzen kannst du nach vorn schauen, die Vergangenheit ist vorbei.
* Du kannst noch mal ganz von vorn beginnen und vieles besser machen.
* Du hast ein klares Ziel (bei Privatinsolvenzen): In sechs Jahren bist du wieder schuldenfrei!

Luthers Apfelbaum

> Wenn ich wüsste, dass ich morgen diese Welt verlassen müsste,
> würde ich heute noch ein Apfelbäumchen pflanzen.
>
> *Martin Luther*

Dieses Zitat von Martin Luther drückt aus, worum es geht: In der Krise benötigt man eine starke Persönlichkeit! Eine Persönlichkeit, die führt, die die Richtung vorgibt, die andere ansteckt, die motiviert. Und wenn du jetzt die berechtigte Frage stellst:»Und wer motiviert eigentlich mich?«, kann die Antwort von mir nur lauten:»Du selbst!«, denn dafür bist du Unternehmer geworden. Ein Selbstständiger, ein Unternehmer steht»selbst-ständig« auf seinen Beinen und entscheidet, wohin er läuft.

Zeige Führungsstärke

> Wer weich sein will,
> muss auch hart sein können.
>
> *Jack Welch*

Später, wenn die Krise beendet ist, darfst du wieder weich sein. Dann kannst du Zugeständnisse machen, dann kannst du geben. Jetzt ist es an der Zeit, dass du auch eine gewisse»Härte zeigst«. Wenn du ein Rettungsprogramm durchführst, wirst du auf vielerlei Hindernisse stoßen. Viele deiner Mitarbeiter werden Angst vor den Veränderungen haben, viele werden gar die Veränderungsprozesse blockieren oder sabotieren. Du wirst von vielen verlassen werden. Du wirst angegriffen werden. Und deshalb triff deine Entscheidungen»hart«, **das heißt: schnell entscheiden und schnell umsetzen!** Du kannst jetzt nicht auf jeden Einzelnen Rücksicht nehmen, sondern musst das große Ganze retten, nämlich deine Firma!

Höhere Werte vermitteln

Erstelle ein »Turnaround«-Ziel, baue eine neue Vision auf mit höheren Werten, die über das Wohl des Einzelnen hinausgehen. Es wird jemand leichter verstehen, dass er entlassen wird, wenn Entlassungen der Preis dafür sind, dass der Rest des Unternehmens überlebt. Deine Mitarbeiter werden leichter bereit sein, auf Gehalt ganz oder teilweise zu verzichten und mehr zu arbeiten, wenn das der Rettung der Firma dient. In der Krise müssen Opfer gebracht werden, das ist jedem Menschen klar. Diese werden aber nur gebracht, wenn eine Lösung in Sicht ist.

Besitze einen unerschütterlichen Glauben

> Man liebt die Schwachen – und man folgt den Starken.

Gaius Julius Caesar konnte seinem römischen Imperium auch noch Britannien einverleiben. Seine Legionen kamen mit den Galeeren auf dem britischen Festland an und nahmen Aufstellung an Land. Mit dem Rücken zum Meer lauschten sie den Worten ihres Führers Caesar: »Männer, wir werden Britannien erobern. Doch bevor wir in den Krieg ziehen, dreht euch um und schaut einmal aufs Meer.« Tausende von Legionären drehten sich um, blickten aufs Meer – und erstarrten: Alle ihre Galeeren brannten lichterloh, die ersten sanken bereits auf den Meeresboden. Sie suchten den dafür verantwortlichen Gegner, konnten jedoch niemanden entdecken. »Ihr müsst nicht mehr nach unseren Gegnern Ausschau halten, ich habe den Befehl gegeben, unsere Galeeren zu entzünden!«, sagte Caesar zu seinen Soldaten. »Oh, Caesar, warum hast du so etwas getan?«, fragten ihn seine Männer ungläubig. »Weil wir jetzt nur zwei Möglichkeiten haben:
1. Entweder wir gewinnen den Krieg gegen die Briten oder
2. wir sind zu schwach, dann werden wir bis zum letzten Mann
*   aufgerieben – einschließlich meiner eigenen Person!«*

Kannst du dir vorstellen, dass die römischen Legionäre in diesem Moment ihren Imperator liebten? Sicherlich nicht, aber sie folgten ihm – und gewannen! Und genauso ist es in einer unternehmerischen Krise: Deine Mitarbeiter sollen dich jetzt nicht lieben, aber sie müssen dir unter allen Umständen folgen. In einer Krise musst du als starker Führer vorangehen. Wenn du selber schon nicht mehr den Glauben an eine Rettung zeigst, warum sollten dann deine Mitarbeiter diese Hoffnung besitzen? **Sei der Fels in der Brandung!** Halte allen Stürmen stand und trotze den widrigen Umständen.

Offenheit und Ehrlichkeit

Wenn feststeht, dass sich dein Unternehmen in einer Krise befindet, ist Offenheit gefragt. Halte Informationen nicht zurück, sondern erstelle ein Rettungsprogramm und dann informiere alle Mitarbeiter über die aktuelle Situation. Beschönige nichts, aber übertreibe auch nicht. Manche Führungskräfte dramatisieren eine solche Situation zusätzlich, um ihre Mitarbeiter zu noch mehr Leistung anzuspornen. Wenn das die Mitarbeiter erkennen, reagieren sie kontraproduktiv. Wiederum anderen Führungskräften ist es peinlich, eine missliche Lage zuzugeben, deshalb beschönigen sie diese. Wenn deine Mitarbeiter aber nicht genau wissen, wie kritisch die Lage tatsächlich ist – wie sollen sie dann wirklich die letzten Reserven mobilisieren und zu harten Einschnitten und Entscheidungen bereit sein?

Zeige Emotionen

Als ich im Juli 2001 eine Betriebsversammlung einberief, um unsere dramatische Situation zu verdeutlichen, stiegen mir während meiner Rede die Tränen in die Augen, meine Stimme erstickte und ich konnte nicht mehr weiterreden. So hatten meine Mitarbeiter mich noch nie erlebt. Ich bin normalerweise eher jemand, der seine Emotionen unter Kontrolle hat. Ich blickte in die Augen dieser Menschen, die mir vertrauten, die mir bedingungslos gefolgt waren – und ich musste jetzt viele von ihnen enttäuschen, musste sogar einen Großteil entlassen. Ich schämte mich für meinen emotionalen Ausbruch – aber gerade dadurch habe ich die Herzen meiner Mitarbeiter aufgeschlossen, die ich mit logischen, vernünftigen und gefassten Worten wahrscheinlich nicht erreicht hätte.

Baue eine positive Vision auf

Auch aus den Steinen, die man uns in den Weg legt, lässt sich Schönes bauen.

Johann Wolfgang von Goethe

Verdeutliche dies auch deinen Mitarbeitern: Es gibt Hindernisse, es gibt Steine, manchmal sogar so groß wie Berge, die vor uns liegen. Aber wir können und wir werden »es« schaffen. Und gerade in Krisenzeiten ist es notwendig, eine positive Vision aufzuzeigen. Alte Visionen und ehemalige Ziele haben durch die Krise möglicherweise an Bedeutung verloren oder existieren nicht mehr. Und deshalb: Baue eine neue Vision auf. Wenn du sie deinen Mitarbeitern vorstellst, schau ihnen in die Augen. Sie müssen nicht nur den Inhalt deiner Worte hören, sondern auch fühlen, dass du felsenfest davon überzeugt bist.

Beispiel: »Stellen Sie sich vor, liebe Mitarbeiter, es sind zwölf Monate vergangen und unsere Krise ist gemeistert. Es ist die Jahres-Auftakt-Tagung und wir blicken auf die Bewältigung der größten Krise unserer Unternehmensgeschichte zurück. Mittlerweile machen wir wieder Gewinne und expandieren. Wir sind stolz darauf, das erreicht zu haben. Die Zeit bis dorthin wird hart und entbehrungsreich. Aber zusammen mit Ihrer Hilfe werden wir die Krise gemeistert haben.« Sprich so, als ob die Krise schon gemeistert ist. Genau das ist das Geheimnis: Ein positives Bild von der Zukunft aufbauen, in der alles besser ist! Dieses Bild brennt sich im Unterbewusstsein der Mitarbeiter ein und wird sie anspornen. Es gilt das Prinzip der sich selbst erfüllenden Prophezeiung.

Achtung: Eine Rede mit einer neuen Vision, einem neuen Aufbruch kannst du nur vor Mitarbeitern halten, die auch bei deinem Unternehmen bleiben. Es wäre vollkommen falsch und würde nicht funktionieren, wenn du vor Mitarbeitern sprichst, die vor ihrer Entlassung Angst haben müssen. Deshalb nochmals mein Tipp: Mache einen schnellen, harten, intensiven Schnitt. Je schneller und tiefer der Schnitt ist, desto mehr tut er weh – aber umso schneller verheilt er auch. Vier Wochen nachdem alle Entlassungen ausgesprochen wurden, werden die verbleibenden Mitarbeiter dann letztlich bei aller

Trauer um die Entlassenen doch wieder an sich denken und froh sein, ihren Arbeitsplatz behalten zu haben. Und sie werden jetzt alles tun, damit sie ihren Arbeitsplatz auch in der Zukunft behalten.

Sei ein Vorbild

> Menschen machen nie das,
> was du von ihnen willst, erwartest oder ihnen befiehlst.
> Menschen machen das nach,
> was du ihnen vormachst.

Du kannst doch nicht ernsthaft erwarten, dass deine Mitarbeiter zu Entbehrungen bereit sind, verzichten, über sich hinauswachsen, sich verändern, ungewöhnliche Methoden ergreifen, wenn du selbst nicht bereit bist, den Preis dafür zu bezahlen. In einer Krise musst du als Führungskraft der Erste sein, der am Morgen das Unternehmen betritt, und abends der Letzte, der es verlässt.

Noch besser ist es, wenn du zu Beginn der Krise dein Nachtlager direkt im Unternehmen aufschlägst. Lass dir dort eine Liege aufstellen, Wäsche bringen, iss dort, dusche dort und sei 24 Stunden in deinem Unternehmen. Ein solches Beispiel wird deinen Mitarbeitern zeigen, wie ernst es dir ist, zu welchen Entbehrungen du bereit bist, und sie werden dir schließlich bereitwillig folgen. Sei ein positives Vorbild! Sie müssen erkennen, dass es dir ernst ist. Dass du zwar viel verlangst, aber selbst bereit bist, noch mehr zu geben.

Alle in diesem Kapitel vorgestellten praktischen Maßnahmen, um eine unternehmerische Krise zu bewältigen, verpuffen jedoch wirkungslos, wenn du eines nicht besitzt:

Den Glauben an den erfolgreichen Fortbestand deines Unternehmens!

Die wahren, großen Erfolgspersönlichkeiten in der Geschichte der Menschheit haben es immer wieder geschafft, Rückschläge als vorübergehende Schläge und Niederlagen, als kleine Episoden auf dem Weg zum Gipfel hinzunehmen. Wer ist zum Zeitpunkt, als ich dieses Buch schreibe, einer der meistgefeierten Wirtschaftskapitäne? Steve

Jobs! Erst gründete er Apple, galt als umjubeltes Genie – und wurde kurze Zeit später hochkant aus dem Unternehmen geworfen, das er ursprünglich gründete. Er wollte es Apple zeigen und gründete eine neue Computerfirma namens »NeXT«. Dieses Unternehmen wurde ein Geldgrab, ein Millionengrab. Die Öffentlichkeit verspottete ihn. (Titelstory im Wallstreet Journal am 25. Mai 1993: »... von einem ziemlich hohen Ross gefallen« ... und nun »verzweifelte Versuche zu beweisen, dass er in der Computerindustrie noch etwas gilt«.) Ende 1993 verschwand Jobs aus dem Blickfeld der Öffentlichkeit. Doch Steve Jobs gab nicht auf: Er hatte ja noch seine Beteiligung an Pixar. Im November 1995 brachte diese den ersten vollständig am Computer erstellten Spielfilm heraus: Toy Story! Als Jobs Pixar eine Woche nach Filmstart an die Börse brachte, waren seine 70-Prozent-Anteile schließlich 1 Milliarde Dollar wert – und er hatte eines der meistumjubelten Comebacks in der Geschichte der Wirtschaft geschafft. Der Rest bis heute ist Geschichte!

Oder wie wäre es mit dieser wahren Geschichte: James Dyson ist studierter Designer und erfand 1980 den Staubsauger neu. Auf der Basis der Cyclone-Technologie entwickelte er einen beutellosen Staubsauger mit konstanter Saugleistung. In seiner Autobiografie »Sturm gegen den Stillstand« beschreibt er seine Geschichte, die von gigantischen Kreditüberschreitungen handelt, mangelnder Unterstützung seitens der Politik und Banken, Zurückweisung durch große Firmen und von Momenten großer persönlicher Krisen. Andere hätten längst aufgegeben – doch Dyson blieb am Ball, getrieben von seinem Bestreben, »etwas Funktionelles und Schönes zu schaffen«. Was sagten alle Freunde, Experten, Partner zu ihm: »Aber James, wenn es einen besseren Typ Staubsauger geben würde, dann hätten Hoover oder Elektrolux ihn doch schon längst erfunden.« Doch Dyson glaubte es nicht! Nach Hunderten von Prototypen, Tausenden von Veränderungen und Millionen von Tests war Dyson schließlich hoffnungslos verschuldet. Doch gleichzeitig liebte er bedingungslos sein Produkt, den »Dual Cyclone«. Wie musste ihn auch seine Ehefrau Deirdre lieben, denn über 13 Jahre lang befanden sie sich finanziell ständig am Abgrund und hatten massive Existenzsorgen. Doch Dyson glaubte einfach an sich. Und im Jahr 2003 hatte er schließlich eine Firma, die 43 Millionen Pfund Gewinn vor Steuern generierte und weltweit zehn Millionen Staubsauger im oberen Preissegment verkauft hatte.

Wer weiß heute schon, dass Walt Disney zwei Mal pleite war – ehe er schließlich seinen Siegeszug antrat. Wem ist noch bekannt, dass auch Pepsi Cola zwei Mal bankrott war – heute ist es eines der erfolgreichsten Unternehmen der Welt. Marlboro war jahrzehntelang erfolglos – heute beherrscht diese Marke den weltweiten Zigarettenmarkt.

Wie schlimm also deine Lage heute auch sein mag, sie ist nur eine Momentaufnahme! Oder drücken wir es anders aus: **Sie könnte es sein!**

Denn dein Denken, dein Glauben, deine Sichtweise entscheiden darüber, wie die Sache weitergeht. All die hier beschriebenen Maßnahmen sind nur dann erfolgversprechend, wenn du bedingungslos an dich glaubst. Wenn du es ganz tief und fest in dir glaubst und weißt, dass du »es« schaffen wirst! Genauso wie ich es glaubte und diesen Glauben auf alle anderen übertrug. Der Glaube ist es, der unsere Wirklichkeit erschafft!

Kapitel 9
Von Schulden zum Wohlstand

Ein gesunder Mensch ohne Geld ist halb krank.

Johann Wolfgang von Goethe

In diesem Kapitel behandeln wir das Thema »Finanzielle Sorgen«. Ein großer Teil der Bevölkerung leidet mittlerweile an diesem Zustand, Millionen sind hoffnungslos verschuldet, wissen nicht ein noch aus.

In diesem Kapitel wirst du Folgendes lernen:

- Dass du positive Glaubenssätze in Bezug auf Geld und Reichtum aufbauen kannst!
- Du erfährst die **wahren** Gründe, warum du Schulden hast.
- Dass du es verdienst, dass es dir zusteht, in Wohlstand zu leben!
- Dass jeder einen hohen Schuldenberg in absehbarer Zeit regeln kann!
- Dass du nicht unbedingt andere Menschen (Verwandte, Freunde) benötigst, die dir Geld borgen, und keine neuen Bankkredite, damit du deine Schulden abzahlen kannst.
- Du lernst, wie du deine Kosten senken und dein Einkommen deutlich steigern kannst.
- Du erfährst von Möglichkeiten, deine jetzigen Schulden schnellstens auf ein Minimum zu senken.
- Du lernst den Umgang mit Banken.

JA! Jürgen Höller
Copyright © 2009 WILEY-VCH Verlag GmbH & Co. KGaA, Weinheim
ISBN 978-3-527-50463-3

Was sind überhaupt Schulden?

Es stimmt, dass Geld nicht glücklich macht.
Allerdings meint man damit das Geld der anderen.

George Bernard Shaw

Es gibt eine schöne Anekdote des Industriellen Stinnes. Als er sterbend in seinem Bett lag, soll er zu seinen Söhnen gesprochen haben: »Wenn ich gestorben bin, werdet ihr meine Verbindlichkeiten übernehmen – für euch sind es dann Schulden …«

Wenn ein erfolgreiches Unternehmen Millionen oder ein Großkonzern gar Milliarden Schulden hat, dann ist das kein Problem. Bei einem seriösen Geschäftspartner spricht man bei Schulden nicht von »Schulden« sondern von »Verbindlichkeiten«. Es bedeutet, dass dieser Mensch/diese Organisation seinen vereinbarten Zahlungsverpflichtungen regelmäßig und pünktlich nachkommt. Auf der anderen Seite der Bilanz stehen genügend Mittel und Vermögenswerte, sodass die Verbindlichkeiten für die Geschäftspartner kein Problem darstellen.

Schulden sind dagegen längst überfällige Zahlungsrückstände! Entweder in Form von Lieferantenrechnungen, nicht bedienten Krediten, Hypotheken und Darlehen oder aus sonstigen finanziellen Verpflichtungen. Es gibt die folgenden Stufen:

1. Stufe: Du bist in Verzug und zahlst deine vereinbarten Verpflichtungen nicht.
2. Stufe: Du erhältst eine oder mehrere Mahnungen.
3. Stufe: Du erhältst vom Rechtsanwalt deines Gläubigers oder von einem Inkassobüro eine Zahlungsaufforderung – gleichzeitig hat sich der Betrag durch die Gebühren des Anwalts oder des Inkassobüros spürbar erhöht.
4. Stufe: Wenn du jetzt nicht reagierst, erhältst du einen Mahnbescheid.
5. Stufe: Wenn du dem Mahnbescheid nicht widersprichst und deiner Zahlungsverpflichtung nicht nachkommst, erhältst du automatisch einen Vollstreckungsbescheid.

6. Stufe: Wenn du auch diesem Vollstreckungsbescheid nicht widersprichst und deiner Zahlungsverpflichtung nicht nachkommst, erscheint schließlich der Gerichtsvollzieher.

7. Stufe: Wenn du beim Gerichtsvollzieher immer noch nicht bezahlst, wird er alle Werte pfänden, bei denen das gesetzlich zulässig ist.

8. Stufe: Wenn es keine Werte zu pfänden gibt, wirst du zur Abgabe eines Offenbarungseides gezwungen, das heißt: Du musst deine Vermögensverhältnisse vor dem Gericht offenlegen und darauf schwören. Gibst du hier nicht alles ordnungsgemäß an, ist es ein Straftatbestand, der streng bestraft wird.

Je höher die Stufe ist, in der du dich mit deinen Zahlungsrückständen befindest, desto höher sind die zu leistenden Beträge angewachsen. Im Laufe der Zeit, mit Gebühren und Zinsen, kann der Betrag leicht das Doppelte oder ein Vielfaches des ursprünglichen Betrages ausmachen. Die Zinseszinsfalle schnappt dann voll zu ...

Gründe für Schulden

Geld ist immer vorhanden,
nur die Taschen wechseln.

Gertrude Stein

Geld haben wir alle. Auch du hast Geld. Vielleicht kommt nicht viel herein, aber das Geringste ist der gesetzlich zustehende Hartz IV-Satz. Möglicherweise ist im Laufe deines Lebens auch schon sehr viel Geld durch deine Hände geflossen – aber es ist nicht geblieben ...

Zu hohe Kosten

Ich kann auf alles verzichten,
nur nicht auf Luxus.

Oscar Wilde

Oscar Wilde hat noch einen hervorragenden Spruch geprägt: »Ich habe einen einfachen Geschmack: Ich bin stets mit dem Besten zufrieden!«

Ich gebe Oscar Wilde vollkommen Recht und das Beste sollte wirklich gut genug sein – gemessen an den Mitteln, die man zur Verfügung hat! Viele aber leben nach dem Motto: »Ich lebe heute, was kümmert mich meine Zukunft!« Wenn man 15 Jahre alt ist, kann man sich nicht vorstellen einmal über 30 zu sein. Viele Menschen »rauchen, saufen, fressen« und machen sich keinerlei Gedanken darum, dass alles, was sie tun, auf ein »Zukunftskonto« eingezahlt wird. Und genauso ist es auch im monetären Bereich: Wer immer nur abhebt und immer nur ausgibt, wird feststellen, dass er eines Tages in der Schuldenfalle sitzt. Und Schulden nähren Schulden. Grund ist der Zins- und Zinseszinseffekt.

Stell dir vor, ein Vorfahre von dir hat vor 500 Jahren bei einer Bank einen Geldwert angelegt, der einem heutigen Euro entspricht. Ein auch für damalige Verhältnisse winziger Betrag. Er hat ihn angelegt mit 4 Prozent Verzinsung und der Maßgabe, 500 Jahre später seinem Nachfahren, also in unserem Beispiel dir, das gesamte entstandene »Vermögen« auszuzahlen. Was glaubst du, welche Summe würdest du heute bekommen? Bitte schätze jetzt einmal den Betrag:

_____ Euro.

Nach fünf Jahren waren es etwa 1,25 Euro, nach 18 Jahren hatte sich der Euro auf zwei Euro verdoppelt, nach 75 Jahren waren es 19 Euro. Nach 118 Jahren waren aus dem einen Euro bereits 100 Euro geworden, nach 175 Jahren 900 Euro, nach 294 Jahren 100 000 Euro, nach 375 Jahren 2,4 Millionen Euro – und heute, 500 Jahre später, wärst du stolzer Besitzer von sage und schreibe **100 Millionen Euro!**

Vielleicht mag sich dieses Beispiel unglaubwürdig anhören, aber du kannst es jederzeit nachrechnen, es stimmt. Grund dafür ist der sogenannte »Zins- und Zinseszinseffekt«.

> Geld zeugt Geld.
>
> *John Roy*

Wenn du also Geld besitzt, es investierst und anlegst, Rendite erhältst, wird es sich vermehren – im Laufe der Zeit immer schneller und immer mehr. Umgekehrt jedoch ist der Zins- und Zinseszinseffekt das Verderben: Nämlich dann, wenn man Schulden macht! Die Schulden werden im Laufe der Zeit, wenn man sie nicht tilgt, immer mehr. Durch den Zins- und Zinseszinseffekt steigen sie immer mehr an, bis man schließlich kapituliert. Und deshalb gilt es, Schulden so schnell wie möglich zu tilgen.

Eigentlich sollte man es grundsätzlich unbedingt vermeiden, überhaupt Schulden zu machen. Ein Haus, das inklusive Grundstück und Nebenkosten 300 000 Euro kostet, bedeutet oft, dass man innerhalb von 30 Jahren mehr als das Doppelte bis Dreifache zahlt. Autos immer teuer geleast, Urlaube auf Pump, das Konto überzogen bedeutet, hohe Zinsen an die Bank zu zahlen. (Beispiel: ein mit 20 000 Euro überzogenes Girokonto = innerhalb von vier bis sechs Jahren 40 000 Euro Schulden!)

Die Aldi-Brüder haben schon ihre Gründe, warum sie ihr Wachstum ohne jegliche Schulden finanzieren. Es heißt: Wenn die Zentrale in Mülheim alle drei Jahre 300 neue Autos fürs Management benötigt, geht sie zur örtlichen Mercedes-Filiale, handelt einen guten Rabatt aus – und kauft per Cash die 300 Autos! Keine Finanzierung! Kein Leasing! Cash!!!

Und genauso machte ich es früher und handhaben wir es auch heute wieder: Jede neue Investition wird nur aus dem Gewinn getätigt!

> Von jetzt an werde ich nur noch so viel ausgeben,
> wie ich einnehme –
> und wenn ich mir dafür Geld borgen muss.
>
> *Mark Twain*

Zu geringes Einkommen

> Dem Geld darf man nicht nachlaufen,
> man muss ihm entgegengehen.
>
> *Aristoteles Onassis*

Wenn deine Einkünfte zu gering sind, gibt es dafür in der Regel einen ganz einfachen Hauptgrund:

Du gibst einen zu geringen Leistungs-/Nutzwert!

Diese Aussage wird wahrscheinlich wehtun und dennoch liegt hierin die Lösung für ein höheres Einkommen. Der Trick ist immer der gleiche: für einen Bereich entscheiden → spezialisieren → Wissen aufnehmen und lernen → je größer das Wissen in einem bestimmten Spezialgebiet ist, desto höher ist auch die Bezahlung!

Oder für Unternehmen: Je besser die Problemlösungen in einem bestimmten Spezialgebiet für die Kunden sind, desto mehr sind diese bereit, dafür zu bezahlen. Hier nun meine Methode, mit der du **garantiert** innerhalb von sechs bis sieben Jahren zum gut bezahlten Experten wirst:

1. **Bücher lesen:** Lies täglich im Durchschnitt eine Stunde. Mache es dir zu einer Gewohnheit, erst dann vor dem Fernseher zu sitzen, wenn du zuvor eine Stunde gelesen hast. Wenn du das schaffst, liest du pro Jahr ca. 400 Stunden (vorausgesetzt, am Wochenende oder im Urlaub liest du noch ein kleines bisschen mehr!). 400 Stunden sind so viel wie zehn volle 40-Stunden-Arbeitswochen. 400 Stunden sind auch genauso viel, wie ein

Student in einem Semester tatsächlich studiert – den Rest seiner Zeit verbringt er mit Jobben, mit Freunden etc. Das bedeutet: Wenn du am Tag eine Stunde liest, studierst du jedes Jahr ein Semester in einem Bereich, in dem du dich spezialisieren und Experte werden wirst. Wenn du also sechs bis sieben Jahre durchhältst, hast du sechs bis sieben Semester in deinem Spezialgebiet studiert. Und sage jetzt bitte nicht, du hast keine Zeit, um zu lesen! Der durchschnittliche deutsche Bundesbürger schaut täglich ca. drei Stunden und 20 Minuten TV (in Ostdeutschland sogar drei Stunden und 50 Minuten)... Wenn du täglich eine Stunde liest, schaffst du jede Woche ein Buch, in einem Jahr 50 Bücher und in 20 Jahren 1000 Bücher.

2. **CDs hören: Mach dein Auto zu einer rollenden Universität!** Laut Statistik des Verkehrsministeriums hören 94 Prozent der Autofahrer während des Fahrens Radio: Radio ist so ähnlich wie »Kaugummi« für dein Gehirn. Ewig werden die gleichen Nachrichten wiederholt, die gleichen Werbespots und die gleichen Hitparadenlieder rauf und runter gespielt. Das ist zwar entspannend – bringt dich aber keinen Deut in deinem Leben weiter! Von allen Bestsellern gibt es heutzutage Hörbücher und jeder Top-Trainer hat zahlreiche Live-Mitschnitte als CDs in seinem Programm. Und dann schiebst du einfach beim Autofahren (in der Badewanne, im Supermarkt, beim Arzt im Wartezimmer etc.) diese CDs in einen Discman. Jedes Hörbuch solltest du mindestens fünfmal hören (dadurch werden die Inhalte auf Dauer gespeichert). Dieser Tipp ist einer der besten überhaupt, um weiter zu lernen und zu wachsen! Denn: Es kostet keine Extra-Zeit! Du lernst »nebenbei«. Noch ein Tipp: immer ein Diktiergerät dabei haben, um wichtige Ideen und Erkenntnisse diktieren zu können, damit du sie nicht vergisst und auch umsetzt.

3. **Seminare besuchen:** Der Besuch von Seminaren ist durch nichts zu ersetzen. Laut Gehirnforschung behalten wir bewusst nur 10 Prozent von dem, was wir lesen. Bei einem Seminar hat man verschiedene Vorteile: Man ist ein oder mehrere Tage aus dem Alltag ausgeklinkt. Man ist zusammen mit Menschen, welche die gleichen Probleme und Ziele haben. Die Ablenkung durch Familie, Arbeitskollegen, Telefon, Fax etc. fällt weg. Und

man kann sich aktiv im Seminar einbringen, kann Fragen stellen, diskutieren und in den Pausen möglicherweise sogar dem Referenten eine persönliche Frage stellen (zumindest praktiziere ich das bei meinen offenen Seminaren, die ich halte). Und natürlich empfehle ich dir, zuerst einmal meine Seminare zu besuchen. Als Leser dieses Buches kannst du mein eintägiges Einsteigerseminar »Power Day« zu einem absoluten Sonderpreis besuchen: nur 49 Euro statt normal 119 Euro (Begleitpersonen 29 Euro). Kontaktiere uns einfach über: info@juergen hoeller.de.

Wenn du diese drei Tipps umsetzt, bist du nach zwei bis drei Jahren ein ausgewiesener Experte auf deinem Gebiet, nach vier bis fünf Jahren eine Kapazität und nach sechs bis sieben Jahren wahrscheinlich eine absolute Koryphäe. Ich selber habe in 23 Jahren ca. 1300 Bücher gelesen, ca. 400 Audioprodukte durchgearbeitet und ca. 150 Seminare, Kongresse und Tagungen als Teilnehmer besucht. Und schon nach wenigen Jahren galt ich als ein anerkannter Motivationsexperte.

Das Geld bleibt nicht bei uns

> Den Armen läuft die Armut nach,
> den Reichen der Reichtum.
>
> *Jüdisches Sprichwort*

Wenn das Geld nicht bleibt, wenn sich trotz Einnahmen immer mehr Schulden anhäufen, gibt es zwei Gründe:

1. Zu hohe Ausgaben und zu geringe Einnahmen (bereits behandelt)
2. Es passieren bestimmte »dumme Zufälle«, die das Geld auffressen.

Gehen wir einmal auf die »dummen Zufälle« ein, nämlich dass trotz aller Sparbemühungen, trotz erfolgreicher Einkommenssteigerungen das Geld nicht bleibt:

- Unerwartete teure Ausgaben wie Autoreparaturen fallen an oder man baut einen Unfall und hat keine Vollkaskoversicherung.
- Man investiert an der Börse – und die Börsen crashen.
- Man beteiligt sich an einer Firma, doch die geht pleite.

Ursache ist nicht, dass du Pech hast, denn wenn du an Glück oder Pech glaubst, lohnt es sich gar nicht, dieses Buch zu lesen. Denn es ist darauf aufgebaut, dass **alles** eine Ursache hat. Und zwar gemäß dem **Gesetz von Ursache und Wirkung.** Bei permanentem Geldmangel liegt die Ursache in der Regel in den negativen Glaubenssätzen, die man programmiert hat. Viele Eltern haben ihren Kindern doch die Einstellung vermittelt: Jeder, der mehr als 3000 Euro monatlich verdient, bescheißt sowieso ...

Wie kannst du ganz schnell herausfinden, ob du negative Glaubenssätze besitzt? Bitte lies folgende Aussagen durch und kreuze sie an, wenn sie für dich zutreffen (bitte nicht schummeln, sondern tatsächlich beantworten). Es ist wichtig, damit du etwas verändern und verbessern kannst:

Denkst du häufiger:»Ich sollte mehr sparen oder ich muss mehr sparen.«?

○ Ja ○ Nein

Findest du es auch falsch, dass manche Menschen im absoluten Reichtum leben (Multimillionäre oder Milliardäre), nichts spenden und dabei Kinder auf der ganzen Welt verhungern?

○ Ja ○ Nein

Hand aufs Herz: Verdienst du genug Geld?

○ Ja ○ Nein

Wir könnten jetzt mit vielen Glaubenssätzen weitermachen (in meinen Seminaren machen wir das auch ...), doch an dieser Stelle so viel vorweg: Hast du auch nur ein Mal mit »Ja« geantwortet, hast du einen negativen Glaubenssatz in Bezug auf Geld oder zumindest in Bezug auf richtigen Reichtum!

Viele Menschen meinen: Es ist schon okay, einen bestimmten Reichtum zu haben, aber unermesslich viel wäre zu viel des Guten!

Ganz ehrlich: Warum sollte Geld zu dir kommen, wenn du es nicht bedingungslos liebst?

Geld ist geprägte Freiheit

Solltest du kein Geld besitzen (es geht nicht ums Verdienen, es geht ums Besitzen), dann hast du einen negativen Glaubenssatz verinnerlicht!

Dieser ist dir wahrscheinlich nicht bewusst und möglicherweise bist du sogar davon überzeugt, Geld zu mögen und zu wollen. Doch wer kein Geld oder zu wenig Geld hat, hat immer negative Werte, negative Überzeugungen oder negative Glaubenssätze in Bezug auf viel Geld, auf großen Reichtum! Wenn du an negativen Glaubenssätzen in Bezug auf Reichtum arbeiten möchtest, dann besuche ein richtig gutes Finanzseminar, wo dieser Aspekt aufs Gründlichste behandelt wird. Die zweite Möglichkeit: Du besuchst eines meiner Lifing-Seminare. Denn dort werden Glaubenssätze einen ganzen Tag lang behandelt, bis hin zu einem Glaubenssatz-Wechslungsprozess, bei dem schließlich ein neuer, positiver Glaubenssatz mit meiner Hilfe in deinem Unterbewusstsein installiert und programmiert wird. Ein positiver Glaubenssatz, der so stark ist, dass er dich nach dem Seminar unbewusst zu einem neuen Ziel führen wird. Im Bestseller »Eine Billion Dollar« von Andreas Eschbach erbt der Hauptprotagonist eine Billion Dollar. Als ihm dies langsam und schonend von Notaren eröffnet wird, stellt er sich die Frage: »Ist es gut, reich zu sein? Bisher habe ich mich immer nur angestrengt, um nicht arm zu sein!«

Ist dies auch deine Einstellung bisher gewesen? Du musst dich anstrengen, um nicht arm zu sein?

Beispiel: Ich sollte sparen. Damit richtest du den Fokus deiner Aufmerksamkeit auf Einschränkung und Mangel. Durch das **Gesetz der Resonanz** wirst du aber in Zukunft genau diese Einschränkung und den Mangel anziehen und erleben. Du erschaffst also genau mit diesem Gedanken »Ich sollte sparen« die dafür passende Realität – du sparst! Hast du dann einiges Geld gespart, passiert genau dieser »dumme Zufall« wie oben beschrieben, der dafür sorgt, dass das Geld wieder futsch ist. Und so musst du wieder sparen – dann ist es wieder futsch. Eine endlose Spirale – bis du deine Glaubenssätze veränderst! Aus »Ich sollte sparen« wird dann häufig »Ich muss sparen«. Dann geht die Waschmaschine kaputt: »Ach du lieber Gott, jetzt muss ich aber wirklich den Gürtel enger schnallen!« Der Sparzwang wird immer größer, wir kaufen immer mehr Schnäppchen, wir denken immer mehr in »Geiz ist geil«, wir laufen allen Sonderangeboten hinterher – und dennoch werden wir nie reich ...

Arme Menschen versuchen ihr ganzes Leben lang,
Geld zu sparen,
reiche Menschen versuchen ihr ganzes Leben lang,
Geld zu verdienen!

Kerstin ist ein absolutes Paradebeispiel dafür, wie man mit einer positiven Einstellung zum Thema Geld in Überfluss und Fülle lebt. Eine Zeit lang dachte ich immer, Kerstin hätte eher negative Glaubenssätze, eine eher ungünstige Einstellung zum Thema Geld. Ihre Einstellung war nämlich schlicht und einfach: **Keine** (dachte ich damals, was jedoch falsch war)!

Kerstin gab schon immer gern Geld aus! Kerstin kaufte sich schon immer die schönsten Sachen! Kerstin fuhr schon immer gern teuer in Urlaub! Kerstin kauft und bestellt auch heute schöne Dinge für unser Zuhause! Kerstin machte sich nie Gedanken darüber, wo Geld herkommt! Kerstin hat noch nie in ihrem Leben richtig Geld gespart! ...

Doch dann machte es eines Tages »peng« in meinem Hirn: Kerstin hatte eine viel bessere Einstellung zum Thema Geld als ich! Ich sorgte immer vor, ich sparte, ich hielt das Geld zusammen – **weil ich in Wirklichkeit Angst davor hatte, es zu verlieren!** Kerstin dagegen dachte noch nie darüber nach, wo Geld herkommt – **und irgendwie hatte sie immer welches!** Zum richtigen Zeitpunkt kamen immer die richtigen Zufälle, die richtigen Dinge, die richtigen Menschen (z. B. ich ...) auf sie zu und brachten Geld in ihr Leben – und dann war sie in der Lage, sich ihre Wünsche und Träume zu erfüllen! Sie war einfach schon immer zutiefst davon überzeugt, dass es ihr gut gehen würde, sie gut leben könnte etc. Kerstin »wünschte« also letztendlich schon immer richtig – während ich mich häufig mit der »Vorstufe« zufrieden gab. Denn Geld ist ja nichts anderes als Mittel zum Zweck! Zum richtigen Umgang mit Geld habe ich ein persisches Sprichwort gefunden:

Einen Teil sollst du verschenken.
Einen Teil sollst du ausgeben.
Einen Teil sollst du sparen.

Persisches Sprichwort

Wer Geld verschenkt, kann dies nur tun, wenn er den festen Glauben besitzt, dass wieder neues Geld in sein Leben tritt. Je mehr wir also verschenken können, desto positiver sind unsere Glaubenssätze in Bezug auf Geld – **und desto mehr Geld wird in unser Leben kommen!**

Schon in der Bibel steht, dass wir den »Zehnten« abgeben sollen. Auch der reichste Mensch, der jemals lebte, John D. Rockefeller (sein damaliges Vermögen im Vergleich zur heutigen Kaufkraft betrug ca. 380 Milliarden Dollar), verfuhr danach: Seit seinem 14. Lebensjahr spendete er immer den zehnten Teil seines Einkommens.

Wenn wir einen Teil unseres Geldes ausgeben, um die schönen Seiten des Lebens zu genießen, programmieren wir unser Unterbewusstsein auf eben diese schönen Dinge. Wer sich dagegen nichts gönnt, programmiert sein Unterbewusstsein auf Mangel statt auf Fülle.

Und einen Teil sollen wir sparen: weil wir damit unserem Urtrieb der »Sicherheit« entsprechen.

Finanzielles Rettungsprogramm

> Nichts mehr zu haben
> macht frei,
> etwas Neues zu beginnen.

Das meine ich mit vollem Ernst. Ich merkte es, als ich vollkommen pleite war. Ich weiß noch, als ich mit meiner Frau Anfang Mai 2004 durch die Innenstadt von Schweinfurt lief und dort einem Bettler einen Euro in seinen Hut warf. Ich sagte zu Kerstin: »Jetzt hat der arme Mann 6 600 001 Euro mehr als wir …« Etwa dreieinhalb Jahre später war ich praktisch wieder schuldenfrei! Das Entscheidende ist, dass ich die entsprechenden Glaubenssätze hatte, also absolut sicher und fest davon überzeugt war, dass ich spätestens innerhalb von fünf Jahren wieder vermögend sein werde. Und der zweite Aspekt war: **Ich wusste, _wie_ ich das schaffen kann!**

Als alles verloren war, war es an der Zeit, über alles nachzudenken. Keine Firma, keine Mitarbeiter, keine Kunden, kein Besitz, kein Ruf – nichts zwang mich mehr zu irgendetwas. Ich konnte frei entscheiden, was ich wollte, wann ich es wollte und wie ich es wollte. Wenn du entschieden hast, was du tun willst, dann zeige ich dir jetzt, **wie** du deine Schulden abbaust.

Professionellen Berater/Rechtsbeistand suchen

Genauso wie in einer geschäftlichen Krise empfehle ich bei privaten finanziellen Krisen einen professionellen fachlichen Beistand. Es kann eine professionelle Schuldnerberatung sein, ein Steuerberater, ein Rechtsanwalt oder aber eine Person, die dir mit ihren praktischen Erfahrungen helfen kann. Egal wen du konsultierst oder beauftragst, eine Eigenschaft sollte diese Person besitzen: **Die Vertrauensperson sollte einmal selbst in der gleichen oder einer ähnlichen Situation gewesen sein und sie gemeistert haben – oder beruflich bedingt schon zahlreiche Entschuldungen durchgeführt haben.** Dieses Praxiswissen ist unbezahlbar und damit wirst du automatisch nach der Strategie »**Modelling of Excellence**« vorgehen. Ich persönlich z. B. habe mit meinem Anwalt Jürgen Scholl aus Schweinfurt ein »Glückslos« gezogen. Als Fachanwalt im Bereich Strafrecht, Wirtschaft und vor allem als Insolvenzverwalter besaß er das nötige Fachwissen, um die äußerst komplexen und diffizilen Vorgänge überblicken und regeln zu können. Hier ein paar allgemeine Vorschläge für professionelle Schuldenberatung:

- Bundesweite Übersicht über staatliche Schuldnerberatungsstellen: www.forum-schuldnerberatung.de
- Fast alle Wohlfahrtsverbände (Caritas etc.)
- Verbraucherzentralen
- Kommunen (Städte, Landratsämter)
- Im Bereich Entschuldung und Insolvenzen tätige Rechtsanwälte
- Hotline des Bundesfamilienministeriums: 01801 907050

Kassensturz machen

Jede Form von Veränderung und Verbesserung erfolgt immer in drei Schritten:

1. **Erkenntnis**
2. **Entscheidung**
3. **Handeln**

Egal worum es geht, jeder Veränderungsprozess läuft so ab. Um also entscheiden und handeln zu können, ist es wichtig, erst einmal zu **erkennen:** Wie ist der genaue Stand? Wie viel Aktiva, also Haben-Posten, Guthaben, Vermögen, Wertgegenstände etc. existieren auf der einen Seite und welche Verbindlichkeiten, Schulden und Forderungen stehen auf der anderen Seite? Es wird eine exakte Aufstellung notwendig!

Die meisten Schuldner kapitulieren irgendwann, da es ihnen zu viele Schmerzen bereitet, immer wieder daran zu denken, **wie viele Schulden** sie haben. Also stecken sie ihren »Kopf in den Sand«, werfen alle Briefe, Rechnungen, Mahnungen usw. in eine Schublade (teilweise ungeöffnet ...) und wollen am liebsten davon nichts mehr sehen und hören. Was ist zu tun?

Anhang 1: Vermögen

Eine Liste anlegen mit der Überschrift »Vermögen«. Hier wird alles aufgelistet z. B:

- Bargeld
- Bankguthaben
- Wertpapiere
- Rückkaufswerte von Versicherungen
- Schmuck
- Sonstige Wertgegenstände (z. B. Briefmarkensammlung)
- Wertvoller Hausstand
- Immobilienbesitz
- Grundstücke
- Auto, Motorrad, teures Fahrrad usw.

Anhang 2: Verbindlichkeiten

Als Zweites wird eine Verbindlichkeitenliste erstellt:

- Nicht bezahlte Rechnungen (alle einzeln aufführen)
- Hypotheken
- Darlehen
- Kredite
- Sonstige Finanzierungen (z. B. Auto)
- Forderungen vom Finanzamt (entweder schon vorliegende oder durch Einreichung von Steuererklärungen in Kürze noch auftauchende ...)
- Schadenersatzforderungen

Alles eingeteilt in zwei Bereiche:

   1. Bereich: kurzfristig und dringlich
   2. Bereich: mittel- und langfristig

Anhang 3: Schulden

Status Plus/Minus: Dazu setzt du die Summen aus der Haben- und Soll-Liste im Anhang 3 = Schulden ein und erhältst dein aktuelles Minus.

> Guthaben
> − Verbindlichkeiten
> --------------------
> = Schulden

Und damit hast du eine exakte Zahl auf dem Tisch liegen, der du dich stellen kannst und die du als entsprechendes Ziel nun formulieren könntest. Beispiel: Die Schuldsumme beträgt 80 000 Euro. Dann formulierst du jedoch **nicht** das Ziel:»In fünf Jahren bin ich schuldenfrei!«, denn das ist kein Ziel, das Kraft und Energie weckt. Dann lieber einen längeren Termin wählen und ein positives Ziel formulieren:»In zehn Jahren besitze ich 100 000 Euro Vermögen.« Stelle dir doch nur mal vor: Du arbeitest fünf Jahre wie ein Berserker, sparst, erhöhst dein Einkommen, lernst – und dann ist dein Ziel erreicht, du bist wieder bei null! Das ist kein Ziel, das motivieren kann. Bodo Schäfer, der »Money Coach«, hat früher in seinen Geld-Seminaren empfohlen, sich mit dem Schuldenabbau lieber etwas länger Zeit zu lassen und **vom ersten Monat an** Geld zurückzulegen. Dann sieht man schon im nächsten Monat nicht nur »Minus« auf seinen Kontoauszügen, sondern endlich wieder mal ein »Plus«. Und dies beeinflusst positiv das Unterbewusstsein. Immer daran denken: Geld zeugt neues Geld!

Dauerlösung schaffen

Anhang 4: Liquide Mittel beschaffen

Verkaufe alles, was du verscherbeln kannst. Es ist vollkommen gleichgültig, wie sehr du an den Sachen hängst. In einer finanziellen Krise musst du Kapital schaffen. Je schneller, desto besser. Alle »Spielsachen«, die dir teuer und wichtig sind, kannst du verkaufen. Wenn du in deiner Persönlichkeitsentwicklung weiter voranschreitest und tatsächlich nach der Krise neu durchstartest, kannst du dir in kürzester Zeit alles wieder neu anschaffen, was du verloren hast, und noch viel mehr!

Oder wie sagte einmal einer der reichsten Menschen der Welt, John D. Rockefeller:

»Man kann mir mein ganzes Vermögen wegnehmen und mich an einem x-beliebigen Tag mit dem Fallschirm über einer einsamen Südseeinsel aus dem Flieger werfen. Drei Jahre später werde ich noch viel reicher sein als heute, denn das Wissen, um zu einem solchen Reichtum zu kommen, wie ich hatte, habe ich ja immer noch!«

Du besitzt ein größeres Auto – verkaufe es und schaffe dir ein kleines an. Du hast noch ein Motorrad – verkaufe es und fahre mit dem Fahrrad. Du hast eine Briefmarkensammlung, die du seit 20 Jahren vervollständigst – verkaufe sie! Du hast Lebensversicherungen, Bausparverträge, bei denen du Wert verlierst, wenn du jetzt verkaufst – verkaufe sie! Du hast teure Möbel, Gemälde, eine Bang & Olufsen-Anlage – verkaufe sie!

Außerdem überlegst du jetzt, wer dir Geld schenken oder leihen könnte (Eltern, Oma, Geschwister, Freunde). Jetzt weißt du, welche Summe du als »Haben« besitzt und in welchem Verhältnis dieses Haben im Vergleich zu den Schulden steht. Beispiel: 10 000 Euro flüssige Mittel stehen insgesamt einem Minus von 50 000 Euro gegenüber. Jetzt könntest du jedem Gläubiger einen Vergleich von 20 Prozent anbieten, die er sofort bekommt – wenn er im Gegenzug auf den Rest verzichtet. Die Gläubiger bei der Inline AG haben zum Beispiel auf einen Großteil ihrer Forderungen verzichtet, wenn sie im Gegenzug einen bestimmten Betrag bekommen. Und sie waren sogar bereit, dass sie diese Summe in Raten erhalten.

Anhang 5: Ausgaben-Liste

Es ist immer wieder erstaunlich, wie Menschen, die bereits hoch verschuldet sind, auf viel zu hohen Kosten sitzen.

a) Ist-Analyse: Schreibe dir einmal vier Wochen lang alles auf, wofür du Geld ausgibst. Von den Zigaretten über Süßigkeiten, Zeitungen bis zu den Fixkosten (im Unternehmen ist eine ähnliche Analyse vorzunehmen, es sind alle Einzelposten anzusehen).

b) Teile sie jetzt ein in drei Kategorien:

1. Kategorie: Überlebensnotwendig – muss bleiben!
2. Kategorie: Wichtig, unter Umständen jedoch zumindest zeitweise aus- oder herabsetzbar!
3. Kategorie: Schön, angenehm, aber Luxus, der nicht notwendig ist! Jetzt streichen – ganz!

Anhang 6: Einnahmen-Seite

Neben einem schnellen und radikalen Abbau der Kosten ist das Erhöhen der Einkünfte **der noch wichtigere Schritt**. Hier ein paar Tipps:

- Als Mitarbeiter: Nebenjob annehmen. (Vielleicht ist es möglich, dass du einen zusätzlichen Nebenjob annimmst oder eine selbstständige Tätigkeit beginnst, in der sich zusätzlich zur normalen Arbeit weitere Einkommen erzielen lassen). Ein Nebenjob zusätzlich kann bis zu 4 800 Euro im Jahr bedeuten. Reicht auch das nicht aus, um die Probleme zu lösen, können beide Partner einen Nebenjob annehmen = also bis zu 9 600 Euro zusätzliche Einkünfte pro Jahr. Addiert man noch die entsprechenden Kosteneinsparungen hinzu, könnten in relativ kurzer Zeit die finanziellen Probleme gelöst sein.
- Gehaltserhöhung: Wie lange ist deine letzte Gehaltserhöhung her? Komme aber bitte nicht auf die abwegige Idee, zu deinem Chef zu gehen und ihm zu sagen: »Ich bitte um eine Gehaltserhöhung, denn ich brauche mehr Geld!« **Niemand** zahlt dir mehr Geld, weil **du** es benötigst. **Die einzige Chance, dass du eine Gehaltserhöhung erhältst, besteht darin, entsprechend mehr Nutzen zu bieten.** Möglicherweise hast du das bereits getan und der Chef hat vergessen, dir das entsprechend zu honorieren. Vielleicht ist es aber auch notwendig, dass du zuerst einmal über einen entsprechenden Zeitraum
  - → länger arbeitest,
  - → früher kommst,
  - → später gehst,
  - → zusätzlich Verantwortung übernimmst,
  - → dich aus- und fortbildest, um neue Fertigkeiten und Fähigkeiten in die Firma einzubringen.

  Und arbeite bitte konsequent an deinem Expertenwissen, auch als Angestellter, um bei den nächsten Beförderungen der ausgewählte Kandidat zu sein.
- Wie wär's denn mit folgender Idee: Biete doch dem einen oder anderen Gläubiger an (wo es passt), dass du deine Schulden ganz oder zumindest teilweise abarbeitest. Möglicherweise liest du diese Zeilen gerade ungläubig oder musst sogar schmunzeln. Doch die schrägsten Ideen sind oft die besten. Vielleicht

nimmt dein Gläubiger dieses Angebot dankbar an, wenn er ansonsten keine Möglichkeit sieht, dass du seine Forderungen begleichen kannst.

Anhang 7: Überschuss-/Fehlbetrag-Liste

Jetzt stellst du in einer Liste deine Ausgaben und Einnahmen gegenüber und erhältst ein Plus- oder ein Minusergebnis. Hast du ein Plus, dann werden sich die Probleme langfristig beheben lassen. Wenn du im Minus bist, dann heißt es:

* **Ausgaben weiter kürzen!!!**
* **Einnahmen weiter erhöhen!!!**

Wenn deine Schulden relativ gering sind, so ist es möglich, sie durch alle bisher in diesem Kapitel geschilderten Techniken, Systeme und Strategien vollständig zu tilgen. Doch ab einem bestimmten Betrag wird es durch den Zins- und Zinseszinseffekt immer schwerer – irgendwann unmöglich. Dies ist dann erreicht, wenn wir mit allen unseren Möglichkeiten (Kosten sparen, Einkünfte erhöhen) nicht einmal in der Lage sind, die Zinsen unserer Schulden zu bedienen, sodass die Gesamtsumme unserer Schulden immer höher wird. Spätestens dann wird es Zeit, mit den Gläubigern über einen Vergleich, eine Stundung, zu sprechen. Und ich wiederhole es nochmals eindringlich: vorher einen Fachanwalt einschalten. Am besten wäre es, dieser würde dann in deinem Namen die Verhandlungen führen.

Möglichkeit A: Schreiben an den Gläubiger

Vor einigen Jahren erhielt ich in meiner damaligen Firma das Schreiben eines Schuldners mit einem ähnlichen Text. Lies ihn dir erst einmal in Ruhe durch und dann wirst du verstehen, warum ich seiner Bitte nachgekommen bin.

Nun lag dieser Brief vor uns – und wie sollten wir da »Nein« sagen können? Natürlich haben wir zugestimmt. Immer wieder stellte ich seitdem fest, dass wir bereit waren, den Schuldnern Zugeständnisse zu machen, wenn diese offen und ehrlich ihre Situation schilderten und um Hilfe baten.

Ernst Schuldner
Schuldnergasse 1
12345 Schuldnerdorf

Schuldnerstadt,
1. Januar 2008

Musterfirma
Musterstr. 2
23456 Musterstadt

Ihre Rechnung Nr. 001 vom 1.1.2007 über 2 360 €

Sehr geehrte Damen und Herren,

Ihre oben genannte Rechnung mit Ihrer berechtigten Forderung habe ich bis heute immer noch nicht bezahlt. Mittlerweile haben Sie die Lohnpfändung bei meinem Arbeitgeber veranlasst – und dies vollkommen zu Recht, wie ich betonen möchte. Ich bitte Sie, die Unannehmlichkeiten, die ich Ihnen bereitet habe, zu entschuldigen.

Aufgrund einiger unglücklicher Umstände, die zusammengekommen sind, bin ich ohne Verschulden in eine finanzielle Notlage geraten. Zwischenzeitlich hatte ich sogar schwere psychische Probleme zu bewältigen und musste therapeutischen Beistand in Anspruch nehmen.

Mittlerweile habe ich mich wieder gefangen, stelle mich derzeit meinen Problemen und bin gewillt, sie in Ordnung zu bringen.

Jedoch ist inzwischen ein weiteres großes Problem aufgetaucht: Mein Arbeitgeber hat vor einigen Tagen ein Gespräch mit mir geführt und mir mitgeteilt, dass weitere Lohnpfändungen nicht mehr toleriert werden würden – **ansonsten werde ich entlassen!**

Wenn dies passieren sollte, bin ich mit meinen 46 Jahren arbeitslos, kann meine Schulden überhaupt nicht mehr bezahlen und muss Privatinsolvenz anmelden. Aber selbst wenn ich nicht entlassen werde, sind meine Schulden mittlerweile so hoch, dass ich in keiner Weise – durch mein Einkommen – in der Lage bin, die Forderungen zurückzuzahlen.

Ich bin aber gewillt, mich meinen Verpflichtungen zu stellen, und bitte Sie, mir dabei zu helfen.

Mittlerweile habe ich meine gesamte Familie über meine missliche Lage informiert und diese ist bereit, mir einen größeren Betrag zur Verfügung zu stellen – aber nur wenn damit eine Gesamtlösung verbunden ist. Ich unterbreite Ihnen deshalb folgenden Vorschlag:

Durch das Geld meiner Familie bin ich in der Lage, 20 Prozent Ihrer Forderung = 472 Euro sofort zu begleichen. Weitere 20 Prozent zahle ich Ihnen in 24 Raten à 19,67 Euro. Auf die restlichen 60 Prozent bitte ich Sie zu verzichten.

Ich kann mir vorstellen, wie Sie jetzt denken und reagieren. Und Sie haben vollkommen Recht – an Ihrer Stelle würde ich mich ebenfalls fürchterlich aufregen! Aber: Einem nackten Mann wie mir kann man nicht in die Tasche greifen.

Wenn Sie Ihr Recht wahrnehmen, was ich auch verstehen könnte, bedeutet das für mich den Ruin, also den Gang in die private Insolvenz.

Ich verspreche Ihnen, dass ich meine Zahlungen pünktlich leisten werde, und verbleibe in der Hoffnung, keine Fehlbitte getan zu haben.

Mit freundlichen Grüßen

Ernst Schuldner

Möglichkeit B: Telefon

Eine zweite Möglichkeit: deine Gläubiger telefonisch kontaktieren. Möglicherweise kombinierst du auch Methode A und B. Einige deiner Gläubiger werden bereits deinem schriftlichen Angebot zustimmen (dann hast du Zeit und Energie gespart), einige werden sich bei dir melden und mit dir verhandeln wollen (dann bist du bereits im Telefonkontakt) und einige reagieren gar nicht, bei diesen musst du sowieso telefonisch nachhaken.

Beachte folgende Details:

- Immer auf der sachlichen Ebene bleiben, nicht emotional werden – auch wenn es dein Gegenüber wird!
- Sieh immer das Problem aus der Sichtweise deines Gläubigers – er soll auf Geld verzichten, eine verspätete Zahlung akzeptieren etc.
- Oft sind wir beim Unterbreiten eines Angebotes zu optimistisch. Es kommt vor, dass die fest eingeplanten Einnahmen zurückgehen (z. B. bei Selbstständigen) oder sich die Kosten unvorhergesehen erhöhen. Und dann kommen wir eventuell in die Lage, unsere zugesagten Zahlungen nicht einhalten zu können – was den Gläubiger dann unheimlich sauer macht, verständlicherweise. Deshalb würde ich lieber einen wesentlich vorsichtigeren Vorschlag unterbreiten.

Möglichkeit C: Persönliches Gespräch

Manchmal ist es sinnvoll, einen Vertrauten einzuschalten (z. B. Steuerberater oder Rechtsanwalt), der die Verhandlungen übernimmt. Einem Dritten glaubt man mehr als seinem Schuldner. Hat dieser Dritte darüber hinaus noch einen Titel oder einen angesehenen Beruf (Steuerberater, Rechtsanwalt), ist er automatisch vertrauenswürdig. Außerdem kann man einem Dritten gegenüber wenig emotional sein – dieser führt ja lediglich die Verhandlungen und hat mit der eigentlichen Ursache nichts zu tun.

Nun einige Möglichkeiten zum Erreichen von **Teilzahlungen und zum Verzicht auf Restverbindlichkeiten,** die dann wieder Liquidität hergeben. Ideal ist es, einen bestimmten Betrag anzubieten, wenn im Gegenzug der Rest der Forderung erlassen wird. Der Zahlungsbetrag kann durchaus nur bei 10 bis 30 Prozent liegen, dieser wird in der Regel trotzdem akzeptiert. In jedem Fall den Vergleich schriftlich schließen und diesen von einem Anwalt prüfen und formulieren lassen. Weitere Möglichkeiten der Liquiditätsbeschaffung sind schon einmal in diesem Kapitel behandelt worden – außer dem »Gang nach Canossa«, also dem offenen und ehrlichen Gespräch mit Familienangehörigen und Freunden: Wer kann dir eine bestimmte Summe für einen überschaubaren Zeitraum leihen? Dabei ist es wiederum wichtig, ganz offen und ehrlich vorzugehen: Die Situation schildern, Fehler zugeben und den privaten Sanierungsplan vorstellen, um auf diese Weise klarzumachen, dass man nie wieder in eine solche Lage kommen will und wird. Unangenehm, ich weiß, aber andererseits lernt man auch hier seine wahren Freunde und guten Verwandten kennen ...

- **Stundung:** Wenn du keine Liquidität hast, gibt es eine weitere Möglichkeit, nämlich die offene Forderung für eine bestimmte Zeit stunden zu lassen (eher längeren als zu kurzen Zeitraum planen) und danach die Bezahlung in überschaubaren Monatsraten (bis zu 60 Monate) anzubieten. Bei diesem Vorschlag muss der Gläubiger auf nichts verzichten außer auf seine Zinsen, er muss lediglich etwas länger auf sein Geld warten. Selbstverständlich darf bei dieser Variante der Schuldbetrag nicht verzinst werden (Zinseszinsfalle).
- **Ratenzahlung:** Wenn es die Situation zulässt (Einkünfte liegen höher als Ausgaben), kann man einen sofortigen Ratenplan anbieten. Sogar wenn der Gerichtsvollzieher schon in der Tür steht, kann man grundsätzlich noch Ratenzahlungen anbieten. Denn eine Pfändung mit anschließender Verwertung kostet Zeit – deshalb wird der Ratenzahlungsplan als bessere Alternative oftmals akzeptiert.
- **Zahlungsunterbrechung:** Vielleicht hast du mit deinen Gläubigern bestimmte Zahlungspläne vereinbart und dich auch eine Zeit lang daran gehalten (es ist unumgänglich, eine bestimmte Zeit die vereinbarten Zahlungen einzuhalten, damit wieder Vertrauen entsteht!!!). Doch dann lässt es deine Situation nicht zu, die vereinbarte Zahlung so fortzuführen wie vereinbart. Wenn die Gläubiger jetzt wieder etwas Vertrauen haben und du dich wieder **rechtzeitig vor der Zahlungsunterbrechung** mit ih-

nen zusammensetzt, um ihnen die Situation zu erklären, sind sie u. U. bereit, für einen oder mehrere Monate eine Zahlungsunterbrechung zu akzeptieren.

Versetze dich immer in die Situation des Gläubigers: Er hat absolut nichts davon, wenn du pleitegehst! Er ist genauso wie du selbst daran interessiert, dass es bei dir weitergeht. Und wenn er die ersten Teilzahlungen schon erhalten hat und guter Hoffnung ist, dass es weitergeht, wird er auch eine Unterbrechung (zum Beispiel weil bei dir im Sommer/Winter zwei oder drei Monate der Umsatz traditionell viel niedriger liegt) akzeptieren.

Warnung: Recht schnell ist man als Selbstständiger überschuldet oder zahlungsunfähig und dann in bestimmten Fällen gesetzlich verpflichtet, Antrag auf Insolvenz zu stellen. Bitte deshalb in einer Krise unbedingt eng mit einem Steuerberater und Anwalt zusammenarbeiten.

Verbraucherinsolvenz als Lösung

> Ich weinte, weil ich keine Schuhe mehr hatte,
> bis ich einem Mann begegnete,
> der keine Füße mehr hatte.
>
> *Persisches Sprichwort*

Manchmal ist es unumgänglich, auch eine private Insolvenz in Betracht zu ziehen. Wenn deine Schulden einfach zu hoch sind, als dass du sie zurückführen könntest, wenn die Gläubiger deinen Vorschlägen absolut nicht folgen wollen, ist es oftmals besser, diesen Weg zu beschreiten. Nach sechs Jahren »Wohlverhaltensphase« werden dir die Restschulden in der Regel erlassen. Du benötigst jedoch in unserer Welt selbst dafür, dass du pleitegehen willst, noch Geld ...

Ein Insolvenzverwalter wird nur tätig, wenn du mindestens ein paar tausend Euro zur Verfügung hast. Du kannst aber auch als Verbraucher einen Stundungsantrag für die Verfahrenskosten stellen. Du solltest auf jeden Fall mit dem Insolvenzverwalter gut zusammenarbeiten. Das heißt: auf irgendeine Art und Weise mit deinem Job oder mit deiner selbstständigen Tätigkeit dafür sorgen, dass Geld »in die

Masse« kommt. Masse ist die Summe aller deiner Vermögenswerte, die am Ende des Insolvenzverfahrens an die Gläubiger ausgekehrt wird – natürlich erst nach Abzug der Gerichtskosten und der Vergütung für den Insolvenzverwalter. Wie bereits in diesem Buch erwähnt, gibt es teilweise gehörige Pfändungsfreibeträge. Du siehst, dass du selbst als insolventer Schuldner nicht am Hungertuch nagen musst. Und wenn dein Partner für dich nicht mitgehaftet hat, kann sein Einkommen ja pfändungsfrei zu eurem Lebensunterhalt beitragen.

Das Hauptproblem bei einer privaten Insolvenzanmeldung ist oft ein ganz anderes: Wir fühlen uns in unserer Existenz bedroht und wir haben Angst, dass die Familie, Freunde, Nachbarn, die »ganze Stadt« mit Fingern auf uns zeigen. **Lass die anderen denken, was sie wollen!** Und wenn du dich grämst wegen deines Vermögens, deiner »Spielsachen«, die du verloren hast, dann hier etwas Treffendes von Johann Heinrich Pestalozzi:

Du kannst ein Haus kaufen – aber keine Behaglichkeit!
Du kannst ein Auto kaufen – aber keine Freiheit!
Du kannst ein Bett kaufen – aber keinen Schlaf!
Du kannst eine Frau/einen Mann kaufen – aber keine Liebe!

Abgabe der eidesstattlichen Versicherung (EV)

Vielleicht willst du ja keine Insolvenz anmelden. In diesem Falle wird dich früher oder später einer deiner Gläubiger zu einem sogenannten Offenbarungseid zwingen. Dabei musst du deine Vermögensverhältnisse wahrheitsgemäß vor Gericht angeben und beeiden. Deine Schulden können übrigens 30 Jahre lang und teilweise noch länger eingefordert werden. Hast du jedoch einmal eine eidesstattliche Versicherung geleistet, lässt man dich für die nächsten zwei Jahre »in Ruhe«. Erst dann kannst du wieder zur nächsten eidesstattlichen Versicherung gezwungen werden.

Die Zeit heilt viele Wunden!

Übrigens: Bei einer EV musst du **alles**, wirklich **alles** bekannt geben. Schon das Vergessen einer wertvollen alten Uhr oder einer Lebensversicherung kann strafrechtliche Konsequenzen nach sich ziehen!!!

Sieben Taktiken bei Gesprächen mit Banken

> Ein Banker ist ein Mensch,
> der Ihnen den Regenschirm aufspannt,
> wenn die Sonne scheint –
> und ihn in dem Moment zusammenklappt,
> wo der erste Regentropfen fällt!
>
> *Alfred Herrhausen*

Das, was Alfred Herrhausen so fantastisch ausdrückte, habe ich selbst erlebt. In Phasen, in denen es prächtig läuft, in denen du vor Gewinnen, Einkommen, Umsatzsteigerungen und Liquidität nur so strotzt, stehen alle stets »bei Fuß«, um dir ihre Dienste anzubieten. Sobald aber diesen »Haien« bekannt wird, dass du möglicherweise in Schwierigkeiten bist (oder kommen könntest), klappen sie tatsächlich den Regenschirm zu. Wenn es zu einer finanziellen Krise kommt. solltest du folgende Strategien beim Umgang mit den Banken verfolgen:

- Du solltest mit den Banken offen und ehrlich sein. Es hat keinen Sinn, etwas Wesentliches zu verschweigen oder es gar falsch darzustellen. Wenn so etwas herauskommt, ist das Vertrauen in deine Person endgültig zerstört und deine Schwierigkeiten werden noch größer.
- Informiere die Banken unverzüglich über alle Daten, Fakten und Ergebnisse! Unverzüglich heißt, dass du dich möglichst schnell mit den Banken in Verbindung setzen solltest.
- Bevor du mit den Banken oder Investoren verhandelst, konsultiere bitte entsprechende Berater oder Mentoren. Diese müssen natürlich über praktische Erfahrungen verfügen. Im privaten Bereich empfehle ich, unbedingt einen professionellen Schuldenberater zu konsultieren.
- Rechtsbeistand konsultieren: Setze dich unbedingt mit einem vertrauenswürdigen, erfahrenen Rechtsanwalt zusammen, der

dich bei all deinen Entscheidungen und Maßnahmen beraten kann, damit du hier keine Fehler begehst und falsche Entscheidungen triffst, die du später möglicherweise bereust.

- Finanziellen Status feststellen: Schreibe alle deine Guthaben, Forderungen und Vermögensgegenstände auf, außerdem alle deine Darlehen, Verbindlichkeiten und offenen Rechnungen.
- Verhandlung mit den Finanzinstituten: Die beste Chance hast du tatsächlich, wenn du bei dem einzelnen Institut deutlich in der Kreide stehst. Beispiel: Wenn du bei einer Bank ein Haus finanziert hast, das noch mit einem Restdarlehen von 400 000 Euro zu Buche steht und dieses bei einem Verkauf oder durch Zwangsversteigerung nur 200 000 Euro bringen würde, ergäbe sich ein Minus für das Kreditinstitut von 200 000 Euro. Wenn du bei diesem Institut sonst keine Geldanlagen mehr hast und auch keine Vermögensgegenstände übertragen wurden, so sieht es für dich sehr gut aus. Denn wenn die Bank das Haus zwangsversteigern würde, würden mindestens 100 000 Euro Restforderungen übrig bleiben. Wenn du diese nicht bedienen kannst, würde dies für das Institut ein negatives Geschäft bedeuten, das heißt, es würde ein entsprechendes Minus in seiner eigenen Bilanz erwirtschaften.

Du hast drei Möglichkeiten, mit deiner Bank zu verhandeln:

1. **Aussetzung der Tilgung**: Dies ist etwas, worauf sich die Banken am schnellsten einlassen. Ihre Forderung bleibt in voller Höhe bestehen, du zahlst die Zinsen weiter und nach einem bestimmten Zeitraum setzt die Tilgung wieder ein. Sollte deine Position so sein, dass bei einer Liquidation noch eine Menge an Restforderungen bei der Bank bestehen, die nicht gedeckt sind, ist es oftmals möglich, eine Tilgungsaussetzung zu erreichen. Pass auf, dass du die Tilgungsaussetzung nicht zu kurzfristig vereinbarst. Denn, wie schon mehrmals erwähnt, oft sind wir viel zu optimistisch. Deshalb: die Zeitdauer der Tilgungsaussetzung länger vereinbaren. Und auch wenn dein Bankberater dich auf eine kürzere Zeitspanne festlegen will, würde ich persönlich dem nicht zustimmen. In deiner Not wirst du zustimmen, aber möglicherweise hat sich dann der Turnaround-Pro-

zess entgegen deiner Planung noch etwas verzögert und das nächste Problem steht vor der Tür.

Verhandle nicht nur über eine Tilgungsaussetzung, sondern auch darüber, dass die Tilgung erst zeitversetzt wieder die alte Höhe erreicht. Dadurch gewinnst du einen weiteren Spielraum als Sicherheit, zum Beispiel:

- Zwei Jahre tilgungsfrei
- Weitere zwei Jahre 50 Prozent Tilgung
- Weitere zwei Jahre 75 Prozent Tilgung

2. **Herabsetzung der Zinsen:** Was vielleicht auf den ersten Blick unmöglich erscheint, aber in der Praxis gang und gäbe ist, ist die Herabsetzung des vereinbarten Zinssatzes. Allerdings erfordert dies eine knallharte Verhandlungsführung, denn wenn sich die Banken darauf einlassen, verlieren sie natürlich richtig Geld. Du hast das Darlehen vielleicht für einen Zinssatz von 7,5 Prozent erhalten – die Bank hat allerdings refinanziert für, sagen wir, 4,5 bis 5 Prozent. Nur die Zwischenspanne ist also der Gewinn für die Bank. Ein Drittel des vereinbarten Zinssatzes herabzusetzen ist noch relativ leicht in einer Verhandlung möglich (immer vorausgesetzt, du hast eine starke Verhandlungsposition). Eine Zinssatzherabsetzung über dieses Drittel hinaus erfordert dann schon eine hohe Verhandlungskunst. Dabei musst du natürlich berücksichtigen, dass auch die Banken ihrerseits an gesetzliche Vorgaben gebunden sind.

Beim Zinssatz gilt der gleiche Grundsatz wie bei der Tilgungsaussetzung: Sei vorsichtig bei deinen Zukunftsannahmen und kalkuliere nicht zu optimistisch. Denn falls sich deine Annahmen als zu optimistisch erweisen, würde es sehr schwierig sein, dann nochmals neu mit den Banken zu verhandeln. Hier ein Beispiel:

- Zwei Jahre Zinssatz 3 Prozent statt 7,5 Prozent
- Weitere zwei Jahre Zinssatz 4,5 Prozent statt 7,5 Prozent
- Erst dann wieder den normalen Zinssatz von 7,5%

3. **Höheren Kreditrahmen vereinbaren:** Wenn du ein überzeugendes Konzept vorlegen kannst, aus dem ersichtlich ist, warum und wie du die Gewinnschwelle erreichst, ist es sogar möglich, einen höheren Kreditrahmen als bisher zu erhalten. Dies auch und vor allem wieder dann, wenn du dich in einer starken Ver-

handlungsposition befindest. Wenn du nun ein überzeugendes Konzept vorlegst, untermauert mit Daten, Fakten, Analysen – möglichst bestätigt oder erstellt von Fachleuten –, und dies mit der entsprechenden Selbstsicherheit vorträgst, dann ist die Chance sehr groß, eine weitere Kreditlinie zu erhalten.

> Willst du den Wert des Geldes kennenlernen?
> Versuche, dir welches zu borgen.
>
> *Benjamin Franklin*

Anhang 1: Vermögensübersicht

Lfd. Nr.	Vermögensart	Vermögen in €
1	Bargeld	
2	Girokonto	
3	Sparkonto	
4	Wertpapiere	
5	Rückkaufswerte Lebensversicherungen	
6	Schmuck	
7	Sammlungen (Münzen, Briefmarken)	
8	Auto, Motorrad	
9	Wertvolle Stereoanlage	
10	Grundstücke	
11	Wohneigentum	
12	sonstiges	
13		
14		
15		
	Gesamtvermögen	

Anhang 2:
Verbindlichkeiten: A) kurzfristig und dringlich

Lfd. Nr.	Art der Verbindlichkeit	Betrag in €
1	Stromrechnungen	
2	Gas-/Heizungsrechnungen	
3	Mietrückstände	
4	Unbezahlte Auto-Raten	
5		
6		
7		
8		
9		
10		
11		
12		
13		
14		
15		
16		
	Gesamtverbindlichkeiten kurzfristig fällig	

Anhang 2:
Verbindlichkeiten: B) mittel- und langfristig

Lfd. Nr.	Art der Verbindlichkeit	Betrag in €
1	Darlehen	
2	Kredite	
3	Hypotheken	
4	Autofinanzierung	
5		
6		
7		
8		
9		
10		
11		
12		
13		
14		
15		
16		
17		
18		
	Gesamtverbindlichkeiten mittel- und langfristig fällig	

Anhang 2: Verbindlichkeiten

Kurzfristige Verbindlichkeiten	=
+ Mittel- und langfristige Verbindlichkeiten	=
= Gesamtverbindlichkeiten	=

Anhang 3: Status Plus/Minus

Ergebnis Anhang 1 = Vermögen	=
− Ergebnis Anhang 2 = Verbindlichkeiten	=
= Plus/Minus	=

Anhang 4: Liquide Mittel beschaffen

Lfd. Nr.	Art der Mittel	Betrag in €
1	Barmittel	
2	Kontoguthaben	
3	Verkauf von Wertpapieren, Lebensversicherungen oder Geldanlagen	
4	Verkauf von Wertgegenständen, Schmuck, Uhren	
5	Verkauf von Auto, Elektrogeräten	
6	Mittel durch Dritte: Eltern	
7	Mittel durch Dritte: Oma und Opa	
8	Mittel durch Dritte: Geschwister	
9	Mittel durch Dritte: Freunde	
10	Mittel durch Dritte: Arbeitgeber	
11	Sonstiges	
12		
13		
14		
15		
	Liquide Gesamtmittel	

Anhang 5: Ausgaben-Liste

Lfd. Nr.	Ausgaben	Kategorie notwendig Kat. 1	benötigt Kat. 2	Luxus Kat. 3	Betrag in €
1	Miete	X			
	Bei Wohneigentümern Grundsteuer	X			
	Zinsen (verhandeln!)	X			
	Tilgung (aussetzen oder mindern!)	?	X		
2	Wasser	X			
3	Strom	X			
4	Gas	X			
5	Heizung	X			

Lfd. Nr.	Ausgaben	unbedingt notwendig Kat. 1	weniger notwendig Kat. 2	Luxus Kat. 3	Betrag in €
6	Müllabfuhr, Schornsteinfeger, sonstige Nebenkosten	X			
7	Unterhalt	X			
8	Schule, Kindergarten	X			
9	Lebensmittel	X	?	?	
10	Arzt- und Rezeptgebühren	X			
11	Hygiene	X	?	?	
12	Telefon, Internet, Handy	X	?	?	
13	Urlaub, Ausflüge			X	
14	Fahrtkosten, öffentliche Verkehrsmittel	X			
15	Haustiere (Steuer, Tierarzt, Nahrung)	X			
16	Kleidung	X	?	?	
17	Restaurant, Kantine			X	
18	Zigaretten			X	
19	Zeitungen (Abos kündigen)			X	
20	Hobbys		X	?	
21	Beiträge Gewerkschaft, Verein etc.			X	
22	Kontoführungsgebühren (per EDV günstiger!)	X	?	?	
23	Girokonto-Zinsen (ausgleichen!)	X	X	X	
24	Darlehen 1	?	?	?	
25	Darlehen 2	?	?	?	
26	Darlehen 3	?	?	?	
27	Ratenzahlung 1	?	?	?	
28	Ratenzahlung 2	?	?	?	
29	Ratenzahlung 3	?	?	?	
30	Versicherungen (von Versicherungsmakler checken lassen!!!), Krankenversicherung	X			
31	Private Haftpflicht	X			
32	Hausrat	X			

Lfd. Nr.	Ausgaben	unbedingt notwendig Kat. 1	weniger notwendig Kat. 2	Luxus Kat. 3	Betrag in €
33	Risikolebensversicherung	X			
34	Gebäudeversicherung	X			
35	Unfallversicherung	X			
36	Glasversicherung			X	
37	Rechtsschutzversicherung			X	
38	Altersvorsorge		X	?	
39	Berufsunfähigkeit	X			
40	Krankenzusatzversicherung			X	
41	Sonstige Versicherungen				
42	Sonstige Versicherungen				
43	Sonstige Versicherungen				
44	Auto-Leasing/-Kredit (kleiner? Öffentliche Verkehrsmittel?)	?	?	?	
45	Kfz-Versicherung	?	?	?	
46	Kfz-Steuer	?	?	?	
47	Benzin	?	?	?	
48	Stellplatz/Garage	?	?	?	
49	Kfz-Reparaturen, -wäsche, -pflege, -öl	?	?	?	
50	Sonstige Kfz-Kosten				
51	Sonstige Ausgaben				
52					
53					
54					
55					
	Gesamtausgaben				

Anhang 6: Einnahmen

Lfd. Nr.	Einnahmen	Betrag in €
1	Lohn/Gehalt/Arbeitslosengeld/Rente	
2	Partner Lohn/Gehalt/Arbeitslosengeld/Rente	
3	Kindergeld	
4	Elterngeld	
5	Unterhalt	
6	Beihilfen	
7	Mieteinnahmen	
8	Zinseinnahmen	
9	Nebenjob/Zweitjob	
10	Sonstiges	
11		
12		
13		
14		
15		
	Gesamteinnahmen	

Anhang 7: Überschuss/Fehlbetrag

	Einnahmen gesamt	=
−	Ausgaben gesamt	=
=	**Überschuss oder Fehlbetrag je Monat**	=

Kapitel 10
Krankheit als Botschaft der Seele

Wer keine Zeit für seine Gesundheit hat,
wird Zeit für seine Krankheit haben müssen.

Englische Volksweisheit

Gesundheit ist unser natürlicher Zustand

Warum aber sind dann so viele Menschen krank? E. Winter hat im
Jahr 1959 eine Untersuchung durchgeführt, bei der 200 »gesunde«
Angestellte folgende Beschwerden angaben:

- Magenbeschwerden   37,5 %
- Angstzustände   26,5 %
- Schlaflosigkeit   17,5 %
- Schweißausbrüche   14,0 %

Ich habe nur die wichtigsten Ergebnisse genannt, die Liste lässt sich
fast unbegrenzt fortführen. Eine andere Untersuchung hat ergeben,
dass nur 6 Prozent der Deutschen sich für momentan gesund halten
– 94 Prozent haben also gerade irgendeine Krankheit (oder mehrere).
Solltest du also derzeit eine gesundheitliche Krise durchleben, so sei
beruhigt – **das ist ganz normal.**

Edgar Hein hat in seinem Buch »Krankheit als Krise und Chance«
aufgeführt, dass ein durchschnittlicher Erwachsener in 25 Jahren ein
Mal lebensbedrohlich erkrankt, 20 Mal ernsthaft und ca. 200 Mal
mittelschwer ...

Seit meinem 19. Lebensjahr interessiert mich das Thema »Gesundheit und Fitness« sehr stark. Ich las jahrelang alles zu diesen

JA! Jürgen Höller
Copyright © 2009 WILEY-VCH Verlag GmbH & Co. KGaA, Weinheim
ISBN 978-3-527-50463-3

Themen, besuchte Seminare, Kongresse, Symposien, machte meine Fitnesslehrerausbildung ... Viele Jahre glaubte ich, dass Gesundheit einfach auf Faktoren wie richtge Ernährung, körperliche Betätigung, Erholung, Nichtrauchen etc. zurückzuführen ist. Doch im Laufe der Zeit merkte ich, dass viele Sportbegeisterte schließlich massive Probleme mit ihrer Gesundheit bekamen. Ich stellte fest, dass die meisten Vegetarier, die ich kennenlernte, nicht besonders gesund aussahen. Dagegen kannte ich Raucher, die steinalt wurden ....

Dann habe ich »Modelling of Excellence« betrieben Ich sah mir die Menschen an, die weltweit sehr alt wurden, und war sehr überrascht: Sie gehörten in der Regel keinem Fitnessclub an (betrieben meist keinen Sport), hatten ihr Leben lang hart gearbeitet, ernährten sich oft relativ ungesund. (Meine Uroma wurde fast 100 Jahre alt und ihre Hauptnahrung bestand aus altem, trockenem Brot mit etwas Käse und Wurst, ab und zu einem Joghurt – dafür täglich zwei Schnäpschen, ein Eierlikörchen, eine Flasche Bier und ein bis zwei Schoppen »Himmlisches Moseltröpfchen« – ein für meinen Geschmack unglaublicher Fuselwein...)

Zwar bin ich auch heute noch der Meinung, dass eine gesunde Lebensweise mit ausreichend Sport, frischer Luft, viel Trinken von reinem Wasser, guter Ernährung etc. unseren Körper positiv stimuliert – doch alleinentscheidend für hohes Lebensalter ist unsere Lebensweise anscheinend nicht.

Man kann sich sein Grab auch mit Messer, Gabel und Löffel schaufeln

Und noch etwas: Die Schulmedizin hat in den letzten 150 Jahren fantastische Fortschritte gemacht! Die großen Seuchen sind (bei uns) verschwunden; wir können praktisch den ganzen Körper durchleuchten und jede Einzelheit checken; es gibt modernste Apparate und Technologien; es existieren die besten Vorsorgeuntersuchungen; seit 1945 gibt es das Penicillin usw. – eigentlich müssten wir Menschen doch heute alle topfit sein. Aber die Gesundheitskosten explodieren und nur noch 6 Prozent der Menschen geben an, ganz gesund zu sein. Warum?

Und dann traf ich vor einigen Jahren auf einen ganz anderen Ansatz, der letztendlich unser Geist/unsere Seele auch unseren Körper beeinflusst. Zum ersten Mal hörte ich davon bei einem meiner Ausbildungsseminare bei Prof. Samy Molcho, der größten Koryphäe auf dem Gebiet der Körpersprache. Prof. Molcho war viele Jahre der weltweit bekannteste und beste Pantomime, später nahm er eine Professur für Körpersprache an der Universität von Wien an. Ich habe ihn immer wieder bei diversen Großveranstaltungen als Gastredner eingeladen und mehrere Ausbildungen zu seinem Spezialthema besucht. Hier die Quintessenz:

> Körper und Geist sind immer eine Einheit. Verändert man seinen geistigen Zustand – verändert sich der Körper.
> Verändert man seinen körperlichen Zustand, verändert sich auch der mentale Zustand, also der Geist.

Erst Jahre später, als ich mich mit den Ursprüngen von Gesundheit und Krankheit intensiver beschäftigte, sind mir diese beiden Sätze wieder eingefallen. Alles begann mit dem Lesen des Buches »Krankheit als Weg« von Thorwald Dethlefsen und Rüdiger Dahlke, setzte sich fort mit Prof. Kurt Tepperwein »Was dir deine Krankheit sagen will« und »Die Botschaft deines Körpers« und fand schließlich seinen Höhepunkt im Buch von Louise L. Hay »Gesundheit für Körper und Seele«. Alle vier Bücher sind die Grundlage dieses Kapitels und du kannst sie, wenn dich dieses Thema interessiert, bei uns per E-Mail bestellen (life@juergenhoeller.de).

Und jetzt zum meiner Meinung nach größten Geheimnis, zur Lösung aller Krankheiten:

> Krankheiten sind nichts anderes als Botschaften deiner Seele!

Es ist noch nicht einmal 120 Jahre her, dass die Menschen sich nicht gewaschen haben – weil sie glaubten, dadurch krank zu werden ...

Noch vor 150 Jahren wurde ohne Narkose operiert. Erst Dr. Welz entdeckte Lachgas und Äther als Narkosemittel. Er hat den Siegeszug seiner Entdeckung leider nicht mehr erlebt. Er starb als von der Fachwelt und seinen Mitkollegen ausgelachter »Ver-rückter« ...

Dr. Robert Koch entdeckte die Wirkung von Bakterien auf den Körper. Er stellte seine Entdeckung auf einem medizinischen Kongress in Berlin vor. Doch der damalige »Medizinpapst«, Prof. Virchow, verließ entrüstet den Saal mit den Worten: »So ein Unsinn, kleine Tierchen sollen die Menschen krank machen!«

Wenn Gesundheit unser natürlicher Zustand ist, dann ist jegliche Form von Krankheit ein »unnatürlicher« Zustand. Ist das so? Nein, ich sehe das anders. Krankheit ist genauso ein natürlicher Zustand – denn sie ist anscheinend »stimmig« mit uns und sie hat sich in unserem Leben manifestiert. Alles, was in unserem Leben existiert, ist natürlich. Ob wir uns dabei allerdings gut fühlen, ist eine ganz andere Sache ...

Im Laufe dieses Buches habe ich meine Grundeinstellung bereits einige Male deutlich gemacht:

Das Gesetz von Ursache und Wirkung

Es bedeutet, dass nichts existiert, sich nichts materialisieren kann, ohne dass (bewusst oder unbewusst) eine Ursache gesetzt wurde. Wenn wir krank sind, bedeutet es ganz einfach: **Wir sind im seelisch-geistigen Bereich in Disharmonie, einer Disbalance!** Und sobald wir unharmonisch leben, also von den Wegen, die wir gehen sollen, abgewichen sind, erhalten wir vom Leben die entsprechenden **Botschaften**. In diesem Buch habe ich sie als **Warnschilder** bezeichnet. Es sind Signale, die uns sagen: **»Stopp, hier nicht weitergehen!«** Oder: **»Vorsicht, du gehst einen falschen Weg!«** Oder: **»Verändere etwas, du bist nicht mehr in der richtigen Richtung unterwegs!«**

Eine Krankheit ist keineswegs unser Feind, wie die meisten Menschen glauben. Im Gegenteil: Sie ist unser Freund! Ja, du hast richtig gelesen! Und dieser Freund meint es gut mit uns. Darum sagt er uns ganz offen seine Meinung. Er sagt uns, dass wir nicht harmonisch mit uns und der Welt leben!

Die Grundlage von Prof. Samy Molchos Lehre ist die Einheit von Körper und Geist. Wenn also im Körper etwas nicht mehr gesund ist, sondern »krank«, dann ist automatisch auch etwas in unserem geistig-seelischen Bereich »krank«.

Wenn in oder an deinem Körper Krankheitssymptome auftauchen, dann wirst du zur Beachtung gezwungen. Wenn deine Seele nicht mithilfe des Körpers deine Aufmerksamkeit fordern würde, würdest du ja weiter den falschen Weg gehen. Einhergehend mit Symptomen sind in der Regel Schmerzen, denn Schmerzen wirken als **Beschleuniger!** Viele Beschwerden oder Krankheiten würden wir gar nicht ernst nehmen oder beachten, wenn wir nicht gleichzeitig Schmerzen hätten.

Wenn wir die ersten Warnhinweise (erste Symptome, leichte Beschwerden) nicht beachten, werden sie stärker. Dabei ist der Weg folgendermaßen:

1. **Es zeigen sich erste Symptome und leichte Beschwerden/ Schmerzen.**
2. **Die Symptome und Beschwerden/Schmerzen werden stärker.**
3. **Die Beschwerden/Schmerzen werden chronisch.**
4. **Eventuell führen sie zum Tod.**
5. **(Für Leser, die an die Wiedergeburt glauben)**
   Sie werden als Karma mit ins nächste Leben genommen.

An jedem Kühlschrank gibt es eine rote Warnleuchte, die blinkt, wenn mit der Kühlung etwas nicht stimmt. Wenn du nun diese rote Warnleuchte gegen eine neue austauschst in der Hoffnung, damit das Problem gelöst zu haben, wirst du anschließend sehr enttäuscht sein – das Symptom verschlimmert sich, deine Nahrungsmittel verderben, denn der Kühlschrank ist immer noch defekt.

Eine Krankheit ist das Gleiche wie die rote Warnleuchte an einem Kühlschrank. Die Krankheit mit Pillen oder anderen Mittelchen zu bekämpfen entspricht dem Austauschen der roten Warnleuchte – die Ursache, nämlich dass der Kühlschrank irgendwo defekt ist, wird nicht bekämpft. Genauso wird auch die Ursache in deinem geistig-seelischen Bereich nicht erkannt. Dabei sind Krankheiten hervorragende Lehrer. Krankheiten helfen uns auf unserem Lebensweg weiter, sind uns bei der Entwicklung behilflich.

Doch leider nehmen wir eine Krankheit nicht als Lehrer, sondern eher als Feind wahr. Und was macht man mit Feinden, die einen angreifen: **Man bekämpft sie!** Und wenn der Feind sehr groß und stark ist, dann hat man vor dem Kampf **große Angst!** Und genau diese Mischung aus Angst und Kampf ist fatal. Und alles, vor dem wir große Angst haben, alles, was wir nicht wahrnehmen wollen, alles, was wir bekämpfen, bewirkt genau das Gegenteil – wir ziehen es erst recht in unser Leben! Denke immer daran:

Alles hat seinen Sinn (auch eine Krankheit)

Nehmen wir einmal an, ich hätte Unrecht. Krankheiten sind demzufolge keine Botschaften, keine Nachrichten unserer Seele, nicht unser Freund, sondern unser Feind, haben keinen logischen Zusammenhang mit uns, unseren Denk- und Verhaltensweisen usw. Mit einem Wort ausgedrückt: Krankheiten sind Pech, Zufall, eine Laune des Lebens, des Schicksals, der Natur oder von Gott.

Wo aber sollte dann dieser »Zufall« herkommen? Letztendlich bieten sich nur zwei »Verursacher« für den Zufall an:

1. Das Universum (Leben, Natur)
2. Gott

Was das Universum betrifft, so haben wir gelernt und sagt uns die Naturwissenschaft heute ganz deutlich: **Im gesamten Universum gibt es keine Zufälle!** Das gesamte Universum unterliegt dem ewigen physikalischen **Gesetz von Ursache und Wirkung.**

Dieses Gesetz bedeutet: Es gibt im gesamten Universum keine Wirkung (also kein Ergebnis, kein Resultat), ohne dass zuvor auf irgendeine Weise eine Ursache gesetzt wurde. Dieses physikalische Lebensgesetz ist gleichzeitig ein metaphysisches Lebensgesetz. Auch hier gilt: In unserem Leben gibt es keine Wirkung, ohne dass eine (geistig-seelische) Ursache gesetzt wurde. Halten wir also fest: Das Universum kann für den Zufall nicht verantwortlich sein, denn im Universum gibt es keine Zufälle!

Gott: Ist Gott vielleicht der »Schuldige«? Was für ein Gott wäre das denn, der einem Menschen eine Krankheit schickt, den anderen aber gesund erhält? Der die Gebete eines Menschen erhört und dafür sorgt, dass dieser seine schlimme Krankheit besiegt – während er einen anderen sterben lässt? Oder müssen wir nur länger und intensiver beten? Das wäre einfach: Wer lange und intensiv genug betet, ist gesund. Ist es so? Sind alle fleißigen Beter gesund und alle Nichtbeter krank? Keine Spur! Sitzt Gott dann also »irgendwo oben im Himmel« und macht ein Spielchen?

Ich sage dir einmal ganz offen, was ich glaube: Gott ist nichts anderes als reine Liebe! Ich glaube, dass Gott die Essenz ist, die alles erschaffen hat und die letztendlich in allem existiert. Die Buddhisten glauben sogar, dass Gott in jedem Menschen, in jedem Tier, in jeder Pflanze, in jeder Sache vorkommt. Darum wird auch ein Buddhist nicht etwa gedankenlos oder bösartig eine Spinne im Zimmer totschlagen – sondern sie einfangen und vorsichtig wieder in die Natur entlassen. Und Gott liebt uns Menschen sogar so sehr, dass er uns seine göttliche Schöpfungsenergie gegeben hat. Und diese Energie unterliegt wiederum dem **Gesetz der Polarität**: Wir können diese Schöpfungsenergie positiv oder negativ einsetzen! Wir können etwas aufbauen – oder etwas zerstören! Wir können kreative und konstruktive oder destruktive und depressive Dinge denken und tun. Wir Menschen können unsere Energie einsetzen, um die Umwelt zu zerstören – oder um die Umwelt zu retten! Wir können unsere Schöpfungskraft einsetzen, um Kriege zu beginnen – oder um Kriege zu beenden! Wir können unsere Energie einsetzen, um zu hassen – oder um zu lieben!

Gott lässt uns dabei freie Hand. Da Gott jedoch nach meiner Definition reine Liebe ist, setzt sich auf Dauer auch die Liebe durch. Ich glaube, dass sich das Positive, das Aufbauende, das Kreative – nennen wir es mit einem Sammelbegriff die »**Liebe**« – immer durchsetzt! Licht ersetzt die Dunkelheit! Liebe ersetzt den Hass! Erfolg ersetzt den Misserfolg! Gesundheit kann die Krankheit ersetzen!

Und dieser Gott hat also allen Menschen seine Schöpfungskraft gegeben. Dadurch sind wir in der Lage, unsere eigene kleine Welt zu kreieren.

Und deshalb liegt es in deiner Hand, davon bin ich fest überzeugt, auch deine Krankheit durch Gesundheit zu ersetzen! Und was sich im ersten Moment so schwer anhört, ist letzten Endes dann doch wieder leicht! Wenn wir akzeptieren, dass wir Schöpfer sind und damit selbst verantwortlich für unser Leben, können wir alles verändern. **Gedanken sind Verwirklichungskräfte!**

Der Weg heißt: Die Krankheit annehmen, akzeptieren, ja, willkommen heißen, denn sie ist ein Lehrer. Und wenn du die Hintergründe, die Botschaften verstanden hast und dich danach richtest, verschwindet die Krankheit in kürzester Zeit. Hast du die »Lernbotschaft« verstanden und umgesetzt, hat deine Seele es nicht mehr nötig, ein »Signal« zu setzen.

Ich sage dir an dieser Stelle: Egal welche Krankheit du hast, sie muss nicht endgültig sein. Wenn heute jemand von einem Arzt hört, dass er noch fünf Monate zu leben hat, ist dies doch nichts anderes als ein statistischer Durchschnittswert, auf den dieser Arzt in der Regel zurückgreift, den er durch seine Ausbildung oder durch seine Praxis gelernt und erlebt hat. Einige Menschen sterben vielleicht schon nach drei bis vier Monaten, einige erst nach acht oder zehn Monaten mit der gleichen Krankheit im gleichen Stadium. Nirgendwo ist festgelegt, wie lange du bei einer bestimmten schweren Krankheit noch leben kannst. Es gibt Menschen, die erkranken am HIV-Virus (AIDS), doch Jahre später ist dieser Virus nicht mehr nachweisbar, passiert zum Beispiel bei der amerikanischen Basketball-Legende »Magic Johnson«. Es gibt immer wieder, auch in der Medizin, »Wunderheilungen«, die sich die Mediziner nicht erklären können. Für die Mediziner sind es dann **Ausnahmefälle,** die halt von der Norm abweichen.

> Wer aber sagt dir, dass du nicht auch so ein Ausnahmefall sein kannst?

Gerade in der Medizin gibt es eben nur Anhaltspunkte und statistische Durchschnittswerte. Doch immer wieder überraschen Patienten mit außergewöhnlichen Heilungsverläufen, werden chronisch Erkrankte wieder gesund, wachen Menschen aus langem Koma (man wollte schon die Geräte ausschalten!) wieder auf, leben Todgeweihte noch viele Jahre. Hast du gewusst, dass sich 90 Prozent deiner mehr als 200 Billionen Körperzellen innerhalb eines Jahres austauschen? Und dass 99 Prozent deiner Körperzellen innerhalb von zwei Jahren ausgetauscht sind? Dein Körper ist nach einem Jahr also fast ein komplett neuer Körper. In jeder Sekunde produziert dein Körper viele Millionen neuer Körperzellen. Dies geschieht ganz automatisch, wird unbewusst gesteuert. Doch in jedem Moment, in dem neue Körperzellen produziert werden, hat dein Unterbewusstsein einen Einfluss auf diese: Werden diese Zellen wie ein Luftballon prall gefüllt sein mit starker, positiver, aufbauender Energie? Oder werden diese neu produzierten Körperzellen wie ein halbleerer, saft- und kraftloser Luftballon aussehen – und die Energie, die sich darin befindet, ist noch dazu eine negative? Ich bin der festen Meinung und Überzeugung, dass der Mensch Schöpfer ist und alles in seinem Leben verändern kann. Aber jetzt kommen wir zum wichtigsten Satz in diesem Kapitel:

> Glaubst du daran?

Viele Menschen geben auf, wenn sich eine schwere Krankheit einstellt, vor allem wenn sie chronisch ist: »Wenn ich diese Krankheit habe, dann muss ich halt damit leben.« »Das ist jetzt so, daran kann niemand etwas ändern.« Falsch! Richtig ist: **Du kannst etwas daran ändern! Jeder Mensch kann alles verändern! Denn jeder Mensch hat den göttlichen Schöpfungsfunken in sich!** Der Körper ist kein unveränderliches festes Ding – wie bereits erwähnt, werden ständig neue Körperzellen produziert, tauscht sich dein Körper jährlich fast komplett aus. In einem Moment werden Zellen geboren, die als Information eine Krankheit ins sich tragen – im nächsten Moment, wenn du die geistig-seelische Ursache, das Problem, gelöst hast, durchströmt neue und aufbauende Energie jede Zelle, die in deinem Körper neu gebildet wird. Jede Krankheit ist in Wirklichkeit nicht mehr als das Flackern einer Kerze im Wind, eine vorübergehende Trockenheit, eine kurze Phase der Überschwemmung.

Meine Meinung ist:

- Krankheiten sind lediglich Botschaften deiner Seele!
- Jede Krankheit hat deshalb einen Sinn!
- Jede Krankheit hat ihre eigene Bedeutung, selbst jeder Pickel will dir etwas sagen!
- Sobald das **erste** Symptom auftritt, sofort die eigentliche **Ursache** herausfinden!
- Eine Krankheit ist eine Rückmeldung, ein Feedback deiner Seele mithilfe deines Körpers.

- Krankheiten = Rückmeldung/Feedback

Wenn du die Ursache herausfindest, sie im Sinne des Universums löst, verschwindet die Krankheit – und du bist wieder gesund.

Krankheit – Signal der Seele

Hier eine wahre Geschichte von Thomas Wiesner, einem meiner Seminarteilnehmer:
Thomas besuchte die komplette Serie »Lifing® – Die Kunst zu leben« und hatte sich im Oktober 2006 noch für das Rhetorik-Seminar bei mir angemeldet. Zwei Tage vor dem Seminar sagte er wegen gesundheitlicher Beschwerden ab. Er teilte jedoch mit, dass er bei der darauf folgenden Seminarreise nach Djerba auf jeden Fall mit dabei sein werde und er unbedingt einmal kurz mit mir sprechen müsse.

Bei der Seminarreise haben wir, Kerstin und ich, uns länger Zeit für ihn genommen und er erzählte, dass er schwer an Magenkrebs erkrankt sei. Als die Symptome massiv wurden, ging er zum Arzt und dieser stellte Magenkrebs im fortgeschrittenen Stadium fest. Er sollte sich sofort sechs Chemotherapien unterziehen. Doch er wollte unbedingt zuvor noch diese Seminarwoche mitmachen und mit mir reden. Als Erstes fragten wir ihn, was zum Zeitpunkt der Diagnose oder kurz zuvor in seinem Leben passiert sei. Irgendeine Veränderung gegenüber dem Normalen, irgendetwas, das passiert war (auch geistig).

Spontan antwortete er, dass seine frühere Partnerin, von der er seit vielen Jahren getrennt lebte, wieder bei ihm eingezogen war. Schon seit Jahren kümmerte er sich um deren Tochter (er ist nicht der Vater), die auch bei ihm lebte. Er machte sich all die Jahre, in denen seine Partnerin im Ausland ein Geschäft betrieb, immer noch Hoffnung auf eine gemeinsame Zukunft. Und nun, da ihr Geschäft praktisch pleite war, kam sie tatsächlich zu ihm zurück und zog bei ihm ein – seine Hoffnungen schienen sich zu bestätigen! Doch in den Wochen danach erkannte er, dass seine Ex-Partnerin sich keine gemeinsame Zukunft mehr mit ihm vorstellen konnte – und er fühlte sich schlicht und einfach ausgenutzt!

Wir vermuteten, dass dies tatsächlich die eigentliche Ursache seines Magenkrebses war (er war richtig »sauer« und ärgerte sich gewaltig – was auf den Magen schlug ...), und testeten es mit verschiedenen Methoden aus, ob dies wirklich die seelisch/geistige Ursache war. Unser Rat lautete, er solle einfach seine Ex-Partnerin bitten auszuziehen. Sollte sie ein paar Wochen Zeit benötigen, um eine neue Bleibe zu finden, würde er in der Zwischenzeit selbst kurz ausziehen. In jedem Fall würde er nicht länger dulden, dass sie bei ihm wohnte, von ihm bekocht und ausgehalten wurde. Er hatte vor diesem Gespräch Angst, da er sie trotz allem immer noch liebte.

Nach der Rückkehr von der Seminarreise sprach er mit seiner Ex-Partnerin. Sie verstand ihn und sagte, sie wäre schon selbst zu der Erkenntnis gelangt, dass es Zeit sei, auszuziehen und sich eine eigene Zukunft ohne ihn aufzubauen. Wenige Tage später zog sie aus. Er begab sich dann sofort in die Chemotherapie.

Nach der zweiten Chemotherapie kam sein behandelnder Arzt mit einigen Kollegen und den Untersuchungsunterlagen zu ihm und teilte ihm mit, dass er keine weitere Chemotherapie benötigen würde. Alle Werte seien normal. Er ist momentan wieder gesund. Ursprünglich waren sechs Chemotherapien angesetzt worden und die Ärzte hielten sie für absolut notwendig – angesichts des fortgeschrittenen Stadiums seiner Erkrankung.

Natürlich war er anschließend noch einige Wochen geschwächt – aber er arbeitete gleich weiter, spielte sogar wieder hobbymäßig Fußball und die Krankheit ist bis heute nicht wieder zurückgekehrt.

Auch die Schulmedizin weiß heute um den Einfluss des Geistes und der Seele auf unseren Körper. So sagen selbst die Schulmediziner, dass rund 80 Prozent aller Krankheiten psychosomatische, also seelisch-geistige Ursachen haben. Ich dagegen bin der festen Überzeugung, **dass 100 Prozent aller Krankheiten ihre Ursache in der Seele haben.**

Eine der Hauptursachen für Krankheiten ist unser mangelhaftes Selbstwertgefühl. **Fast jeder Mensch** hat ein zu gering ausgeprägtes Selbstwertgefühl, also eine zu kleine Selbst-Liebe. Von den Erwachsenen haben wir während unserer Kindheit gelernt:

- Ich bin nicht gut genug.
- Ich mache nie etwas richtig.
- Ich bin zu klein.
- Es ist mein Fehler.

- Ich muss besser werden, erst dann werde ich geliebt.
- Ich mache alles falsch.
- Ich bin schuldig.
- Ich muss immer etwas tun, dann werde ich etwas haben und dann werde ich etwas sein ...

> Die allermeisten Menschen denken von sich selbst:
>
> **Ich bin nicht gut genug!**

Und dieser Gedanke wird dann entsprechend kompensiert: Die einen geben sich auf und trauen sich nichts zu! Sie entwickeln einen Minderwertigkeitskomplex, und immer wenn es darum geht, etwas anzupacken, etwas in die Hand zu nehmen, etwas zu entscheiden, kommt der alte Komplex wieder hoch: »Nützt doch nichts. Brauche ich gar nicht zu probieren. Ich bin ja doch nicht gut genug!«

Andere, die dieses negative Selbstbild besitzen, kompensieren diesen Gedanken oft dadurch, dass sie immens fleißig sind, um durch Erfolge im »**Außen**« ihr »inneres Kleinheitsgefühl« zu heilen. Egal wie erfolgreich sie sind, egal welche Auszeichnungen sie erhalten, wie sie geehrt werden, wie viele materielle Güter sie anhäufen, welche Ziele sie auch erreichen – sie fühlen sich nicht gut genug! Also muss das nächste Ziel her.

Mein erstes Seminar begann ich 1986 vor fünf Teilnehmern. 1991 hatte ich bei einem Konzertbesuch mit meiner Frau eine Vision: Im Jahr 2000 fülle ich die Dortmunder Westfalenhalle mit 15 000 Menschen. Am 5. Februar 2000 war es dann der Fall: Ich stand vor 14 000 Menschen (mehr passten bei ausverkauftem Haus nicht hinein ...) auf der Bühne und am Ende meines Vortrags erhielt ich Standing Ovations. Doch als ich die Bühne verließ, dachte ich: »Irgendwie war ich heute nicht gut genug!« Und als ich mich in der Garderobe umzog, dachte ich schon darüber nach, wie ich in fünf Jahren das Münchner Olympiastadion mit 80 000 Menschen füllen könnte ...

Ob ich nun fünf Teilnehmer im Seminar hatte, 100, 1000 oder 14 000 – es war nie genug! Wäre mein Absturz nicht dazwischengekommen, hätte ich sicherlich auch das Olympiastadion gefüllt – und trotzdem wäre immer noch eine Leere in mir gewesen. Denn das innere Gefühl:»Ich bin nicht gut genug« wäre ja immer noch da gewesen.

Doch der Gedanke »Ich bin nicht gut genug!« ist ja nur ein Gedanke! Und jeder Gedanke kann jederzeit durch einen neuen Gedanken ersetzt werden.

Denk immer an die wichtigste Botschaft dieses Buches: **Du bist Schöpfer!**

Deine Zukunft ist immer offen. Jeder Moment ist neu. In jedem Moment kannst du durch neue Gedanken Neues erschaffen. Denn jeder Gedanke hat die Tendenz, sich zu verwirklichen. Gedanken sind nun einmal Verwirklichungskräfte. Deine Gedanken erschaffen deine Realität.

Nun gibt es immer wieder Seminarteilnehmer, die bei diesem Thema mit mir anfangen zu diskutieren und der Meinung sind, dass man das **Gesetz von Ursache und Wirkung** doch nicht immer und überall anwenden könne. Ich frage sie dann, ob sie generell an das »Gesetz von Ursache und Wirkung« glauben, ob das Gesetz existiert – und die Antwort darauf ist: »Ja.« (Sollte sie »Nein« sein, so muss man nur das Beispiel eines Balles anführen, der auf dem Fußballplatz genau dorthin fliegt, wo man ihn hintritt. Und wenn der Fußball an die Latte klatscht, ist es kein Pech, sondern einfach nur ein schlecht getretener Ball ...) Wenn aber ein Lebensgesetz existiert, dann existiert es immer. Das Lebensgesetz der Schwerkraft existiert auch immer. Es existierte vor tausend Jahren genauso wie heute und in den kommenden tausend Jahren. Das **Gesetz der Schwerkraft** besagt, dass ein Gegenstand, der fallen gelassen wird, immer zur Erdoberfläche angezogen wird, ob nun in Japan, in den USA oder in Deutschland. Und genauso ist es auch mit den anderen Lebensgesetzen: Entweder sie existieren, dann wirken sie immer, oder sie existieren überhaupt nicht.

Was wären denn das für Lebensgesetze, wenn sie zwischen null und drei Uhr nachts ausgeschaltet wären? Oder in bestimmten Teilen der Erde wären bestimmte Gesetze nicht gültig (das würde bedeuten, dass in ganz bestimmten Landstrichen Alaskas man von der Erde herunterfällt, weil dort das Gesetz der Schwerkraft nicht existiert). Oder zwischen null und ein Uhr nachts muss man aufpassen, weil auch dann das Gesetz der Schwerkraft ausgeschaltet ist ...

Ja: Das Gesetz von Ursache und Wirkung existiert – und es existiert zu allen Zeiten und an allen Orten im Universum!

Und demzufolge ist eine Krankheit lediglich ein Zwischenresultat, ein Zwischenergebnis, eine Zwischenwirkung! Jetzt, in diesem Moment, setzt du bereits neue Ursachen. Du bekommst durch dieses Buch Kraft, Hoffnung, Glauben und Mut – und schon verändert sich die Energie, die in deinen in diesem Moment neu gebildeten Zellen existiert. Täglich denkst du 30 000 bis 50 000 Gedanken – sind diese überwiegend mit positiver Energie angefüllt oder mit negativer?

Sicher kennst du den erfolgreichsten Radrennfahrer aller Zeiten: Lance Armstrong! Geboren wurde er am 18. September 1971 in Plano, Texas. Schon in jungen Jahren war er leidenschaftlicher Sportler, zuerst im Triathlon, später dann im Radsport. 1996 zählte er bereits zu den Topfahrern im internationalen Radsport. Doch im gleichen Jahr hatte er Beschwerden an seinen Hoden, die nicht nur schmerzten, sondern auch anschwollen. Bei der darauf folgenden Untersuchung stellte man Hodenkrebs im fortgeschrittenen Stadium fest. Aber es wurde ihm nicht nur ein Hoden entfernt, man stellte auch zwei Tumore in seinem Gehirn fest. Die Überlebenschance laut Prognose seiner Ärzte betrug lediglich 2 bis 3 Prozent. Er entschloss sich jedoch, nicht aufzugeben, sondern an sich zu glauben und zu kämpfen: Er unterzog sich Operationen und einer der schärfsten Formen der Chemotherapie. Die Chemotherapie war so stark, dass sie ihn fast umbrachte. Vollkommen geschwächt und am Ende begann er wie ein Dreijähriger, wieder Rad zu fahren. Und er fuhr weiter und immer weiter – bis er schließlich 1999, nur drei Jahre nachdem man seine schlimme Krankheit entdeckt hatte, die Tour de France, das wichtigste Radrennen der Welt, gewann. Aber nicht nur das: Er gewann insgesamt sechs Jahre nacheinander die Tour de France und wurde der beste Radrennfahrer aller Zeiten!

Wenn aber ein Lance Armstrong es schaffte, seine Krankheit zu besiegen – warum nicht auch du?

In China ist das Erntedankfest eines der zwei höchsten Feiertage des Jahres. Nun haben Forscher festgestellt, dass in der Woche vor dem Erntedankfest die durchschnittliche Sterbequote um ca. 35 Prozent absinkt. In der Woche nach dem Erntedankfest steigt sie dann wieder kontinuierlich an, ist in der zweiten Woche nach dem Erntedankfest sogar überdurchschnittlich hoch, ehe sie in der dritten Woche nach dem Erntedankfest wieder auf normales Niveau zurückkehrt. Was bedeutet diese Feststellung? Sie bedeutet, dass Menschen, die schon im Sterben liegen, unbedingt das Erntedankfest erleben wollen – und in der Lage sind, ihren Tod um Tage und Wochen hinauszuschieben.

Im Focus 2/2008 wurde berichtet, dass fast die Hälfte der Internisten laut einer US-amerikanischen Studie ihren Patienten schon einmal Placebos (wirkungslose Scheinmedikamente) verschrieben hatten. Eine Umfrage in Chicago ergab, dass bereits 45 Prozent der Fachärzte zu diesem Trick griffen – weil sie Vertrauen hatten, dass der bloße Glaube an die Wirksamkeit der Medizin hilft. **96 Prozent der befragten Mediziner** waren der Meinung, dass Placebos tatsächlich einen echten therapeutischen Nutzen haben (in Deutschland sind Placebos übrigens laut Gesetz verboten). Wenn aber der Glaube an die Wirksamkeit des Medikaments bereits das Ergebnis verändert – wozu ist dann der Glaube noch in der Lage?

Doch der Glaube allein ist nur der erste Schritt. Wichtig ist, dass du daran glaubst, dass deine Krankheit, so chronisch oder endgültig sie auch aussehen mag, **eben nicht** unveränderlich bleiben muss. Die Zukunft ist nicht festgeschrieben und jederzeit veränderbar. Und deshalb glaube tief und fest an dich und beginne, die wahren Botschaften hinter deiner Krankheit zu erkennen. Und sobald du die Botschaften richtig erkannt und daraus gelernt hast, ist deine Krankheit überflüssig und du kannst gesund werden!

Die Harvard Universität hat bei einer langjährigen Studie herausgefunden, dass der durchschnittliche US-Amerikaner bis zu seinem 18. Lebensjahr 150 000 negative Suggestionen von seiner Umwelt erhält. Ab dem 18. Lebensjahr hört das aber nicht auf, wir bekommen weitere 22 negative Suggestionen jeden Tag …! Kein Wunder, wenn die allermeisten von uns die oben beschriebenen Glaubenssätze oder Überzeugungen haben. Wer hat denn tatsächlich von seinen Eltern genügend Liebe gezeigt und gesagt bekommen? Und wie oft nimmst du deine Kinder in den Arm und hast sie einfach lieb? Wie oft sagst du jeden Tag deinen Kindern, dass du sie liebst, egal was sie tun, egal was sie angestellt haben, dass sie toll sind, fantastische Fähigkeiten haben, intelligent, groß, klug etc. sind? Kinder können nur an diesen beiden Faktoren (und an der Zeit, die du mit ihnen aktiv verbringst) erkennen, ob du sie liebst!

Doch egal, was deine Eltern und andere Erwachsene in deiner Kindheit verbrochen oder versäumt haben: Du bist nur ein Opfer von Opfern!

Auch deine Eltern haben aller Wahrscheinlichkeit nach zu wenig Liebe gesagt und gezeigt bekommen. Und deren Eltern wieder und deren Eltern wieder ... Löse dich jetzt von der Vergangenheit, lass sie los. Und vergib und verzeihe jedem, egal was er dir angetan hat. Und das Wichtigste ist: Verzeihe und vergib auch dir! Egal was passiert ist, egal was du getan hast – du kannst nichts an deiner Vergangenheit verändern! Was du aber verändern kannst, ist deine Zukunft. Und das Wichtigste:

Liebe dich!

- Liebe deinen Körper, dein Aussehen – so wie es ist.
- Liebe deine Talente und liebe dich auch mit deinen Fehlern.
- Liebe deine Stärken – und liebe auch deine Schwächen!

> Liebe deinen Nächsten wie dich selbst!

Du kannst also andere nur dann lieben, wenn du dich selbst liebst! Hier die Generalsuggestion, die du dir immer und immer wieder denken und vorsagen kannst:

> Ich liebe und akzeptiere mich so, wie ich bin!

Wenn ich in meinen Seminaren aktive Autosuggestion mit den Teilnehmern durchführe, dann machen sie oft begeistert bei allen möglichen Suggestionen mit (Ich bin ein Gewinner. Ich gebe mein Bestes. Ich schaffe es.). Wenn jedoch die Suggestion kommt: »Ich liebe mich«, werden die Stimmen leiser, etliche fangen an zu lachen, sie werden albern, sie schauen zum Nachbarn (wenn dieser nicht mitmacht, höre ich ebenfalls auf ...) usw. Der Grund ist ganz einfach: Jeder, der sich bei der Suggestion »Ich liebe mich« komisch, lächerlich oder albern vorkommt, hat ein massives Problem mit seinem Selbstwertgefühl. Viele Menschen können es nicht einmal aussprechen, und wenn, dann tun sie es ohne Überzeugungskraft.

Eine der wichtigsten und schwierigsten Lernaufgaben unseres Lebens ist, uns selbst zu lieben!

Nimm jetzt einen großen Zettel und schreibe mindestens 25 Gründe auf, warum du dich liebst. Diese Übung solltest du sechs Monate lang täglich einmal in Gedanken wiederholen, z. B. bei einem Spaziergang, in der Badewanne, vor dem Essen ...

Ich liebe mich, weil ...

Mentaler Gesundungsprozess

Bereit sein

Du musst bereit sein, diesen Prozess zu starten und durchzuführen. Bereitschaft bedeutet: **Glauben!** Wenn du an all das, was ich in diesem Kapitel beschrieben habe, partout nicht glauben kannst, lass es bleiben. Denn: Was immer du glaubst, wird sich erfüllen. Wenn du also glaubst, dass das ja nicht so ganz stimmen kann, dann wirst du genau das erleben. Auch wenn du diesen Prozess halbherzig startest – er wird scheitern! Glaube tief und unerschütterlich an dieses Modell, an dich, an deine Zukunft, an deine kommende Gesundheit!

Zeitpunkt des Auftretens

Stelle fest, wann die ersten Symptome aufgetreten sind. Wann hat deine Krankheit, wann haben deine Beschwerden begonnen? Wann haben sich die ersten Symptome gezeigt?

Was war zu diesem Zeitpunkt?

- Was hat sich in deinem Leben kurz vorher verändert?

  _____

  _____

- Welchen Konflikt gab es, der nicht gelöst wurde?

  _____

  _____

- Was hast du erlebt?

  _____

  _____

- Welche Lebenssituation hat sich geändert?

  _____

  _____

- Was musstest du loslassen?

  _____

  _____

- Was hast du verfehlt?

  _____

  _____

Welche Auswirkungen hat das Symptom?

- Woran hindert dich das Symptom?

  _____

  _____

- Wozu zwingt es dich?

_____

_____

Und dann stell dir die Fragen:

- »Warum verhalte ich mich so?«
  Antwort: »Ich habe Angst!«
- »Warum mache ich mir Druck?«
  Antwort: »Weil ich befürchte, den neuen Job nicht zu schaffen.«
- »Warum habe ich Bedenken mit dem neuen Job, den ich antrete?«
  Antwort: »Angst, zu versagen, nicht gut genug zu sein!«

Und am Ende warten wiederum – wie meistens: **Angst und mangelnde Selbstliebe!**

Absichern

Wenn du die Ursachen herausgefunden hast, kannst du sie mit modernen Methoden noch »absichern«. Instrumente dafür sind zum Beispiel Kinesiologie, Hypnose-Therapie oder der »Biotensor«.

Kinesiologie: Die Kinesiologie wird mittlerweile als neue Wissenschaft angesehen, obwohl sie erst in den 1960er-Jahren von dem Amerikaner Dr. George Goodhard entwickelt wurde. Später wurde daraus ein Therapieprogramm namens »Touch for Health« entwickelt. In Freiburg gibt es auch ein Institut für angewandte Kinesiologie, das Seminare, Weiterbildungsmedien und Ausbildungen zu diesem Thema anbietet. In meinen Seminaren führe ich die Kinesiologie in der Praxis vor und lehre die Teilnehmer, wie sie diese für ihren Alltag nutzen können.

Hypnose: Bei der Hypnose geht es nicht um Show-Hypnose auf der Bühne, sondern um seriös durchgeführte Hypnose. Ein seriöser Hypnose-Therapeut kann mithilfe der Hypnose das Unterbewusstsein befragen, welches die seelisch-geistige Ursache für eine Krankheit ist. Auf diese Weise kann man den Prozess, die »Ursache herauszufinden«, verkürzen.

Ich bin selber ausgebildeter Hypnose-Coach® und habe ganz fantastische Erfolge mit dieser Methode erzielt.

Biotensor: Dies ist nur bestimmten Menschen vorbehalten, die dafür geeignet sind. Ich selbst zum Beispiel kann mittels Biotensor nichts austesten – Kerstin dagegen, mit ihrer hoch entwickelten Spiritualität, sehr stark. Auch würde es jetzt zu weit führen, das Ganze hier zu erläutern, aber Experten auf diesem Gebiet können dir helfen.

Ins Handeln kommen

Wenn man die Ursache herausgefunden hat, gibt es immer irgendetwas zu tun:

- Jemandem/etwas verzeihen
- Schuldgefühle loslassen
- Ärger, Hass, Zorn loslassen und in Liebe umwandeln
- Einen Konflikt eingehen
- Einen Konflikt lösen
- Weicher sein
- Härter sein
- Gefühle zeigen
- Angst in Mut wandeln
- Ein Erlebnis uminterpretieren etc.

Mentale Unterstützungstechniken

Mittels diverser Mentaltechniken kann man dann **anschließend** den Heilungsprozess mit Methoden beschleunigen, die ich alle ausführlich in meinen Seminaren vorstelle und erläutere:

- Positive Autosuggestion
- Mentales CD-Training
- Visualisierungstechnik
- Aufbauende Bücher lesen
- Seminare besuchen

Du schaffst es!

Am Ende dieses Kapitels möchte ich dir noch einen Brief von meiner Seminarteilnehmerin Sabine B. aus Vorarlberg zum Lesen geben, deren Veröffentlichung sie mir erlaubt hat.

Hallo Jürgen,

an Weihnachen vor vier Jahren stellte ich plötzlich Blut im Stuhl fest. Mein Hausarzt meinte zunächst, es wäre wahrscheinlich eine Darmentzündung und müsste mit der richtigen medikamentösen Behandlung nach ein paar Tagen wieder abklingen. Dem war nicht so und ich wurde ans Krankenhaus verwiesen. Dort stellte man beim Ultraschall nichts fest und nahm schließlich eine Darmspiegelung vor. Resultat: Entzündung im Mastdarm. Woher, wovon ... konnte mir niemand sagen und vor allem auch nicht, was ich dagegen tun könnte (außer Kortison und andere Medikamente einzunehmen). Auf meine Frage, ob ich auf bestimmte Lebensmittel allergisch reagieren würde, sagte man mir nur, dass ich alles ausprobieren müsse, aber bei Entzündungen dieser Art keine Lebensmittelunverträglichkeiten bewiesen bzw. bekannt wären.

Die Blutungen wurden immer stärker und ich wurde mittlerweile richtig mit der Angst konfrontiert. Dazu kam noch, dass sich meine Eltern – vor allem meine Mutter, zu der ich immer ein ganz enges, vertrautes Verhältnis hatte – große Sorgen machten und mir immer mitzuteilen versuchten, dass ich mich nicht richtig ernähren würde ..., dass ich die Krankheit in den Griff bekommen müsse, da dies sonst zu Darmkrebs führen könnte ... Diese negativen Impulse verstärkten in mir die Angst und verunsicherten mich noch mehr ... Ich wusste, dass ich einen stressigen Job hatte und mir der Umgang mit meiner 85-jährigen Großmutter, zu welcher ich ein halbes Jahr vorher gezogen war, nicht leicht fiel. Sie litt an Altersdemenz, war mit sich und der Welt sehr unzufrieden und ließ mich das täglich spüren. Aber wie sollte ich meine Lebensumstände ändern?! Ich bin eben ein pflichtbewusster Mensch, dem nichts gleichgültig ist. Ich wusste auch, dass ich loslassen musste, doch was genau? Alles um mich herum war wichtig – wollte ich richtig machen.

Als sich die Blutungen wiederum verstärkten, wurde ich einer weiteren Darmspiegelung unterzogen (die Ärzte dachten, sie hätten eventuell bei der ersten Untersuchung etwas übersehen). Befund: keine Gewächse, »nur« eben diese gleich bleibende bzw. stärker gewordene Entzündung – ratlose Ärzte. Die Befürchtung der Ärzte – es könnte eine chronische Krankheit werden, falls die Entzündung nicht abklingen würde – hatte sich bewahrheitet. Auch meinten sie, ich müsse mich nun einfach mit dieser Krankheit abfinden. Ich würde wahrscheinlich zeitlebens daran leiden, im besten Falle würde sie wieder verschwinden, so wie sie gekommen war.

Mir wurde nun immer mehr bewusst, dass ich alternative Wege gehen musste. Ich habe die Medikamente abgesetzt und alles andere versucht (Kinesiologie, Familienaufstellung, Fußreflexzonenmassagen, Reiki, Schröpfen, Energiearbeit ...). Ich bin überzeugt, dass all diese Erfahrungen wichtig für mich waren und mich auf den richtigen Weg brachten. Das Einzige jedoch, was mir immer wieder für ein paar Monate Besserung bescherte, war die Arbeit in der Energiepraxis ... Doch wie konnte es sein, dass ich von jemandem abhängig war und immer wieder Blutungen bekam, sobald ich die Energiepraxis ein paar Monate nicht mehr besuchte?

Durch meinen Mann, der mich auf meinem Weg der alternativen Heilung sehr unterstützte, kam ich schließlich zu Jürgen Höller. Wir besuchten gemeinsam das Lifing-Seminar und waren total begeistert. Jürgen Höllers Aussagen stimmten mit all meinen bisherigen gesammelten Erfahrungen überein und ich bekam auf vieles im Leben eine Antwort.

Mittlerweile sah ich Mutterfreuden entgegen. Zu Beginn der Schwangerschaft ging es mir sehr gut, aber plötzlich begannen die Blutungen wieder. Zu diesem Zeitpunkt hatten wir den dritten Teil des Lifing-Seminars gebucht und mein Arzt wollte mich kontaktieren, sollten sich meine Blutwerte verschlechtert haben.

Tatsächlich bekam ich am Abend des ersten Seminartages den Anruf meines Arztes, der sehr besorgt klang. Meine Eisenwerte waren derart gering, dass die große Gefahr der Unterversorgung für mein Kind bestand. Ich besorgte natürlich gleich die empfohlenen Medikamente. Trotzdem wusste ich, dass sich auch grundsätzlich etwas anderes in meinem Leben ändern musste. Ich war sehr besorgt um mein ungeborenes Kind und wusste, dass Angst zu diesem Zeitpunkt alles nur verschlimmern würde ... Ich betete ...

Weil beim Seminar das Thema Krankheiten und die Kraft der eigenen Heilung Thema waren, wendete ich mich mit meinem Problem an Jürgen Höller. Er testete mich kinesiologisch aus und wir kamen endlich auf mein eigentliches Problem: Ich konnte den Ärger auf meine Großmutter nicht loslassen, da mich das Zusammenleben mit meiner an Demenz erkrankten Großmutter sehr belastete. (Sie behauptete z. B., ich würde ihre Sachen verschwinden lassen, ich würde ihr Gegenstände »unterjubeln«, die nicht ihr gehören ...) Als wir die richtige Ursache gefunden hatten, konnte ich meine Tränen nicht zurückhalten. Jürgen Höller gab mir die richtigen Formeln zur Heilung. Endlich schaffte ich es, mich von meinem Problem zu lösen – in drei Schritten, die zwar einfach klingen, aber beim richtigen Umsetzen sehr viel Kraft benötigen. Ich hatte es umgesetzt und es ging mir langsam besser.

Jedenfalls habe ich die Schwangerschaft dank Jürgen Höller, der mich auf den richtigen Weg brachte, aber auch Dank des Glaubens an Gott und an mich selbst überstanden und wir sind heute stolze Eltern einer süßen Tochter.

Lieber Jürgen,

danke nochmals für deine Hilfe und vor allem für deine enorme Energie, die mir immer wieder guttut.

Liebe Grüße
Sabine B.

Mental-Prozess (zur Wiederholung)

1. **Ursache herausfinden und aufschreiben,** z. B.: »Ich habe Angst, die Anforderungen in meiner Firma nicht zu schaffen!«
2. **Akzeptieren,** z. B.: »Sollte ich den Anforderungen nicht gewachsen sein, dann ist es so und dann komme ich auch damit zurecht!«
3. **Loslassen**: Vor den Spiegel stellen, permanent in die Augen sehen und mit **viel Gefühl** jeweils 30 bis 60 Mal 30 Tage lang wiederholen:

a) »Ich lasse xy jetzt und für immer los (z. B.: Ich lasse meine Angst, die Anforderungen in meiner Firma nicht zu schaffen, jetzt und für immer los).«
b) »Ich habe xy jetzt und für immer losgelassen (z. B.: Ich habe meine Angst, die Anforderungen in meiner Firma nicht zu schaffen, jetzt und für immer losgelassen).«

c) Positiv formulieren: »Ich schaffe die Anforderung aus Spaß und Freude, weil ich es kann, darf und will!«

4. **Unterstützen durch Visualisieren,** z. B. mittels der bildhaften Vorstellung, wie du voller Freude und Spaß deine Arbeit machst und deine Ziele erreichst.

Achtung:

Dieses Kapitel zeigt auf, wie ich persönlich Krankheiten und Gesundheit sehe und damit umgehe.

In jedem Fall sollte bei jeder Erkrankung der Rat ausgebildeter Fachexperten im Bereich der Medizin eingeholt werden.

Es geht mir nicht darum, mit meiner Vorgehensweise die Schulmedizin zu ersetzen, sondern sie zu ergänzen.

Kapitel 11
Beziehungen – Quell von Freude und Leid

Es gibt wohl keinen Bereich unseres Lebens, der so eng verknüpft ist mit Schmerz und Leid einerseits – und Liebe, Freude, Spaß und Lust andererseits. Der Mensch ist von Natur aus gesellig und braucht Mitmenschen, Kommunikation und Liebe zum Wohlbefinden. Nicht umsonst ist eine der härtesten Folter, die es gibt, die Isolationshaft, bei der Menschen dazu gezwungen werden, allein zu sein. Und da ich neun Monate lang 23 Stunden täglich mit mir allein war, weiß ich, wovon ich spreche ...

Bevor wir uns nun in diesem Kapitel mit dem Thema »Beziehungen« beschäftigen, weise ich darauf hin, dass ich nicht der »Experte Nr. 1« für bessere Beziehungen bin. Dafür gibt es andere Kapazitäten, die sich ganz auf dieses Thema konzentriert haben und dir eine Menge Tipps für eine glücklichere Beziehung geben können. Mir geht es in diesem Kapitel um das ganzheitliche Thema »Beziehungen«. Ich möchte einmal den spirituellen Hintergrund von Schmerz und Leid bei diesem Thema beleuchten und mein Ziel ist, dir dabei zu helfen, mit einigen grundlegenden Dingen im Bereich »Beziehungen« besser zurechtzukommen. Auf folgende Themen gehe ich deshalb in diesem Kapitel ein:

1. Die Angst, verlassen zu werden, einsam zu sein
2. Streit, Konflikte, kraftraubende Beziehungen!
3. Die Beziehung zu unseren Kindern
4. Tod des Partners, eines nahestehenden Angehörigen

JA! Jürgen Höller
Copyright © 2009 WILEY-VCH Verlag GmbH & Co. KGaA, Weinheim
ISBN 978-3-527-50463-3

Die Angst, verlassen zu werden

Hinter der Angst verlassen zu werden stecken zwei andere Ängste:

a) Unser Urtrieb, ohne Rudel sterben zu müssen.
b) Die Grundannahme, wir bräuchten die Liebe anderer, um Liebe spüren zu können!

Die Angst, aus dem Rudel ausgeschlossen zu werden, haben wir im 4. Kapitel ausführlich behandelt. In der heutigen Zeit ist diese Angst absolut unbegründet. Wie bereits ausführlich erläutert, gibt es **massenhaft** andere Menschen, die auf dich warten! Ein Beispiel gefällig? Es gibt allein in Deutschland ca. 30 Millionen Singles! Jeder wäre froh und glücklich, wenn er einen Partner oder eine liebevolle Beziehung zu anderen Menschen führen könnte. Und bei dieser Masse von Menschen, die ebenfalls auf der Suche nach Anschluss, nach Kontakt sind, gibt es viele, die auf »deiner Wellenlänge« liegen, die gleiche Interessen, gleiche Vorlieben, gleiche Einstellungen, gleiche Hobbys etc. besitzen. Also auch wenn du verlassen werden solltest bzw. derzeit allein und ohne Partner bist: **Dieser Zustand ist nur vorübergehend und du findest neuen Anschluss!** Wie sagte doch schon meine Mutter immer so treffend:

Jeder Topf findet seinen passenden Deckel!

Der einzige Grund, warum du keinen Kontakt zu anderen Menschen schließen könntest, ist der, dass du dich in deinen vier Wänden einschließt und nicht mehr herauskommst, weder physisch noch mittels moderner Kommunikationsmittel wie Internet. Aber ansonsten ist diese Angst vollkommen unbegründet.

Kommen wir **zu b)**: die Angst, ohne die Liebe anderer Menschen die Liebe nicht spüren zu können. Hinter dieser Einstellung: »Ich brauche andere Menschen, um mich geliebt zu fühlen« steckt immer ein zu kleines Selbstwertgefühl, eine mangelnde Eigenliebe.

Wir erwarten also, dass der Partner oder auch unsere Eltern, Geschwister, Kinder, Freunde **uns glücklich machen.** Eigentlich steckt dahinter ja eine gehörige Portion Egoismus, oder? Wer um alles in der Welt gibt uns das Recht, zu fordern, dass die anderen uns lieben sollen, dass die anderen uns glücklich machen sollen? Die einzige Lösung, die es gibt, lautet:

Liebe dich selbst, so wie du bist!

Niemals wird dir irgendein anderer Mensch das geben können, worum es dir eigentlich geht: das tiefe, innerlich befriedigende Gefühl der Liebe! Diese Liebe kann dir nur ein einziger Mensch auf dieser Welt geben: **du dir selbst!**

Und das Tollste daran ist: Wenn du dich selbst liebst, du also voller Liebe bist (liebe-voll), dann strömst du schließlich vor Liebe über und wirst diese auch automatisch auf andere Menschen verteilen.

In der Verhaltensforschung hat man übrigens festgestellt, dass Menschen, die nur wenige Beziehungen in ihrem Leben hatten (oder überhaupt keine), häufig alle ihre Erwartungen an das Leben in ihren Partner projizieren. Wie soll irgendein Mensch diese Erwartungen erfüllen? Wer darauf wartet, dass er von »der Welt« geliebt wird, wird vergeblich darauf warten! Die Welt wurde nicht geschaffen, dass du von ihr geliebt wirst. Der liebe Gott hat uns so geschaffen, dass wir in der Lage sind, uns zuallererst einmal selbst zu lieben.

Das ist, zusammengefasst, alles, was unser Christentum ausmacht. Einmal angenommen, du liebst dich sehr wenig – das würde bedeuten, dass du auch andere wenig liebst. Wenn du aber dich liebst, wirklich mit ganzem Herzen annimmst und liebst, so wie du bist – dann wirst du automatisch auch andere Menschen lieben. Diese Selbstliebe hat nichts mit Egoismus oder Narzissmus zu tun, im Gegenteil: Der Narzisst hat so wenig Liebe in sich, dass all sein Denken sich ständig um ihn selbst dreht: wie toll er aussieht, wie toll er ist – weil er in Wirklichkeit ganz tief in seinem Herzen das Gefühl hat: Ich bin nichts wert, ich bin nicht gut genug!

Und so projizieren wir unsere letzte Hoffnung in einen Partner, einen »weißen Ritter«, der hoch zu Ross kommt und dann, wie in den wunderbaren romantischen Filmen, alles für uns tut. Und dann haben wir unsere Vorstellungen und Erwartungen, was der Partner alles tun muss, damit wir uns auch wirklich sicher sein können, dass er uns liebt. Wir erwarten, dass der Partner uns immer sagt, dass er uns liebt; dass er uns in den Arm nimmt, drückt, streichelt und damit sagt, dass er uns liebt; dass der Partner für uns materiell sorgt, damit ausdrückt, dass er uns liebt; dass der Partner immer gut aussieht und damit verdeutlicht, dass er uns liebt; dass der Partner für uns kocht, uns an Weihnachten, zum Geburtstag, zum Valentinstag, zu Ostern, zum Namenstag, zum Hochzeitstag reich beschenkt und an uns denkt; dass wir Blumen geschenkt bekommen; dass wir gekuschelt werden; dass wir kommunizieren; dass wir Sex bekommen, wenn es uns danach verlangt – die Liste ließe sich jetzt ewig fortführen! Und wie will auch nur irgendein Mensch auf dieser Welt all dem entsprechen? Ich entspreche der obigen Liste nur in manchen Punkten, in anderen dagegen nicht. Heißt das jetzt, dass ich Kerstin nicht oder zu wenig liebe? Und umgekehrt entspricht auch Kerstin nicht allen Erwartungen (z. B. mag sie es überhaupt nicht, mich zu massieren ...) – heißt das jetzt, sie liebt mich zu wenig?

Zum Auflockern des ernsten Themas hier ein kleiner Witz:

> Ein Mann besucht ein Irrenhaus. Ein Insasse wiegt sich auf dem Stuhl seiner Zelle hin und her und murmelt verzweifelt: »Karin, Karin, oh Karin.« »Was ist denn los mit ihm?«, fragt der Mann den Arzt. »Ach, er wurde von seiner Frau verlassen und das machte ihn verrückt.« Ganz in Gedanken grübelnd geht der Mann weiter bis er an einer anderen Zelle vorbeiläuft, in der ein Mann in einer Zwangsjacke immerzu mit seinem Kopf gegen die Gummiwand rennt und dabei ständig wiederholt: »Karin, Karin, oh Karin.«
> »Geht es denn um die gleiche Frau?«, fragt er den Arzt. »Ja, aber ihn hat sie schließlich geheiratet.«

Es geht bei Beziehungen mit anderen Menschen nur um zwei Dinge:

1. Liebe dich selbst!
2. Liebe die anderen bedingungslos!

Denn echte Liebe ist bedingungslose Liebe. Wenn wir unseren Partner lieben, auch wenn er anders aussieht, etwas anderes tut, sich anders verhält, als wir es uns vorstellen und wünschen, nur dann ist es echte Liebe. Das sind auch die beiden Grundprobleme der Eifersucht:

Ja, manche halten Eifersucht sogar für etwas Positives. So nach dem
Motto: Wenn ich eifersüchtig bin, zeigt das meinem Partner, dass er
mir wichtig ist, also dass ich ihn liebe. Doch in der Eifersucht steckt
doch nichts anderes als ... Angst!!! Angst, der Partner könnte uns untreu werden, einen anderen finden, uns verlassen. Doch wir wissen
bereits: Angst zieht genau das an, was wir vermeiden wollen. Wer eifersüchtig ist, wird seinem Partner als Erstes unmissverständlich klarmachen, dass er ihn beim geringsten Anlass zur Eifersucht verlassen
wird. Natürlich können wir so einem Menschen kein Vertrauen schenken, sondern wir bleiben wach und misstrauisch. Ist der Partner nicht
in den letzten Wochen öfters sehr spät am Abend von der Arbeit nach
Hause gekommen? Was ist da los? Ganz »zufällig« prüfen wir besonders gut die Garderobe unseres Liebsten, schauen immer wieder
einmal in die Anruflisten des Partnerhandys. Wenn wir mit unserem
Partner unterwegs sind und er auch nur einen Blick auf eine vorbei-
schlendernde Person wirft, machen wir eine Szene ... usw. Doch was
passiert? Der Partner fühlt sich immer mehr eingeengt, kontrolliert,
ist enttäuscht – und so treibt dieses Verhalten den Partner zwangs-
läufig in die Arme eines anderen. In dem weit verbreiteten »Phänomen der Eifersucht« steckt immer das Besitzanspruchsdenken »Der
Partner gehört mir« – und dahinter steckt die Angst, den Partner zu
verlieren. Wie aber kann man nun das ganze Problem der Eifersucht
lösen? Indem wir einen Bewusstseinssprung vollziehen:

> Wenn etwas zu dir gehört, dann lasse es los!
> Wenn es zu dir zurückkehrt, dann gehört es dir!
> Und wenn es nicht zu dir zurückkehrt –
> dann hat es sowieso nie zu dir gehört!

Und noch etwas: Manchmal ist es auch so, dass sich die Lebenslinien zweier Menschen wieder trennen. Man hat sich gefunden, sich das gegeben, was die Seele für ihre eigene Weiterentwicklung benötigte, und nun lässt sich die Beziehung nicht mehr weiterführen.

Und vielleicht wartet dann, wenn sich die Wege getrennt haben, auch wieder eine neue Beziehung auf dich, aus der du dann wieder lernen kannst (genauso wie dein ehemaliger Partner).

Streit, Konflikte, kraftraubende Beziehungen!

Hast du auch schon gemerkt, dass Beziehungen ein wahrer Quell an Problemen, an Streit, an Konflikten sind? Doch warum ist das so? Ich glaube mittlerweile, dass sich unsere (unsterblichen) Seelen im Himmel finden und dann bestimmte Dinge verabreden.

Beispiel: Eine Seele möchte im nächsten Leben lernen, dass sie keine Liebe von »anderen und außen« benötigt, sondern die Liebe zu sich selbst ausreichend ist. Um das lernen und erfahren zu können, verabredet diese Seele mit anderen Seelen, bevor sie »wieder runterkommt«, dass man ihr unter allen Umständen beim Zusammentreffen Anerkennung, Stolz und Liebe nicht zeigen darf. Denn in dem Moment, in dem das passiert, würde die Seele ja nicht lernen, dass sie sich selbst liebt. Und so schlagen einige Seelen per »Handschlag« ein und versprechen hoch und heilig, ihr niemals Anerkennung, Stolz und Liebe zu zeigen, zu geben und auszudrücken. Die einen Seelen gehen dann schon mal »runter«, treffen sich, sind ein Paar, zeugen ein Kind – und nun kommt unsere kleine Seele in dieses Menschlein, um bei diesen beiden Menschenseelen, genannt Eltern, zu lernen, dass es sich selbst liebt. Ach ja, noch etwas: Die Seelen vergessen zum Zeitpunkt, wenn sie in den Körper wiederkehren, dass sie bestimmte Lernaufgaben mit in dieses Leben genommen und auch einiges mit anderen Seelen verabredet haben. Wir alle wissen also von nichts ...! Und so halten sich unsere »Elternseelen« streng an das Verabredete: Sie nehmen das Kind nicht in den Arm. Sie sagen ihm nie, dass sie es lieben. Sie sagen ihm nie, dass es etwas gut macht. Sie sagen ihm nie, dass sie stolz auf es sind. Und auch wenn das Kind fast zusammenbricht – sie halten sich (unbewusst) streng an ihre Verabredung, weil sie auf einer höheren Ebene wissen, dass es wichtig für die Entwicklung dieser Seele ist. Das Kind wächst heran und es entwickelt einen Minderwertigkeitskomplex. Es fühlt sich nicht geliebt. Es glaubt, es hat keine besonderen Talente und Begabungen. Das Wenige, das es macht, macht es schlecht – sodass es statt Anerkennung, Lob und Stolz Häme, Spott, Kritik und Ablehnung ertragen muss.

Kommt dir all das ein wenig bekannt vor? Dann bist du vielleicht die beschriebene Seele ...

Das, was ich hier geschrieben habe, glaube ich wirklich. Und wir haben nicht nur mit unseren »Elternseelen« solche Verabredungen getroffen, sondern auch mit anderen Helfern. Diese lieben dich auf der Seelenebene so sehr, dass sie unter gar keinen Umständen nachgeben und sich von ihrem Versprechen, ihrer Verabredung, die sie mit dir getroffen haben, lösen. Und so hast du die entsprechenden Lehrer, die entsprechenden Chefs, den entsprechenden Partner, die entsprechenden Freunde, die dir alle die Liebe und Anerkennung verweigern. Möglicherweise »kompensierst« du dann auf deinem Weg erst einmal. Manche machen das, indem sie aufgrund ihres ausgeprägten Minderwertigkeitskomplexes aufgeben. Andere kompensieren ihren Minderwertigkeitskomplex, indem sie anfangen, eine Stärke fanatisch auszubauen und wie besessen den Erfolg zu suchen, ihn dann auch finden – um am Ende festzustellen, dass all das, was sie sich aufgebaut haben, nicht ausreichend ist, um die fehlende Liebe auszugleichen.

Erst wenn wir begriffen haben, dass es auf unserem Lebensweg darum geht, uns selbst zu lieben – um dann automatisch auch andere immer mehr lieben zu können, finden wir unseren Lebensweg, finden wir unsere Erfüllung.

Sieh deshalb in Zukunft Konflikte und Streit einfach von einer anderen Seite: Könnten es statt »Arschlöcher« vielleicht sogar »Helfer und Freunde« sein? Frage dich also bei allen Konflikten, bei allem:

Was kann ich daraus lernen?

Denke immer daran, alles hat seinen Sinn! Es gibt keine Zufälle im Universum, sondern nur Dinge, Situationen und Menschen, die einem zum richtigen Zeitpunkt »zu-fallen«!

Mit welchen Menschen hast du starke Konflikte, liegst du sogar im Streit? Worum ging/geht es in diesen Konflikten und was könnte es sein, das du mit dieser Seele verabredet hast, das du lernen sollst?

_____

_____

_____

_____

Und weil wir alle unsere – mehr oder weniger – großen Hemmungen und Komplexe in uns haben, begannen wir in der Vergangenheit, unsere unterschiedlichen »Rollen« zu spielen. Kennst du die Metapher von dem verliebten Rennpferd?

Ein stolzes, edles, schlankes und muskulöses Rennpferd galoppiert begeistert durch einen Wald, stößt schließlich auf eine Wiese, an deren Ende die Felder beginnen. Und auf einmal steht vor dem Rennpferd der schönste Hengst, den das Rennpferd jemals gesehen hat! Riesengroß, muskulös, männlich und kräftig! Ein herrlicher, starker und stolzer Ackergaul. Im gleichen Augenblick, als sich das Rennpferd verliebt, blickt es an sich herunter und sieht im Vergleich zum kräftigen Ackergaul ein geradezu schmächtiges Rennpferd. Kann sich ein so mächtiger Hengst tatsächlich in ein so filigranes Rennpferd verlieben? Um dem Hengst zu zeigen, dass das Rennpferd dennoch zu ihm passt, beginnt es den Acker zu pflügen. Doch nach wenigen Minuten ist das Rennpferd schon erschöpft und gibt auf.

Welches Bild gibt dieses Rennpferd wohl ab? Ein jämmerliches Bild, das wir da vor Augen haben, nicht wahr? Doch warum hat sich das Rennpferd das überhaupt angetan? Der Ackergaul war ja schon in der gleichen Sekunde in dieses herrliche Rennpferd verliebt, als er es gesehen hatte. Doch als dann dieses alberne Rennpferd versuchte, ihn mittels »Ackerpflügen« zu beeindrucken, fand er es plötzlich nur noch lächerlich. Und genauso lächerlich machen wir Menschen uns: Wir setzen uns Masken auf und versuchen, eine Rolle zu spielen, die andere von uns erwarten. Doch erwarten die anderen tatsächlich das von uns? Kann es sein, dass wir uns gerade deswegen lächerlich machen, **weil** wir eine Rolle spielen? Sind es nicht die authentischen Menschen, die uns faszinieren? Gerade die charismatischen Persönlichkeiten sind es doch, die ihre Ecken und Kanten ausleben – und die die Masse genau dafür bewundert und ihre Platten kauft, ihre Filme ansieht, ihre Partei wählt. Es sind doch nicht die glatt gebügelten, gegelten und geleckten Typen, die uns beeindrucken, sondern gerade diejenigen, die eine Persönlichkeit mit Ecken und Kanten besitzen. Und nochmals: In dieser Welt, die völlig überbevölkert ist, die sich mit allen möglichen Hilfsmitteln vernetzt hat und mit der man unbegrenzt kommunizieren kann, gibt es mehr als ausreichend Menschen, die du kennenlernen wirst, die dich genau deswegen mögen und lieben werden, weil du so bist, wie du bist. Sei also du selbst!

Schreibe bitte einmal auf, welche Lücke du bei welchen Menschen hinterlassen würdest, wenn du jetzt diese Welt verlassen müsstest.

Je mehr Menschen es gibt, je größer die Lücke ist, die du im Positiven hinterlässt, desto mehr Nutzen hast du anderen Menschen auf dieser Welt gegeben. Je schwieriger die Übung für dich war und je weniger Lücken du gefunden hast, desto mehr hast du bisher im Leben von anderen genommen – und desto weniger hast du gegeben! Merke dir:

Wirklich wichtig sind wir nur dann, wenn wir für andere Menschen wichtig sind!

Paradies und Hölle

Ein Mann stirbt und Petrus ist sich nicht sicher, ob er in die Hölle muss oder in den Himmel darf. Er betritt mit ihm zusammen durch eine Tür einen riesigen Raum. Dort sieht der Mann Tische mit Bergen köstlichster Speisen, die er noch nie in seinem Leben gesehen hat. Es spielt Musik, es wird getanzt, es ist hell und freundlich. Petrus erklärt ihm, dies sei die Hölle. »Na, wenn das die Hölle ist, dann möchte ich mal wissen, wie erst der Himmel aussieht!«, sagt der Mann zu Petrus. Doch Petrus erklärt ihm, dass es eine Regel gibt: »In diesem Raum gibt es ausschließlich drei Meter lange Gabeln, Löffel, Messer – und die Speisen müssen mit diesem Besteck zu sich genommen werden. Und so sind zwar alle Köstlichkeiten vorhanden – aber keiner kann sie zu sich nehmen.«

Dann betreten sie durch ein weiteres Tor einen anderen Raum, der eine exakte Kopie des ersten Raumes ist. Wieder Tanz, Musik und unter köstlichsten Speisen biegen sich die Tische. Auch hier gibt es wieder ausschließlich drei Meter langes Besteck. »Was ist denn jetzt der Unterschied zwischen Himmel und Hölle?«, fragt der Mann Petrus. Petrus antwortet ihm: »Auch hier gilt die Regel, dass die Speisen ausschließlich mit Besteck zu sich genommen werden dürfen – aber hier im Himmel sitzen sich die Menschen an den großen Tischen gegenüber und füttern sich gegenseitig!«

Beziehung zu unseren Kindern

> Kinder, die man nicht liebt, werden Erwachsene, die nicht lieben.
>
> *Pearl S. Buck (Literaturnobelpreisträgerin)*

Als Vater zweier fantastischer Jungs, Alexander und Maximilian, habe ich vieles in den letzten Jahren erfahren und lernen dürfen. Und wie das so ist mit dem **Gesetz der Polarität,** hat alles immer seine zwei Seiten: Auf der einen Seite tolle Erlebnisse, Liebe, Glück, Freude und Spaß, auf der anderen Seite Mühen, Sorgen, Schmerz. Doch alle Mühen, aller Schmerz, alle Sorgen und auch so manche Enttäuschung verblassen in dem Moment, in dem dein Kind seine Arme um dich legt, dich drückt und dir sagt: »Vati, ich hab dich lieb!« Und das ist schon wieder der Punkt: Wir Eltern glauben, unsere Kinder müssten uns lieben, müssten uns sagen, wie toll wir als Eltern sind, wie sie uns lieb haben. Doch auch hier ist es genau anders herum: Kinderseelen haben die fantastische Aufgabe auf sich genommen, uns zu zeigen, wie man bedingungslos lieben kann. Kinder denken nur in der Gegenwart. Kinder sind (bis zu einem gewissen Alter) nur auf sich fixiert. Und keiner kann mir erzählen, dass Kinder immer nur lieb sind, unser Leben immer positiv bereichern ... Und das sollen sie ja auch gar nicht. Denn Kinder haben die Aufgabe, uns die beschriebene **bedingungslose Liebe** beizubringen. An ihnen können wir genau diesen Punkt »üben« und uns dadurch selbst weiterentwickeln.

Auch im Bereich der Kindererziehung bin ich beileibe nicht der Fachmann und kann und möchte hier keine Tipps geben, dafür gibt es andere Experten, die das viel besser können. Aber ich habe einige Dinge auf der spirituellen Seite erfahren, die mit Kindern zu tun haben, die ich dir weitergeben möchte:

- **Zeit**: Die Menge und die Qualität der Zeit, die du mit deinen Kindern verbringst, ist dafür verantwortlich, ob sie sich von dir geliebt fühlen. Dabei geht es bei der Zeit nicht nur um die Quantität, sondern vor allem um die Qualität: Drei Stunden gemeinsam im Wohnzimmer sitzen und fernsehen ist eben keine besonders gut verbrachte gemeinsame Zeit. Es geht um die **aktive** Zeit, die wir bei gemeinsamer Beschäftigung, beim Spiel, bei der Kommunikation, bei gemeinsamen Erlebnissen verbringen.
- **Liebe zeigen**: Kinder wollen auch körperlich bewusst erleben, dass du sie liebst. Nimm deine Kinder oft in den Arm. Halte sie fest, berühre sie, streichle sie, küsse sie. Auch wenn Kinder in bestimmten Altersabschnitten diese »gezeigte« Liebe gar nicht wollen oder nur widerwillig über sich ergehen lassen – in Wirklichkeit wollen sie es doch, genießen es, machen daran fest, dass sie geliebt werden.
- **Liebe sagen**: Sag deinen Kindern immer und immer wieder, dass du sie liebst. Egal was sie falsch machen – du liebst sie. Egal wie widerwärtig sie sind – du liebst sie. Egal wie sie dich enttäuschen – du liebst sie. Egal wie sie dich nerven mögen – du liebst sie. Kinder können gar nicht oft genug hören, dass man sie liebt.

Ja, und mehr bedarf es eigentlich gar nicht, um eine fantastische Beziehung zu Kindern aufzubauen: bedingungslose Liebe!

Tod des Partners, eines nahestehenden Angehörigen

»Da ist ein Land der Lebenden und ein Land der Toten
und die Brücke zwischen ihnen ist die Liebe
– das Einzig-Bleibende, der einzige Sinn.«

Thornton Wilder

Wenn wir einen geliebten Menschen verlieren, dann kann der Schmerz so groß werden, dass wir verzweifeln und zu zerbrechen drohen. In einer solchen Lage wissen wir nicht, wie wir mit diesem Verlust weiterleben können. Warum ist der Schmerz so groß? Weil wir diesen Menschen so geliebt haben! Die Liebe ist also der Grund für unseren unermesslichen Schmerz – **und die Liebe ist auch die einzige Lösung, wie wir diesen Schmerz überstehen können.**

Wenn sich Menschen voller Liebe begegnen (z. B. in einer Partnerschaft), dann ist das positive Gefühl, die Freude unermesslich. Und doch wird zu diesem Zeitpunkt bereits das Samenkorn des Schmerzes in uns angelegt. Im Buddhismus heißt es, dass mit jeder Freude bereits der Schmerz in unser Leben tritt und mit jedem Schmerz bereits neue Freude. Wie du das verstehen kannst? Nun, egal wie lange die Liebe zwischen Menschen anhält (ich beziehe das Ganze jetzt nicht nur auf die partnerschaftliche intime Liebe zwischen zwei Menschen, sondern meine sie allgemein) – **der Zeitpunkt der Trennung, des Verlustes, ist damit bereits vorbeschieden.** Denn entweder es erfolgt zu Lebzeiten eine Trennung, die dann mit Schmerz verbunden ist. Oder es erfolgt eine Trennung durch den Tod – und dann ist der Schmerz für den Zurückbleibenden ebenfalls unermesslich.

Das Ganze wird in der Spiritualität als **Gesetz der Polarität** bezeichnet.

Wenn uns ein liebender Mensch verlassen hat, ist die erste Reaktion (oft nach einer apathischen Phase) die Trauer. Und diese Trauer hat durchaus ihre Berechtigung. Nicht umsonst war es in unserer abendländischen Kultur in der Vergangenheit üblich, ein Jahr Trauer zu tragen – aber dann die Trauerkleidung auch wieder abzulegen, wieder zu farbiger, fröhlicher Kleidung zurückzukehren und weiter zu leben. Und genau das ist der Auftrag, den wir haben:

Weiter zu leben und weiter zu lieben!

Das erscheint, wenn die Wunde noch ganz frisch ist, als unmöglich. Und doch gibt es auch Kulturen auf dieser Welt, in der der Tod nicht betrauert, sondern gefeiert wird. Das sind Kulturen (oft Naturvölker), in denen der Glaube tief und fest verankert ist. Sie glauben, dass es nach dem Tod noch ein viel besseres Leben geben wird, da die Seele unsterblich ist. Und wenn wir all die vielen Schilderungen von Menschen hören, die durch Unfälle oder Krankheit für Augenblicke klinisch tot waren, ehe sie wieder ins Leben zurückkehrten, dann haben diese Schilderungen alle etwas Übereinstimmendes: Es war wunderbar! Es war so wunderbar, dass sie gar nicht mehr zurück wollten und sich oft wunderten, dass ihre Partner und Angehörigen voller Verzweiflung neben ihrem Körper schluchzten – während sie das Gefühl hatten, über der ganzen Szene zu schweben und von oben die Sache zu betrachten.

Leben heißt lieben –
und lieben heißt leben!

Die Liebe ist die Kraft, die uns hilft, diese Menschen in Erinnerung zu behalten. Doch nur in der Erinnerung und nicht etwa real. Es ist wichtig, dass wir die Seele des Verstorbenen auch loslassen können – nicht nur für unser eigenes Seelenheil, sondern auch für das des Verstorbenen. Als der Vater von Kerstin, Klaus Weinberger, am 18. Januar 1998 starb, war ihre Verzweiflung über den Verlust ihres geliebten »Vatis« riesengroß. In den Wochen danach war sie vollkommen verzweifelt. Schließlich hatte sie einen blockierten Nerv im Nacken und die Schmerzen wurden trotz aller medizinischen Bemühungen inklusive Schmerzmittel unerträglich. Als ich eines Tages von einem Seminar nach Hause fuhr und sie von unterwegs aus anrief, schluchzte sie nur noch ins Telefon, sie würde die Schmerzen nicht mehr aushalten. Als ich zu Hause ankam, versetzte ich sie in Hypnose und befragte ihr Unterbewusstsein nach dem »seelisch-geistigen Grund« ihrer starken Schmerzen. Und es kam heraus, dass es um den Tod ihres Vaters ging. Sie weigerte sich, ihn loszulassen. Mittlerweile waren bereits mehrere Wochen seit dem Tod vergangen. Nachdem ich sie wieder aus der Trance geholt hatte, war der massive Schmerz deutlich geringer und sie konnte einschlafen. In der gleichen Nacht »besuchte« sie ihr Vater. Sie wurde wach, weil sie spürte, wie etwas sie streichelte und berührte. Die Stimme sagte ihr dann, während er sie weiter streichelte, dass es ihm sehr gut gehe, dass er sehr glücklich sei, dass sie ihn wiedersehen würde – aber dass es jetzt an der Zeit sei, ihn loszulassen. Nicht nur sich selbst zuliebe, sondern auch für ihn, da er von ihr zurückgehalten würde und nicht endgültig gehen könne – was er jetzt aber wolle. Daraufhin ließ sie ihn endgültig los – und schon 24 Stunden später waren die schlimmsten Schmerzen ihres Lebens nur noch Vergangenheit.

Bedeutet das nun, dass wir nie wieder traurig waren? Doch, aber von diesem Moment an begannen wir, uns immer wieder an die schönen Dinge zu erinnern, die wir mit Klaus erlebt hatten. In unserer Erinnerung ist er immer bei uns und so denken wir ganz oft an ihn. Und auch später haben wir noch so manches Mal Tränen vergossen, wenn wir an ihn dachten. Doch gleichzeitig lachten wir und freuten uns über das, was uns verbunden hatte, und darüber, dass es ihm gut geht und wir ihn wiedersehen werden.

Wenn du in einer solchen Situation sein solltest und es dir schwerfällt, damit zurechtzukommen, dann geh doch einmal in einen entspannten Alphazustand und stelle dir vor, wie du diese geliebte Person wieder triffst. Stelle dir vor, wie du mit dieser Person kommunizierst. Frage diese Person alles, was du fragen willst, sage ihr alles, was du ihr sagen möchtest. Doch bitte höre zwischendurch auch zu, was dir diese Person auf deine Fragen antwortet. Vielleicht kommt es dir »ein wenig abgefahren vor«, so etwas zu tun – doch es funktioniert tatsächlich!

Vielen Menschen, denen ich diesen Tipp gegeben habe, fühlten sich anschließend besser. Sie konnten tatsächlich Kontakt aufnehmen und erhielten Antworten, die ihnen halfen, loszulassen und wieder mit Freude zu leben. Ob das nun Einbildung ist oder wir tatsächlich in Kontakt mit Verstorbenen treten können, ist doch ganz egal: Wenn du dich anschließend besser fühlst und wieder mit dem Leben zurechtkommst, spielt es keine Rolle.

Zum Schluss dieses Kapitels möchte ich dich noch bitten, folgende Aufgabe durchzuführen:

Wenn du nur noch einen einzigen Tag zu leben hättest (was natürlich nicht stimmt!), welchen Menschen würdest du noch etwas sagen und zeigen wollen? Mit welchen Menschen würdest du Frieden schließen wollen? Mit welchen Menschen würdest du noch etwas erleben wollen? Welchen Menschen würdest du auf welche Weise deine Liebe zeigen?

_____

_____

_____

_____

_____

_____

_____

_____

_____

Kapitel 12
Wenn die Persönlichkeit streikt

Der einzige Mist,
auf dem nichts wächst,
ist der Pessimist.

Theodor Heuss
(Ehemaliger Bundespräsident)

Was uns noch übrig bleibt an Problemen und Krisen, die wir zu behandeln haben, sind »grundlose« Krisen (damit meine ich eine Krise ohne sofort erkennbare Ursache) in der eigenen Persönlichkeit. Eine Depression, für die es anscheinend keine Ursache gibt – eine allgemeine Unzufriedenheit, unsere Lustlosigkeit, unsere Antriebslosigkeit etc.

Nochmals zurück, ganz zum Anfang dieses Buches: **Jede Wirkung hat auch eine Ursache!**

Häufig habe ich festgestellt, dass den Menschen mit Persönlichkeitsproblemen, aber ohne klare Gründe dafür (wie Trennung, Krankheit, finanzielle Sorgen, geschäftliche/berufliche Probleme), oft einfach im Leben »ihre« Aufgabe fehlt.

Warum suchst du nach dem Sinn deines Lebens?
Gib ihm doch einfach einen!

Oder wir hatten diesen Sinn, diese Aufgabe oder diese Berufung schon gefunden – aber das Leben mit seinen Niederlagen hat dafür gesorgt, dass wir unsere Träume aufgegeben haben. Doch: **Eine Niederlage ist oft bereits das neue Saatgut für den nächsten Erfolg!** Vielen Menschen fällt es jedoch oft schwer, ihre wahre Aufgabe und Berufung zu erkennen.

JA! Jürgen Höller
Copyright © 2009 WILEY-VCH Verlag GmbH & Co. KGaA, Weinheim
ISBN 978-3-527-50463-3

Man sieht nur mit dem Herzen gut

In meinen **Lifing®-Seminaren** nimmt der Bereich »Aufgaben finden und Lebensplanung« fast eineinhalb Tage in Anspruch. Wir machen nichts anderes, als uns mit diesem Thema zu beschäftigen. Einerseits gehe ich dabei über die linke, logische und rationale, Gehirnhälfte vor, auf der anderen Seite begeben sich die Teilnehmer auf eine sogenannte **»mentale Reise«** in ihr Unterbewusstsein, um – gerade eben durch Ausschaltung des Verstandes – das zu erkennen, was schon längst in ihnen schlummert und wartet, entdeckt zu werden. Manchmal leben wir auch bereits unsere Aufgabe – aber Freunde, Gesellschaft, Eltern, Medien gaukeln uns vor, das, was wir tun, sei minderwertig, nicht gut genug, das Falsche! Erst als ich in der schlimmsten Stunde meines Lebens angekommen war, konnte ich frei entscheiden und feststellen, wie viel es mir bedeutet hatte, auf der Bühne zu Menschen reden zu dürfen. Natürlich hat auch diese Sache wiederum zwei Seiten: Ich bin die Hälfte des Jahres unterwegs, schlafe in unpersönlichen Hotelzimmern, bin viel im Auto, stehe in Staus, sehe meine Kinder selten etc. So hatte ich es gesehen. Doch dann sah ich alles neu:

Ich **darf** in schönen Hotels übernachten, ich **darf** mich bedienen lassen, ich **darf** mich im Auto fahren lassen, ich **darf** auf der Bühne stehen und kann vielen Menschen helfen. Erst durch meine große Lebenskrise entdeckte ich meine wahre Berufung wieder: **Möglichst vielen Menschen dabei zu helfen, ein erfolgreicheres und glücklicheres Leben zu führen! Mein Beruf ist der des Lebenslehrers!**

Und in diesem Bewusstsein kann ich heute viel besser mit den (negativen) Bereichen meines Berufes umgehen. Wann immer ich mich schlecht fühle, etwas schiefläuft, denke ich zurück an die Zeit, als ich einsam war, allein, ohne jeden Luxus, mit Existenznöten, Angst vor Verletzung und einem zerstörten Namen – und schon geht es mir wieder besser. Ich kann jammern über zu wenig Zeit, den zu vollen Terminkalender, all den Stress – oder ich bin glücklich, so viele Aufträge zu haben, so oft gebucht zu werden. Ich habe stets die Wahl:

- Alles zu tun, was ich will!
- Alles so zu bewerten, wie ich möchte!

Veränderungsprozesse finden immer in drei Schritten statt:

> Alle Veränderungen erfolgen mithilfe von:
> 1. Erkennen
> 2. Entscheiden
> 3. Tun

Wie erkannte schon Abraham Lincoln: »Wer im Leben kein Ziel hat, verläuft sich.«

Also finde dein Ziel und dann zieh dein Schwert aus der Scheide und stell dich dem Leben (denn ent-scheiden stammt ursprünglich von: das Schwert aus der Scheide ziehen). Hier eine Frage, eine wichtige Frage zu deiner Entscheidungsfindung:

Tust du das, was du liebst?

Falls nicht: Wie willst du dann zufrieden und glücklich leben können? Jeder Mensch hat nicht nur einen Körper und einen denkenden Geist, sondern auch eine unsterbliche Seele. Und diese unsterbliche Seele hat ganz bestimmte Aufgaben. Der eine ist fürs Fußballspielen geboren, der andere zum Singen, einer kann gut verkaufen und der andere ist hervorragend im Organisieren von Büroabläufen. Was immer deine Stärke ist, lebe sie! Und lass dir nicht von anderen Menschen einreden, es sei nicht gut genug. **Folge immer deinem Herzen!** Diese Talente und Begabungen gilt es herauszufinden und dort sein Bestes zu geben. Es geht nicht darum, andere in diesen Bereichen zu besiegen, aber es geht darum, das Beste aus deinen Veranlagungen zu machen. Wenn du singen kannst, hast du diese Begabung nicht einfach so – sondern die Verpflichtung, dieses Talent zum Wohle und Nutzen der Welt einzusetzen. Wenn du Fußball spielen kannst, spiele bestmöglichen Fußball. Wenn du verkaufen kannst, dann verkaufe ein wunderbares Produkt zum Wohle und zum Nutzen deiner Käufer.

Und neben diesen Talenten und Begabungen gibt es außerdem noch eine ganze Reihe von »Aufgaben« auf der geistig-seelischen Ebene. Hier geht es immer darum, dass du etwas lernst und dich weiterentwickelst. Denn Leben ist bewegen, bewegen ist wachsen und wachsen heißt Weiterentwicklung.

Und dann erlaube mir noch eine zweite Frage:

Liebst du das, was du tust?

Denn wenn du einmal erkannt hast, was du liebst, und die Entscheidung getroffen hast, dies auch zu tun, ist der zweite wichtigste Punkt, dass du dann auch das liebst, was du tust.

Aus meiner Erfahrung kann ich dir berichten, dass es durchaus möglich ist, das Richtige finden – und es dann zu verschleudern, es nicht mehr zu lieben. Der Grund dafür ist entweder die tägliche Routine oder auch, dass wir einen Traum verwirklicht haben – und vergessen, einen neuen Traum zu leben. Als Pavarotti starb, sah ich abends nach meinem Seminar einen Fernsehbericht über ihn. Und er sagte sinngemäß: »Ich weiß gar nicht, ob ich eine solche Jahrhundertstimme habe. Ich selbst höre mich ja anders. Aber es scheint so zu sein, weil alle es sagen. Und deshalb ist es meine Verpflichtung, so oft es geht vor Menschen zu singen, ihnen in diesen zwei oder drei Stunden das Leben zu verschönen und sie ihre Sorgen und Probleme vergessen zu lassen.«

Gibt es eine schönere Definition von »Aufgabe und Talent leben«?

Oft steht zwischen dem, was wir sind, und dem was wir sein könnten, jedoch unser Ego. Das Ego ist dann zu groß (ich meine jetzt das Gegenteil der Selbstliebe!), wenn unser Selbstwertgefühl zu gering ausgeprägt ist, wenn wir uns zu wenig lieben. Je weniger wir uns selber lieben können, desto größer ist das Ego. Und das Ego will sich messen, Sieger sein, mehr haben, alles haben, will nicht teilen, will nicht kritisiert werden, sich immer im Recht fühlen etc. Wenn du dein Leben mit Hilfe des Egos führst, bist du immer im Kampf. Und je mehr du kämpfst, desto mehr verkrampfst du und desto mehr ziehst du die negativen Dinge an. Und je mehr du dich verkrampfst, desto mehr glaubst du, noch mehr **kämpfen** zu müssen. Und dadurch ziehst du noch mehr diese Erwartungen an. Und die Spirale geht endlos weiter ...

Was ebenfalls viele Menschen in ihrer Persönlichkeit schwächt, sind ihre eigenen Erwartungshaltungen. Die Erwartungshaltungen, wie wir zu sein haben, wie wir funktionieren sollen, welche Ergebnisse wir erzielen müssen, was die »Umwelt« von uns erwartet usw. Je mehr Erwartungen wir an uns selber stellen, desto größer ist die Chance, enttäuscht zu werden. Damit möchte ich dich durchaus nicht dazu bringen, untätig zu sein, im Gegenteil! Es gibt folgendes Prinzip:

> Gib in jedem Moment deines Lebens dein Bestes,
> lebe in deiner und für deine Lebensaufgabe,
> und dabei lass los!

Lass deine übergroßen Erwartungen los, die du an dich selber hast! Lebe aber auch unabhängig von den Erwartungen, die andere an dich stellen! Niemand hat das Recht, etwas von dir zu erwarten!

> Neue Freuden, neue Schmerzen.
> *Wolfgang Amadeus Mozart*

Dieses Zitat von Mozart bringt mich zum nächsten Punkt:

Nach der Krise ist vor der Krise!

Glaub bitte nur nicht, dass, wenn du eine Krise erfolgreich bewältigt hast, dass du fortan problemlos bis an dein Lebensende wirst leben können. Das Leben bereitet dir neue Probleme, denn du benötigst neue Herausforderungen, neue Chancen zum Wachsen! Wer keine Probleme mehr hat, bleibt stehen. Nur Probleme fordern uns heraus, aufzustehen und weiterzugehen.

> Jeden Tag erwachen wir ein wenig verändert
> und die Person, die wir gestern waren, ist tot.
>
> *John Updike*
> *(Schriftsteller)*

Jede Form von Wachstum in deinem Leben hat mit Widerständen begonnen. **Dies begann bereits bei deiner Geburt.**

Eben noch lagen wir fast zehn Monate in der geschützten Höhle. Es war angenehm warm, wir wurden den ganzen Tag wohlig geschaukelt, es gab ausreichend Nahrung, wir waren geschützt, sicher und geliebt. Doch plötzlich – aus dem Nichts heraus (wie es oft bei Krisen der Fall ist ...) – verändert sich alles: Der Boden, die Decke und die Wände stürzen auf uns ein, pressen uns zusammen, sodass uns die Luft wegbleibt. Oft dauert es Stunden oder Tage, ehe wir dann schließlich in die Welt hinauskatapultiert werden.

Ja, so ist das Leben! Ein Problem reiht sich an das andere. Egal was du beruflich machst, du hast es immer mit Problemen zu tun. Ein Steuerberater löst die Probleme seiner Mandanten. Ein Rechtsanwalt löst die Probleme seiner Klienten. Ein Lehrer löst die Probleme seiner Schüler. Und ich helfe dir, die Probleme in deinem Leben zu bewältigen. Egal was du tust – **deine eigentliche Berufsbezeichnung lautet Problemlöser!**

Und kaum hast du das eine Problem gelöst, kommt das nächste. In »Positiv-Denken-Büchern« heißt es oft so schön, dass jedes Problem eine Treppenstufe darstellt, die wir zu begehen haben – auf dem Weg zum Glück und zum Erfolg. Doch diese Treppe ist unendlich. Deshalb solltest du schnellstens dafür sorgen, dass dir das Treppensteigen Spaß macht ...

> Erfolg heißt, immer zwei Schritte vor zu gehen und einen zurück.
>
> *Brian Tracy*

Und dann bleibt noch die letzte Angst übrig: **der Tod!** Wenn du wirklich an Gott glaubst, dann war Gott schon da vor dem Anbeginn der Welt. Gott hat das Universum und damit auch uns geschaffen. Und Gott schuf uns und gab uns seinen Atem als ein Stückchen von sich. Damit werden wir am Ende des Lebens wieder eingehen in Gott. Und wer weiß, vielleicht ist dieses Leben ja nur ein Schuljahr, das wir entweder wieder mit einer guten Prüfung abgeschlossen haben – oder auch nachsitzen müssen ...

> Ein Pessimist ist ein Mensch,
> der von zwei Übeln beide wählt.

»Ich steckte die Schläge ein – und ich tat's auf meine Weise«

Frank Sinatras ›My way‹	**›Auf meine Weise‹**
And now, the end is near; And so I face the final curtain. My friend, I'll say it clear, I'll state my case, of which I'm certain.	Das Ende ist nahe, der letzte Vorhang fällt. Mein Freund, ich sage es offen, ich erzähle meine Geschichte, und ich weiß, so ist es gewesen.
I've lived a life that's full. I've travelled each and ev'ry highway; But more, much more than this, I did it my way.	Ich habe ein erfülltes Leben gelebt, ich bin auf allen Straßen gegangen. Aber vor allem, was viel wichtiger ist, ich tat es auf meine Weise.
Regrets, I've had a few; But then again, too few to mention. I did what I had to do And saw it through without exemption.	Ich habe einiges bereut, aber nicht genug, um es zu erwähnen. Ich tat, was ich tun musste, und zog es ohne Ausnahme durch.
I planned each charted course; Each careful step along the byway, But more, much more than this, I did it my way.	Ich plante jeden Weg, jeden vorsichtigen Schritt auf Nebenwegen. Aber vor allem, was viel wichtiger ist, ich tat es auf meine Weise.
Yes, there were times, I'm sure you knew, when I bit off more than I could chew.	Es gab Zeiten, ich bin sicher, du kennst sie auch, als ich mehr abbiss, als ich schlucken konnte.

But through it all,
when there was doubt,
I ate it up and spit it out.
I faced it all and I stood tall;
And did it my way.

I've loved, I've laughed and
cried.
I've had my fill; my share of
losing.
And now, as tears subside,
I find it all so amusing.

To think I did all that;
And may I say – not in a shy
way,
»No, oh no not me,
I did it my way«.

For what is a man, what has
he got?
If not himself, then he has
naught.
To say the things he truly feels;
And not the words of one who
kneels.
The record shows I took the
blows ?
And did it my way!

Aber immer wenn es Zweifel
gab, spuckte ich sie aus. Ich stellte mich allem und fiel nicht um,
und ich tat es auf meine Weise.

Ich habe geliebt, gelacht und geweint, ich hatte meinen Anteil
am Verlieren. Und jetzt, wo die
Tränen versiegen, finde ich es sogar amüsant.

Sich vorzustellen, ich habe all
dies getan, und ich darf sagen:
nicht als halbe Sachen, sondern
auf meine Weise.

Was ist schon ein Mann, was hat
er schon? Wenn nicht sich selbst,
dann hat er nichts. Sagen, was er
wirklich fühlt, und nicht die Worte, die ihm andere vorbeten, die
Vergangenheit zeigt es, ich steckte die Schläge ein – und ich tat es
auf meine Weise.

Schlusswort

Liebe Freundin, lieber Freund,

wenn ich dich jetzt so anspreche, hoffe ich, dass du damit einverstanden bist. Ich widme mein Leben den Menschen, die ich mithilfe meines Wissens und meiner Erfahrungen unterstützen kann, ein erfolgreiches und glücklicheres Leben zu führen. Ich hoffe, auch dir mit diesem Buch geholfen zu haben. All mein Wissen, all meine Erfahrungen sind hier eingeflossen. Auch ich habe in meinem Leben Schmerzen erlebt, vielleicht mehr als die meisten Leser dieses Buches. Ich habe sie überwunden und ich weiß, auch du überwindest deine Schmerzen.

Denke immer daran, dass du Schöpfer bist – genauso wie ich! Wir sind aus der gleichen Essenz, wir sind Kinder Gottes. Und dies ist mein großer Wunsch: Dass du durch dieses Buch vielleicht auch wieder stärker den Zugang zu Gott findest. Gott ist reine Liebe!

Das Leben ist einfach, das Leben ist schön, das Leben ist Freude, das Leben ist Fülle, das Leben ist Liebe! Ich glaube fest an dich, denn ich glaube fest an jeden Menschen! Und ich würde mich sehr freuen, wenn du mir einmal deine Meinung zu diesem Buch schreibst (life@juergenhoeller.com), mir vielleicht berichtest, was sich in deinem Leben getan, verändert, verbessert hat. Und vielleicht lernen wir uns ja auch einmal bei einem meiner Seminare persönlich kennen. Und noch etwas: Wenn ich dir mit diesem Buch helfen konnte, dann würde ich mich sehr freuen, wenn du es anderen Menschen empfehlen oder schenken würdest, denen mein Buch ebenfalls helfen könnte. Danke!!

Herzlichst dein Jürgen Höller

Du hast alle Kraft!

Manchmal glaubst du, es geht nicht mehr,
wenn all deine Hoffnung verloren ist,
der Schmerz dich peinigt so sehr,
du denkst, dass am Ende du bist.

Einst warst du am Start,
voller Pläne und Kraft.
Dein Leben nahm auf volle Fahrt,
dein Herz lodernd mit Leidenschaft.

Alles hast du gegeben, versucht, investiert,
deine Grenzen gesprengt,
das Unmögliche probiert,
warst dir sicher so sehr: Wer denkt, der auch lenkt.

Warst immer bemüht, die Wege richtig zu gehen,
lerntest alles, was es dafür zu lernen gab,
hast nur aus Eifer nicht gesehen:
Es ist wichtiger, die richtigen Wege zu gehen.

Da brach dein Leben ganz plötzlich entzwei,
erhieltest vom Schicksal den furchtbaren Schlag,
schon lagst du am Boden, es war alles vorbei,
deine Pläne gestorben an diesem entsetzlichen Tag.

Doch könnte es sein, dass der falsche Weg es war?
Dass du voller Kraft in die falsche Richtung gerannt?
Wenn du nachdenkst, vielleicht wird dir dann klar:
Deine richtige Aufgabe hattest du noch nicht erkannt.

Geh in dich und höre auf die Stimme deines Herzens,
denn Gott will, dass du deine wahren Träume lebst.
Um diese zu erkennen, fühlst du vielleicht diese Schmerzen,
doch jetzt wird es Zeit, dass du aufstehst und weitergehst.

Gott straft nicht, sondern liebt dich,
hat dich einzigartig gemacht.
Deine Kraft ist unendlich.
Drum steh auf, du kannst es, du hast alle Macht!

Danksagung

Zuallererst möchte ich mich beim wichtigsten Menschen bedanken, den es derzeit in meinem Leben gibt: meiner Seelenhälfte Kerstin! Du hast mich kennengelernt, als ich noch vollkommen unbekannt war, ohne große materielle Mittel, ohne große Ausstrahlung und Persönlichkeit, ohne Stil. Du hast mich begleitet, unterstützt, warst immer an meiner Seite, hast mich immer gestärkt, mich aufgebaut und immer an mich geglaubt – in guten wie in schlechten Tagen, dafür liebe ich dich!

Ich bedanke mich bei meinen Kindern Alexander und Maximilian: weil ihr mich immer wieder von Neuem vor große Aufgaben stellt. Weil ihr mich immer wieder »herunterholt«, wenn ich von der »großen Bühne« nach Hause komme. Weil ihr ein Wunder seid. Weil ich durch euch bedingungslose Liebe lernen kann.

Ich bedanke mich bei meinen Freunden, die mir auch in der Krise beigestanden haben: Paul, Agi, Gerald, Reiner, Andrea, Klaus und Jürgen.

Ich bedanke mich bei Gerlinde: Du hast dieses Buch, wie auch schon einige vorher, fleißig und in Rekordzeit »nachgebessert«... Ich habe durch unsere gemeinsame Zeit viel erkannt und viel gelernt. Ich möchte mich auch bedanken bei allen unseren Mitarbeitern, die mir den Rücken frei halten, die (fast) alles außerhalb der Bühne erledigen, damit ich auf der Bühne »den großen Trainer spielen« kann. Danke, dass ihr an unsere Vision glaubt und dafür alles gebt.

Ein Dank auch an meine Agentin Christel Meraner, die unermüdlich und voller Tatendrang dieses Projekt vorantrieb, und an den Wiley-Verlag, insbesondere an den Verlagsleiter Hartmut Gante, für die schnelle, effektive Zusammenarbeit und den Glauben an dieses Buch.

Und bedanken möchte ich mich bei all meinen Kunden, die mich dazu bringen, weiter zu wachsen, weiter zu lernen, und denen ich es zu verdanken habe, mein Talent, meine Aufgabe leben zu können: Lebenslehrer zu sein!

Literaturliste

Ali, Muhammad	Der Größte	München 1975
Armstrong, Lance	Tour des Lebens	Berg. Gladbach 2000
Byrne, Rhonda	Secret das Geheimnis	München 2007
Carnegie, Dale	Sorge Dich nicht – lebe!	Bern, 1997
Chopra, Deepak	Die 7 geistigen Gesetze des Erfolgs	München 1996
Coué, Emile	Autosuggestion	Zürich 1997
Courtenay, Anthea La Tourelle, Maggie	Was ist angewandte Kinesiologie?	Freiburg 1995
De Mello, Anthony	Zeiten des Glücks	Freiburg 1999
De Mello, Anthony	Warum der Vogel singt	Freiburg 1998
De Mello, Anthony	Wer bringt das Pferd zum Fliegen?	Freiburg 1999
De Mello, Anthony	Deiner Seele Zeit	Freiburg 1999
Dethlefsen, Thorwald	Schicksal als Chance	1979
Dethlefsen, Thorwald, Dahlke, Rüdiger	Krankheit als Weg	München 1990
De Saint-Exupéry, Antoine	Der kleine Prinz	München 1989
Deutschman, Alan	Das unglaubliche Comeback des Steve Jobs	Frankfurt 2001
Dyer, Wayne	Mit Absicht	München 2005
Dyer, Wayne	Die zehn Geheimnisse für Erfolg und Frieden	München 2004
Dyson, James	Sturm gegen den Widerstand	Hamburg 2004
Egli, René	Das LOLA-Prinzip	Oetwil 2000
Frankl, Viktor E.	... trotzdem Ja zum Leben sagen	München 2003
Hay, Louise L.	Gesundheit für Körper und Seele	Berlin 2006
Hill, Napoleon	Denke nach und werde reich	Genf 1991
Höller, Jürgen	Sag ja zum Erfolg	Schwebheim 2008

Höller, Jürgen	Sprenge deine Grenzen	Düsseldorf 2000
Höller, Jürgen	Alles ist möglich	Schwebheim 2007
Jackson, Adam	Die zehn Geheimnisse des Glücks	München 1997
Klüh, Thomas	Mein Weg zum Glück	Viessen 2004
Krishnamurti	Einbruch in die Freiheit	Grafing 2001
Lama, Dalai	Der Weg zum Glück	Freiburg 2002
Lama, Dalai	Tag für Tag zur Mitte finden	Freiburg 2002
Lama, Dalai	Einführung in den Buddhismus	Freiburg 2000
Luthertext	Die Bibel	Eschenburg 2002
Mandela, Nelson	Der lange Weg zur Freiheit	Hamburg 2006
Martina, Roy	Emotionale Balance	2006
Martina, Roy	www.god.com	Burgrain 2004
Molcho, Samy	Alles über Körpersprache	München 1995
Paramahansa, Yogananda	Die ewige Suche des Menschen	Bern 1995
Rademacher, Wolfgang	Die Macht des Schuldners	Selm 2005
Schäfer, Bodo	Die Gesetze der Gewinner	Frankfurt 2001
Schäfer, Bodo	Endlich mehr verdienen	Hamburg 2002
Schuller, Robert	Meine Lebensreise	Asslar 2004
Schultz, Howard	Die Erfolgsstory Starbucks	Wien 2003
Schwarzenegger, Arnold	Karriere eines Bodybuilders	München 1988
Smith, Sean	Robby – Die Biographie	München 2004
Starkmuth, Jörg	Die Entstehung der Realität	2005
Tepperwein, Kurt	Die Botschaft Deines Körpers	Triesen 1994
Tepperwein, Kurt	Was Dir Deine Krankheit sagen will	München 1995
Tepperwein, Kurt	Krise als Chance	Frankfurt 2005
Tepperwein, Kurt	Von Angst zur Lebensfreude	München 2006
Tracy, Brian	Das Gewinnerprinzip	Wiesbaden 1995
Walsh, Neale Donald	Gespräche mit Gott. Band 1	München 1997
Walsh, Neale Donald	Gespräche mit Gott. Band 2	München 1998
Walsh, Neale Donald	Gespräche mit Gott. Band 3	München 1999
Welsh, Jack	Was zählt	München 2001
Zwegat, Peter Scholze, Liane	Raus aus der Schuldenfalle	Hamburg 2008

Personen- und Stichwortverzeichnis